义工旅游的策划
与组织管理

———— 李玺 著

中国社会科学出版社

图书在版编目（CIP）数据

义工旅游的策划与组织管理／李玺著 . —北京：
中国社会科学出版社，2017.3
ISBN 978 - 7 - 5203 - 0032 - 2

Ⅰ. ①义⋯　Ⅱ. ①李⋯　Ⅲ.①志愿者—旅游业—策划
②志愿者—旅游业—组织管理　Ⅳ. ①F590.1

中国版本图书馆 CIP 数据核字（2017）第 054241 号

出 版 人　赵剑英
责任编辑　张　林
特约编辑　宋英杰
责任校对　李　莉
责任印制　戴　宽

出　　　版　中国社会科学出版社
社　　　址　北京鼓楼西大街甲 158 号
邮　　　编　100720
网　　　址　http://www.csspw.cn
发 行 部　010 - 84083685
门 市 部　010 - 84029450
经　　　销　新华书店及其他书店

印刷装订　北京君升印刷有限公司
版　　　次　2017 年 3 月第 1 版
印　　　次　2017 年 3 月第 1 次印刷

开　　　本　710 × 1000　1/16
印　　　张　23
插　　　页　2
字　　　数　359 千字
定　　　价　99.00 元

目　　录

第 一 章

义 工 概 论

义工旅游是近年来国内兴起的概念，在海外，义工旅游已经逐渐形成风气，并得到社会各界的重视。学者 Benson（2011）在其研究中对义工旅游的解释是"义工活动与旅游者的联姻关系"。由此来看，要理解义工旅游首先需要理解义工及义工服务的概念和内涵。

第一节　义工

一　义工的概念界定

义工或志愿者是为国内外学者广泛关注的对象。一般认为，义工是指从事任何工作而不获支付薪水或报酬的人士，其英文为 volunteer，它的原意中有义工、志愿参与者、无偿受赠者、志愿兵、义勇军等意义。不同国家和地区，在称呼 volunteer 这个群体时，所使用的名称包括了义工、志工、志愿工等。在澳门，义工往往也被称为"义工"，义工服务的工作或行为也被叫作义务工作。为此，本书将"义工"定义为在不为任何物质报酬的情况下，为改进社会福利而提供服务，贡献个人时间及精力的人。同时，本书中的义务工作可以被定义为："任何人志愿贡献个人的时间及精神，在不为任何物质报酬的情况下，为改进社会福利而提供的服务。"表 1 - 1 中也列出了经过本书整理出的国内外机构或学者对义工概念的界定，以供读者参考：

表 1 - 1　　　　国内外相关机构或学者对义工概念的界定

单位/机构	定义
联合国	不以利益、金钱、扬名为目的，而是为了近邻乃至世界进行贡献的活动者
国际义工协会（1990）（International Association for Volunteer Effort）	义工是个人自发性的决定与选择，以提高人们所拥有的潜能及日常生活质量等，并提高人们彼此间情感联系的活动
美国社工人员协会（National Association of Social Workers）	一群人为追求公共利益、本着自我意愿与选择而结合的团体，称为志愿服务团体，参与这类团体工作的人，称为义工
Stebbins（1992）	义工在正式或非正式的场合下提供非强迫性的服务，尽可能地使得义工和被服务的人们都受益
社会工作辞典（1999）	义工指依照个人的自由意志，在公共或志愿团体中，不计报酬从事服务或贡献的人
香港义务工作发展局	在不为任何物质报酬的情况下，为改进社会而提供服务，贡献个人时间及精神的人
Richard, P.（1999）	义工是指不受法律及其他任何形式的强制，自愿提供服务的人
Maria, L. H.（1999）	义工是将其余暇时间或知识贡献给服务于他人的有益活动，而不期待任何回报的人
郭静晃（2001）	义工一词泛指任何志愿人士，乐意奉献个人的时间和精神，在不为任何物质报酬的情况下，为改进社会而提供服务
元竹（2001）	义工是指那些具有志愿精神，能够主动承担社会责任而不关心报酬的人，或者说是不为报酬而主动承担社会责任的人
曾华源、曾腾光（2003）	义工是个人贡献专职以外的时间、精力、智慧、能力或资源以服务社会的群体
闪茜菁（2003）	义工是一个没有国界的名称，它指的是在不为任何物质报酬的情况下，不受私人利益的驱使、不受法律的强制，而是基于道义、信念、良知、同情心和责任感而从事公益事业，为改进社会而提供服务、贡献个人时间和精力的人

资料来源：本书自行整理。

　　综合上述组织、机构以及学者对义工概念的界定，本书所提及的义工主要是指：自愿地而非他人强迫，奉献自己的时间及精力等来服务他人或社会，且不求任何报偿，用行动来直接表达对社会关怀的群体。由此可见，不求报偿、非强迫性，以及服务社会是义工群体所具备的显著特征。

[义工旅游视野] 香港的社工与义工

　　1999 年在香港各类非政府社会工作机构从业的工作人员有 22300 多人，其中专业社工工作者 4200 多人（香港特别行政区社会福利署，1999），全为接受过社会工作高等教育的专业人士。注册的社会工作者在机构中一般担任专业和管理工作这一套规范的职级评定和晋升制度，工资待遇大体与公务员相当，高于同等资历的一般从业人员。社会工作者在香港是普遍受人尊重的一个职业群体，目前两万多从业人员的平均年龄为 35 岁，其中 2/3 为女性。绝大多数的社会工作者都十分敬业，他们深入社区，到最困难的人群中去，为人民群众排忧解难。他们把为服务对象"提供优质的社会福利服务，帮助他们面对人生各种挑战"作为自己的使命，把"忠诚投入，坚强不屈，不断增强知识，磨炼技能，力求尽善尽美"作为自己的价值观。香港在市场经济条件下，实现社会福利服务社会最成功的经验之一，就是建立了一个发达的专业化的非政府社会工作机构体系和一支高素质的专业化社会工作者队伍，这是香港社会福利社会化的主要基石。

　　在香港的社会服务体系中，除了政府和专业社会工作机构以外，由广大社会公众参与的"义工工作者"也是不可或缺的重要组成部分，香港从事社会服务的义工工作者被称为"义工"，香港有"义务工作者"登记制度，凡愿意从事义务社会服务工作的都可以到社会工作机构登记成为"义务工作者"，由社会工作机构协调安排他们从事各类社会服务，如社区老人和残疾人照顾、青少年学习和心理辅导等各类活动中心的服务工作、大型福利活动的现场服务和后勤工作、实施各种"爱心行动"计划、从事社会福利募捐和开展福利事业宣传等。目前，全港登记的"义务工作者"有几十万人，没有登记而参加义务社会服务的也大有人在，在香港做"义工"的男女老少各阶层人士都有，已蔚然成风，有的企业为了培养员工的团队和奉献精神，专门拨出一定的工作时间，让员工去从事义务社会服务。香港的大中小学都要求学生做"义工"，"义工"的服务记录要作为学生的品德评定和升学的依据之一。香港的"义工"服务与政府、专业社会工作机构的服务工作相结合，使香港的社会福利服务有了更广泛的社会和群众基础，有效地扩大了社会服务的覆盖面，提高了社会服务的质量。同时，如此广泛的"义工"活动，对于培养香港民众特别是青少年的公德意识、奉献精神和社会责任感，有着独特的积极作用，有利于香港社会的进步和净化社会风气（资料来源：吴亦明，2003）。

【思考】社工与义工是同一个概念吗？它们之间有什么异同？

二 义工的类型和特征

由于义工的服务不以经济利益为导向，因此，其参与志愿服务的动力主要受内在动机和热情等因素的影响（吴永安，2007；蔡明宏，2008）。与此同时，义工在参与相关义务服务时，投入的时间、投入的技能等也千差万别，因此，义工可以根据不同的标准进行类别划分。

（一）义工的类型划分

义工的分类标准可以分为义工活动的范畴、性质、义工活动的地域范围、义工投入的时间等。

1. 按照义工活动所属领域分类

按照义工参与服务涉及的行业和领域则可以分为以下七种类型（施岱宗，2014），分别为：

健康：对各年龄层的人提供身心健康照顾与关怀。

教育：一般学校体制内或体制外的服务，如爱心妈妈。

社会福利：奉献于社会的关怀及协助，如家庭辅导、儿童问题咨询、社会福利机构。

休闲：一些运动或非运动组织所提供的服务。

宗教：宗教团体的服务组织。

社区教育：提供专业性服务与劳务。

政治：政治组织团体中的相关服务。

2. 按照义工活动的地域范围分类

随着社会和经济全球化，义工活动的空间范围也逐渐扩大，除了立足于本地社会发展的区域性义工外，更多地出现了跨区域的义工，大致可以分为国内义工与海外义工。

3. 按照义工活动的门槛或技术性强度分类

此前也提及，义工服务的种类繁多，涉及领域广阔，只要是对社会发展有益的非索取报酬的服务行为都可以被界定为义工活动。为此，可以根据参与义工活动所需的专业技能分为专业型义工（专家型义工）、普通型义工。所谓专业型或专家型是指在参与相关义工活动中需要有较强的专业知识或技能。如参与社区医疗义工服务之人员需要有专业的医学知识和经验；再如参与非洲防盗猎义工活动的人士则需要有动物辨别、野外生存等相关专业技能和知识，这些类型的义工均属于专业型或专家型义工。

4. 按照投入义工活动的时间性质分类

由于义工在参与服务社会的活动中不计报酬，为此，大部分的义工属于兼职义工，即利用自己的闲暇时间参与义工活动，为社会提供力所能及的服务。此外，也有专职义工，即其自身并无其他全职工作，而将其大部分时间都投入在义工服务中。

5. 按照义工活动的组织者分类

通常情况下，义工都是通过一定的组织形式来参与相关活动。如果按照义工组织的类别来看，义工可以来自于以下类型的组织，如各种非政府组织 NGO（例如香港保良局）、各大中专和高等院校的师生、各类宗教团体、企业员工（例如中国银行澳门分行员工义工队）、政府部门的员工、社区义工服务组织（例如澳门社区义工联和总会）。

6. 其他分类的标准

此外，吴淑钰（2000）整理 Jacobson 的研究成果后，从提供义工服务的功能角度提出义工角色扮演的五种类型，分别为：

（1）直接服务角色：义工进行家庭访问、教导童子军急救术、收集附近地及诊所的家庭治疗记录等工作，直接与服务对象接触。

（2）间接服务角色：义工帮忙服务的对象，但不直接与他们接触，例如捐款、在餐车上准备食物、为人们油漆和修理房屋，这些都是间接服务性的义工。

（3）行政管理角色：义工们的主要工作是担任组织的授权、规划、训练、督导和评估。

（4）政策制定角色：义工在组织中担任董事或规划委员的工作，政策制定包括问题和议题的分析及对组织目标的了解，也包括机构和重要计划的确定，建立内部要求的配合及人事决策。

（5）倡导角色：义工影响组织政策制定、影响公共态度、刺激社会变迁、为影响其他人的服务或系统的变迁而工作。

（二）义工服务的特征

综合海内外众多学者的观点和意见，义工服务之特征可以大致归纳为以下方面：

第一，义工服务是基于个人自由意志，其动力来自参与者内心。蔡汉贤（1990）就指出义工工作是个人无拘无束、无酬地为大众或义工组织提供服务，致力于各种福利活动。其中没有所谓的要求或强制的成分，纯粹是参与者个人自愿的行为，体现了个人的自由意志。尽管从义工服务的组织性上来看，有个人、组织等不同形式的组织模式，但其中的个人参与者均系出于自己心中的意愿，具有较强的自主性和自发性。例如，即便是企业组织的义工服务，企业员工也有自己决定是否参与的自由。

第二，义工服务属于只尽义务而不计报酬的行为，是一种在时间上的奉献。利他主义（Altruism）是义工服务的重要特征之一。所谓利他主义是个人将他人的利益和集体利益置于自己利益之上，无私地为他人谋福利的态度和行为。常见的义工活动，例如献血、参与环保、关怀老年人、残疾人等弱势群体等，均属于典型的服务社会和他人的例子。可见，义工服务的利他主义特征十分明显。

第三，义工服务不仅为社会大众提供服务，更加侧重于参与者个人的学习与成长。尽管从义工服务的内涵来看，利他主义是其主要的特征，但是，从实际上来看，参与义工服务的个人，也并非一无所求。因为，从个人的行为来看，产生某种行为的背后，一定有相应的需求和动机。费雪及雪佛（Fischer & Schaffer，1993）就曾经通过整理他人的研究成果，归纳出义工在参与相关服务过程中的主要动机：

（1）利他动机——如助人为乐、做好事等，这些属于较为常见的义工服务之利他动机。

（2）意识形态之动机——可能出于某种意识形态或价值观的影响而参与义工服务。

（3）利己因素的动机——义工参与义工服务可能有自己的考虑，如满足自己的某种需求，如处理内心的冲突，或得到其他人的认同与支持等。

（4）寻求获得物质或精神方面的回馈——义工在参与相关活动时，希望能够在物质方面或者精神方面，可以获得一定的回馈和报酬。

（5）获取某种资格——参与者做义工服务可能是出于通过参与，获得某个领域的资格，如学生参与服务学习，通过义工服务来获得一定的学分或结业资格等。

（6）出于社会关系网络的动机——即参与者从事义工服务是为了保持某种社会关系，例如友谊，或为了建立某种社会网络关系。

（7）出于打发闲暇时间的动机——部分参与者可能是希望通过某种形式，打发自己的闲暇时间，为此，选择了参与义工服务。

（8）个人成长的动机——部分义工希望通过参与义工服务，能够实现自己在某些领域的成长。该类动机，也是在义工服务中较为常见的动机类型。

第四，义工服务所承担的责任有一定的限制，且由于其不属于专业服务，因此，对服务的责任和要求也没有十分严格。例如义工到福利院去表演节目以表达关心和慰问，此时，相关人士对于表演节目的专业性要求并不是最为重要的，他们更加关注的是，参与活动人士的态度和心意。

第五，义工服务从整体目标上来看，追求的是一种社会公共利益。义工活动通常都是围绕某个特定的主题展开，如环保、健康、关怀慰问弱势群体、义务支教、协助开展建设等，这些活动都具有同一个特征，即是出于社会或区域利益的最大化之考虑，每一个义工都在其中贡献自己的力量。

通过对上述观点的陈述可见，义工是一种自由意志的选择，绝非外力的驱使；是一种利他的、只求奉献、不求回报的过程；是一种有计划和特定目标的社会奉献行为。此外，义工是非专职性的，所以在具体承担的责任和工作要求方面，义工和一般职员均有显著的不同。在参与义工活动的约束力方面，也不像学校、企业等组织形式，具有强制性和约束性。因此，对于义工服务的发展而言，义工组织一方面需要通过有计划的人才培训，以培养义工的新观念及新思维，进而提高自我效能，以达到服务助人的目的；另一方面，也要不断提升义工持续参与义工服务的意识。

本书中所指的义工服务是依据利他的观念，利用个人闲暇时间奉献，在服务过程中不计报酬，并秉持着为人服务、为社会奉献的理念，进而增进社区与社会国家福利的行为。

三 义工的参与动机

每个人行为的产生都具有其本身的意义与目的，有了动机，才会有具体行动，而动机（motivation）的种类不同亦体现其背后的不同目的。可以确定的是如果人们参与义工服务的动机不强，一定会影响其参与的深入程度及其后续的持续参与，因为动机是行为产生的动力，亦是人们活动的驱动力。但是，应该注意到，动机的产生是非常复杂的过程，会受较多内部和外在特质因素的影响。同时，动机的背后还会涉及个人的成长背景、性别、年龄、教育程度、身体健康状况、经验累积、需求满足等，且任何一种行为的背后都可能蕴藏着不同的动机。我们如果能了解义工从事义工服务的动机，并且适时对其参与义工服务的行为有所回馈，当义工觉得其需求获得相对满足，具有较高的满意度水平时，其可能较愿意继续从事志愿服务（张英阵，1997）。

从动机的构成来看，Streer 和 Porter（1983）在其出版的《动机和工作行为》中提到了动机的三个主要成分，分别是：产生能量（energizing），这是产生个体某些行为的所需的内在力量和驱力；引导方向（direction），将为行引导到一个特别的方向；持续力（maintenance）。尽管相关学者及社会大众均认为从事志愿服务工作是行善为乐，具有牺牲奉献的服务精神，参与义工服务是个人秉持自由意愿参与投入，而非外力所强迫。但是这些参与义工服务的个体，也可能是各自抱着不同的动机、价值或理由才投入服务行列（Omoto &Synder，1995；严幸文，

1993），所以青年参与义工服务的动机与其参与的时机、参与服务类型、在义工服务中的投入程度，以及持续参与义工服务等行为特征都有一定的关系。在本研究中，"动机"主要是指能够驱使义工持续且自愿到组织从事义工服务的驱动力。

目前，国内外学者在义工参与动机的界定及分类方面已经做了不少工作，且获得了较为丰富的成果。从国外学者的研究成果来看，如奥默托等学者在研究义工服务的动机方面，将人们参与义工服务的动机进行了归纳和汇总，共分为十类动机，分别是：职业发展、被承认、社会互动、互惠性、投射生活、自尊、社群性、价值观、认知领悟和保护性。

嘉卡斯蕾与哈林顿（Cuskelly & Harrington，1997）则通过研究，将人们参与义工服务的动机总结为：社会联系、帮助他人、打发时间、获得认可、满足他人的需要、协助组织达成目标、个人的充实感、发展技能、寻找乐趣、获得成就感、自我的表现以及提升自己的形象等。

帕克（Parker，1997）认为义工的动机无非来自四个方面：一是利他性（帮助他人）；二是交换（期望得到某种回报）；三是信仰（传播自己的信仰）；四是休闲（寻找休闲的体验）。克拉里（Clary，1996）认为人们参与义工服务是为了达到不同的社会心理目标，并总结了六种主要的动机变量：社会、价值、职业、理解、宣扬和保护。Wiehe 和 Isenhour（1977）认为人们参与义工活动是为了利他、人际关系满足、自我成长、受外在因素要求。Horton（1981）则将义工的动机主要归纳为利己、利他。Gillespie 和 King（1985）研究指出义工的动机一般包括帮助他人、贡献社区、获得训练与技能、充实生活、社会认可等需求。Bramwell（1993）将人们参与志愿活动的动机归纳为利他动机、自我实现动机和社会动机。

国内学者蔡宜旦、汪慧（2001）认为青年义工参与服务的动机既有参与改善社会风气、同情帮助弱者的意愿，也有丰富人生经历、充实自我、锻炼才能的需求，同时将义工服务的参与动机归纳为组织和群体的压力、自我实现的需要、"以恩报恩"民族文化底蕴的支撑等。学者殷小川、田惠芬（2006）认为义工的参与动机涉及五个方面：即成就动机，归属需要，权力动机，自我检验、自我提高动机，娱乐、交往动机。依据相关"义工心态问卷调查"，把义工服务的动机分为利他型动机、利己型动机、受影响型动机、社会型动机。并认为这些动机并非截然分开的，利他动机中有利己的成分，利己动机中也有利他的动机存在，单一的动机理论无法解释义工的志愿参与行为。无论怎样将义工动机进行分类，都是围绕工作自身所带来的满足感、成就感的内在性报酬，以及由组织给予义工利益的外在性报酬来描述如何激励义工。

吴淑钰（2000）研究提出义工服务的动机包括社会责任、寻求知识与技术、社会接触、成就感、自我成长及机构吸引力。石淑惠（1996）在关于义工动机的研究中将其动机归纳为社会责任、自我成长、社会接触。学者黄志弘（2003）则提出义工的动机包括自我成长、回馈社会、社会接触。林秀英（2003）认为义工的动机划分为求取知识技巧、表达社会责任、接触社会、他人期望、社会认可、成就感、自我成长。

从以上对国内外关于志愿服务研究的梳理可知，参与志愿服务工作的动机往往有很多的原因，在个人内在心理因素、外在的人际关系与社会情境互动的交互影响下，通常包含了利己性与利他性的动机，同时动机也会随着服务时间的改变与参与涉入程度的深浅，产生不同的变化。

根据以上国内外各实证研究所归纳之结果，本书将义工的参与动机大致分为以下四大类：

1. 自我成长取向：由个人认知所形成，如希望学习知识与技能、肯定自我、获得成就感等。

2. 休闲交往取向：以外在的发展为主，如扩大生活范围、打发时间、认识朋友、接触人群与社会等。

3. 社会责任取向：回馈社会、服务机关或他人、希望能贡献一己之力、尽社会责任等。

4. 自我成长取向：如增加自己的生活经验、发挥自己的潜力与专长、增进待人处事的能力等。

四　主要的义工组织概述

（一）义工组织的缘起——社会组织由二元向三元结构转变

以往人们往往将社会组织进行简单的二分，即要么属于政府方面成立的组织，要么属于市场方面提供的组织，即社会组织只有两种形式的存在——非公（政府）即私（市场）。可见，上述分类方法，忽略了现实中较为重要和常见的义工组织在社会中的重要性。为此，美国学者 Lavitt 提出了第三部门（the third sector）的概念，这就是后来"非政府组织""非营利组织"等概念的最初原型。在许多学者的讨论基础上，美国约翰霍普金斯大学的"非营利部门比较研究课题"（1998）提出了有关义工组织的"结构—运作"定义，即从组织的基本结构和运作方式入手对第三部门进行了界定。该课题组认为，作为第三部门的义工组织，其必须具备以下特征：（1）首先其应该为正式组织，即需要有根据国家法律注册的合法地位，并具有一定的组织机构和资金来源；（2）该组织要拥有一定的独立性，即要在制度上独立于政府之外；（3）非利润分配之特性，即组织所积累的利润不得返还其"拥有者"，也不能在组织内部以任何形式分发；（4）组织的自治特性，能掌控与管理自身的活动；（5）组织应该具备志愿的特性，即组织内部须有显著程度的志愿性参与；（6）公共利益导向，即组织所提供的服务应具有惠及公众的特点。

英国最早使用了义工组织的概念，此外，不少学者也对义工组织的概念进行了探讨。如 Canna（1998）就认为所谓义工组织是由纯粹的义工所组成的第三部门组织。再如中国学者于海（1998）认为，义工组织既指组织义工和义工活动的动态过程，又指义工借以开展工作的组织形式。从组织形式来看，义工组织可以分为非正式的义工团队及正式的义工机构。联合国（2002）界定义工组织为：是公民所成立的地方性、全国性或国际性的非营利、志愿性组织。它们以促进公共利益为工作导向，提供多元的服务，发挥人道的功能，将人民的需求传递给政府，监督政府政策，鼓励人民参与地方事务，并提供政策分析与专业技能，建构早期的预警机制，协助监督与执行国际协定。

通过上述义工组织概念之产生过程可见，人们对于义工组织的认知和界定是随着社会组织的二元结构向三元结构转变的产物。

（二）常见的国际权威义工组织

从国际义工工作的推动进程来看，不得不提的几个重要的国际义工组织包括：联合国义工组织（United Nations Volunteers，简称 UNV）；国际义工协会（International Association for Volunteer Effort，简称

IAVE）；公民参与世界联盟（World Alliance for Citizen Participation，简称 CIVICUS）。

1. 联合国义工组织（UNV）

1970 年，联合国大会通过决议，组建"联合国义工人员"（UNV）（组织），官方网站地址：http：//www.unv.org/。联合国义工人员组织是联合国系统内一个独特的机构，负责管理与国际义工事业相关的各类事物。联合国义工人员组织鼓励义工为本国和国际间的发展和平尽其所能，努力促进国家经济与社会进步并使之得到持续发展。该组织从属于联合国开发计划署（UNDP）。UNV 总部原设在瑞士日内瓦，后于 1996 年 7 月移往德国的波恩。是联合国系统内最大的直接向发展中国家输送各种行业高中级专业技术志愿人员的组织。该组织的宗旨是向发展中国家提供积极有效的援助，以支持全球人类的可持续发展。该组织的中方合作伙伴是中国对外贸易经济合作部下属的中国国际经济技术交流中心。

每年全球约有 5000 名符合条件且具有丰富经验的人员自愿加入联合国义工人员的队伍中，到 140 多个发展中国家从事义工服务。自 1971 年以来，已有来自 160 多个发展中国家和发达国家的 30000 名联合国义工人员到 140 多个国家完成项目委派的工作。他们有 70% 来自发展中国家，30% 来自发达国家。据联合国志愿人员组织 2014 年的年度报告，仅 2014 年，共有 6433 名来自 155 个国家的具有较高专业技术背景和丰富经验的联合国义工人员在 121 个国家和地区提供技术服务。图 1-1 是联合国义工组织从 1998 年至今派遣义工参与各项事务的统计图表，其中蓝色代表国际义工服务、绿色代表国民义工服务。通过图 1-1 可见，从 2004 年开始，联合国义工组织主导的义工服务数量无论是在国民义工服务还是在国际义工服务方面都有较大的数量提升。

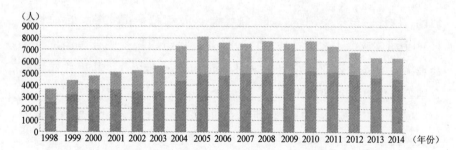

图 1 - 1 联合国义工组织 1998—2014 年派出义工服务数量趋势示意图

联合国义工人员项目涉及的领域非常广泛，联合国义工人员组织的人才库包含了 110 多个专业领域，如农业、卫生、教育、社区发展、职业技术培训、工业技术、交通、能源、环保和人口研究等。他们的主要工作内容包括：1. 与需要技术帮助和支持的政府进行技术合作；2. 在社区和基层工作，帮助所在地区的人民达到自力更生的目标；3. 从事人道主义的援助工作，帮助受援国人民重建家园；4. 从事和平建设事业。联合国义工人员是在政治平等的基础上工作的专业人员，他们提供教学和培训，鼓励、支持和促进他们的服务对象。在工作的同时，义工人员还共同交流思想、技术及经验。

2. 国际义工协会（IAVE）

国际义工协会（International Association for Volunteer Effort，简称IAVE），官方网站网址：https：//www.iave.org/，属于国际非政府组织，系由一群坚信义工对于促进人类及社会问题解决之贡献的妇女于1970 年所倡议成立。他们肯定国际信息交流及相互支持对于鼓励及强化全球义工行动的重要性。IAVE 总部设于美国华盛顿，由一个经选举产生的国际董事会负责治理。IAVE 目前于十二个国家成立全球分会，在五十五个国家任命有国家代表，并于六十个国家成立全国义工中心，会员遍布全球近一百个国家。该协会属下会员区域涵盖北美与加勒比海

地区、欧洲、拉丁美洲、非洲、亚太地区及阿拉伯国家等，目前拥有
1138 个团体或个人之会员数目。1987 年，该组织获得联合国经济暨社
会理事会的特别咨商地位（Special Consultative Status），其后并成为联
合国公共讯息部合作伙伴。

　　国际义工协会在全球各地所成立的全国性义工中心担负起教育及训
练义工的重要功能。除了举办区域性的义工会议之外，国际义工协会是
唯一定期举办国际义工领袖会议的国际义工网络组织，其每两年一度的
世界义工会议主要召集来自全球各地的各界领袖以共同投入义工行动的
义工服务行列。协会自成立以来，即致力于宣扬义工精神奉献价值之理
念、鼓励义工服务社会、促进义工团体合作交流，以及解决人类社会面
临的问题。值得一提的是，该协会与世界公民参与联盟（CVICUS）及
UNV 成为共同负责联合国推动 2001 年国际义工年的三个主要领导机构
之一。

　　3. 公民参与世界联盟（CIVICUS）

　　公民参与世界联盟（World Alliance for Citizen Participation，简称
CIVICUS），官方网站网址：http：//civicus. org/。该联盟属于国际非政
府组织，成立于 1993 年，透过强化全球公民社会与公民行动，创造公
平正义世界的全球社群。公民参与世界联盟是一个致力于加强世界各地
的公民行动和民间社会的国际联盟。为了做到这一点，该组织专注于三
个优先领域（相当于战略方向）：保护公民社会的权利；加强民间社会
的良好做法；提高公民社会的影响。公民参与世界联盟承担在这些领域
的各种长期和短期项目。此外，该组织的一些项目，如公民社会指数和
世界大会，将跨越上述领域，并成为进一步加强公民参与的平台。在该

组织所有的项目中，该联盟与相关组织紧密合作，以实现共同目标。

（三）其他国际义工组织

除了上述较具有权威性的国际义工组织外，还存在着许多国际性的义工组织，它们对于全球义工服务以及义工旅游的发展都有重要的贡献。

1. 国际义工组织总部（IVHQ）

国际义工组织总部（International Volunteer HQ，简称 IVHQ）是一个著名的国际义工组织，总部位于新西兰。为人们提供安全、有品质且能够承担的国际义工服务机会，申请者可以申请赴南非、秘鲁、坦桑尼亚、柬埔寨、尼泊尔、坦桑尼亚等世界上较为穷困的地方，同样也是最需要帮助的地方从事义工服务。在其中，中国义工较为常见的是去尼泊尔。该机构提供的义工服务机会包括，当英语老师、从事孤儿院义工、医疗护理等，时间从一周到四周或十余周不等。由于属于大型国际组织，所以参与其中的义工也都来自世界各地。

2. 海外项目组织（Projects Abroad）

海外项目组织（Projects Abroad）目前在 17 个目的地国家设立有分支机构，并有长期而稳定的项目可供选择。提供实习生、义工项目，还有语言课堂。

南非	一星期	两星期	三星期	四星期	六星期	八星期	十二星期	额外附加每个星期	在地延长每个星期
建设项目	¥16,950	¥19,150	¥21,350	¥23,550	¥27,950	¥32,350	¥41,150	¥2,200	¥2,950
商业	n/a	n/a	n/a	¥22,300	¥26,700	¥31,100	¥39,900	¥2,200	¥2,950
关爱	n/a	¥17,400	¥19,350	¥21,300	¥25,200	¥29,100	¥36,900	¥1,950	¥2,450
环境保护项目									
African Bushveld Project	¥18,200	¥20,900	¥23,600	¥26,300	¥31,700	¥37,100	¥47,900	¥2,700	¥3,200
法律与人权									
Combined Law & Human Rights	n/a	¥19,150	¥21,350	¥23,550	¥27,950	¥32,350	¥41,150	¥2,200	¥2,950
社区文化项目									
社区农业	n/a	¥17,900	¥20,100	¥22,300	¥26,700	¥31,100	¥39,900	¥2,200	¥2,950
Community Township Project	¥16,950	¥19,150	¥21,350	¥23,550	¥27,950	¥32,350	¥41,150	¥2,200	¥2,950
信息科技项目	n/a	n/a	n/a	¥21,300	¥25,200	¥29,100	¥36,900	¥1,950	¥2,450
音乐及舞蹈项目	n/a	n/a	n/a	¥22,300	¥26,700	¥31,100	¥39,900	¥2,200	¥2,950
医疗及保健项目									
营养治疗	n/a	n/a	n/a	¥23,550	¥27,950	¥32,350	¥41,150	¥2,200	¥2,950
职业疗法项目	n/a	¥19,150	¥21,350	¥23,550	¥27,950	¥32,350	¥41,150	¥2,200	¥2,950
理疗项目	n/a	¥19,150	¥21,350	¥23,550	¥27,950	¥32,350	¥41,150	¥2,200	¥2,950
新闻项目	n/a	¥19,150	¥21,350	¥23,550	¥27,950	¥32,350	¥41,150	¥2,200	¥2,950

图1-2　海外项目组织（Projects Abroad）的义工项目的目的地国家

3. 国际经济学商学学生联合会（AIESEC）

国际经济学商学学生联合会（Association Internationale des Etudiants en Sciences Economiques et Commerciales，简称为 AIESEC）。AIESEC 是全球最大的由青年领导的组织，致力于提供一个供青年学生发展自身领导力的平台，由此提供给青年大学生参与到跨国商业实习/文化交流，实践性领导力岗位锻炼以及全球学习平台的机会，总部在荷兰。AIESEC 中国区成立于 2002 年，一直致力于通过 AIESEC 的国际平台为中国社会培养和发展具备国际视野和社会责任感的未来领导者，使其成为青年人追求发展领导力的第一选择。目前 AIESEC 在中国内地 23 个城市超过 80 所重点高校中拥有 3000 多名成员。组织搭建的国际平台为成员提供了一系列领导力发展的机会和全球化的学习网络，从而使成员更加成熟，富有激情，具有高度社会责任感并不懈地为这个社会奉献自己的一份力量。通过 AIESEC 出国做义工必须通过当地大学的分会（Local Community，LC）的出境义工部门（Outgoing Exchange Global Community Develop Project，OGCDP）和海外的其他 AIESEC 分会的入境义工部门（IGCDP 和 OGCDP 相对应）的义工项目负责人联系，这需要义工参与者所在的大学必须有自己的 AIESEC 组织。参与者也可以自己去联系附近的 AIESEC 机构，这期间需要准备简历、缴费等一系列流程，学生在通过申请后，就可以在寒暑假期间到国外和当地 AIESEC 的义工一起从事义工服务了。AIESEC 在全球 124 个国家的两千多所大学有分会，所以项目的数量种类也是各个组织里最全的，有大部分中国学生义工去的印度、斯里兰卡、俄罗斯、埃及，也有波兰、土耳其、立陶宛、坦桑尼亚、毛里求斯，甚至是阿富汗、塞拉利昂。该组织提供的义工项目类型有常见的支教，比如去俄罗斯或斯里兰卡给当地的孩子们教英语；也有环境保护，到保护区宣传协助动植物保护；疾病康复，到马耳他的医院帮当地的残疾人做康复性训练；文化交流，去音乐节做义工、到世界文化遗产维护秩序等。通常申请参与国际义工项目有约2500 元人民币的项目费，只有先交了这些钱才可以申请外国的项目，其中 500 元是押金，回国后写一份项目的反馈报告就可以获得退还。

4. 国际义工项目协会（IVPA）

国际义工项目协会（International Volunteer Programs Association（IVPA））这个国际上比较认可的义工输出和推广的协会联盟，旗下分别有十多个会员义工组织，通过分析和对比其不同维度提供义工产品和服务的形态，展现义工业态的概况，并将其总结为表 1-3。此外，图 1-3 是 IVPA 的首页介绍，图 1-4 是 IVPA 组织成员的列表介绍。依据表 1-3 的对比结果可以看出 IVPA 组织下的主流义工组织的义工市场的义工项目的趋势，最近十多年义工参与义工活动的多元化需求主要集中在跨文化交流、间来年项目、环境保护、房屋修葺、医疗救助等方面。与此同时，这些义工组织也对这些义工需求的目标人群做了细分，例如全球意识组织（Globe Aware）将义工分为社群、家庭义工、单独旅游者、宗教信仰社区、组织服务、公司义工假期、医疗家庭服务、几代同堂之旅、闺蜜出游之旅和青少年的义工之旅、退休人士之旅等（见图 1-4）。所有的 IVPA 组织成员提供义工服务的地区主要涵盖非洲、亚洲、拉丁美洲及加勒比海、东欧等地区（如图 1-5）。义工根据自己感兴趣的项目类型、项目所在地区和自己的空闲时间安排，自费参与不同组织的不同活动来满足自己参与义工的动机和获得相应的体验。

表 1－2　　国际义工项目协会（IVPA）成员组织概况

组织名称	英文名称及简称	简介	成立时间	总部所在地	组织类别	服务项目类别	服务地区
美国青少年理解糖尿病全球协会	American Youth Understanding Diabetes Abroad（AYUDA）	使得青少年成为世界糖尿病社区改变的媒体	1997 年	美国	非营利组织	可持续的糖尿病项目	超过 20 个国家
AMIGOS	Amigos de las Américas（AMIGOS）	通过社区协助发展和跨文化经历的沉浸培养和鼓舞青年领导	1965 年	美国	非营利组织	暑假项目；间来年项目	美国
跨文化解决方案组织	Cross－Cultural Solutions（CCS）	在可持续社区创新，使得人们在相互分享观点和培育文化理解中工作来在全球运作义工项目	1994 年	美国	非营利组织	外国义工项目；间来年项目；国际实习项目；高中义工项目	巴西；印度；摩洛哥；秘鲁
全球意识	Globe Aware	在国际环境中组织短期义工项目组织，鼓励人们在沉浸在一个独特方式中去回馈	1990 年	美国	非营利组织	家庭义工；单独旅行者；宗教群体；服务组织；公司义工假期；医疗家庭服务之旅；闺蜜出游等	非洲；亚洲；东欧；拉丁美洲

续表

组织名称	英文名称及简称	简介	成立时间	总部所在地	组织类别	服务项目类别	服务地区
全球居民网络	Global Citizens Network (GCN)	连接全局和冒险思维和全球原生态的社群	1992年	美国	非营利组织	义工旅游;西班牙语课程	非洲;亚洲;拉丁美洲;美国/加拿大
人类居所	Habitat for Humanity	向大众提供普通住房,淘汰不及格和贫困住房,为提供充足的住房采取关心和行动	1976年	美国	全球非政府组织及教会组织	房屋修葺	北美;拉丁美洲及加勒比海;非洲;东欧和西欧;整个亚太地区
海外项目	Projects Abroad	提供外国义工和外国实习机会	1992年	美国	国际义工组织	环境保护;考古及文化保存;英语培训;孤儿院的照顾工作以及医疗和护理项目	非洲;亚洲;东欧;拉丁美洲及加勒比海;南太平洋
为和平服务组织	Service for Peace(SFP)	提供纯粹、安全、有意义的国际和平项目服务经验给私人群体的同时也开放给公众	2001年	美国	国际义工组织	义工服务,包括社区发展、教育;健康和其他社会事项	东南亚;非洲;北美和拉丁美洲;欧洲

资料来源:本书自行整理。

图 1-3　IVPA 首页介绍截图

图 1-4　IVPA 成员列表截图

图 1-5　GlobeAware 目标义工细分截图

[义工旅游视野] 什么是"间来年"?

"间来年"指的是在人生过渡阶段,拿出一部分时间去旅行。在这段时间,学生可以旅行,参与海外义工活动或者到国外打工度假。这种推迟一年的做法于 20 世纪 60 年代兴起于英国。

间来年的起源。"间来年"这一概念,最初起源于第二次世界大战后的 10 年。当时,各国政府商议用青年旅行、文化交流的方式来加强国与国之间的理解,以防未来再发生全球性战争。然而,受 60 年代自由与革命反叛文化影响,青年们更注重自我,试图寻求更加丰富的精神生活。当间来年的行为越来越普遍,它逐渐成了西方青年的一种"成人礼"。

其实,在唐朝时的中国,就有青年旅行的壮举,当时那叫作"壮游"(伟大旅行),"壮游"指的是胸怀壮志的游历。在这段时间长、挑战性高、与社会互动深的旅行中,壮游者不只是局限于深入自然,更深入民间,直接去感受这个世界。高僧玄奘到印度取经,就是古今中外最知名的壮游之一。

"间来年"在中国时下。在中国,随着人们生活水平的提高,"间来年"的概念在年轻人中正悄然兴起,在 freegapper.com(一个间来年青年沙龙网站),每天关于如何申请志愿工作项目的话题不断,许多人也在这里做经验分享。该网站成立于 2009 年,目前已拥有 3000 多名成员。另一个间来年在线讨论小组是在豆瓣网上,人数达到了 8 万以上,关于这一话题的微博账户也有 3 万多粉丝(资料来源:Poppy,2015)。

【讨论】描述一下你心中的"间来年"旅游的具体设想。

第二节 义工服务与服务学习

义工服务在国际上主要指任何人志愿贡献时间和精力,在不为物质报酬的前提下,为推动人类发展、社会进步和社会福利事业而提供的服务(丁元竹,2001)。由于义工服务具有极高的精神价值和经济价值,已经受到各国政府和社会的重视(羊晓莹,2011),并形成当今社会的重要思潮。如美国联邦政府和各级学校订立各种政策与法案鼓励青年参与社会服务。再如德国政府在 20 世纪末判断认为社会的个体化趋势使人们的助人意识和责任意识不断下降，为此有意提出了公民志愿行动的概念，以推进社会的不断和谐发展（郑春荣，2010）。由此可见，义工服务对于社会的发展具有重要的促进作用。正是在这样的环境下，各国学者也针对义工服务开展了较为系统的研究。由于欧美国家在义工服务方面的实践相对较早，其研究也更为系统和具体。中国的义工服务研究相对而言，处于起步阶段。研究较为薄弱的环节主要包括志愿精神的培育、志愿服务教育功能的发挥、义工个体发展等（牛国卫，2009）。为此，在义工服务的相关研究中，应该注重对上述薄弱环节开展相关研究。在相关研究热点中，与参与义工人员的个体发展紧密相关的服务学习方面是众多学者关注度较高的主题。服务学习与义工活动之间存在较强的关联性，为此，探讨义工发展就离不开对服务学习进行回顾与分析。

一　服务学习的概念

服务学习是近年来在西方国家兴起，并逐渐影响到我国的一种新的教育及学习理念。从目前服务学习的研究和应用来看，在学校的教育过程中，借鉴服务学习理念较为常见。关于服务学习的概念，一般认为服务学习的要素包括：学生积极主动的参与、与学业课程的结合、完善的组织和计划、关注社会需要、学校和社会的密切配合、有效的反思、应用知识和技能的机会、扩展的学习机会、关注社会及关心他人的情感的培养等。由此可见，服务学习并非简单地在服务中学习，或通过服务的方式为参与者提供学习的机会。服务学习有更为综合的多样的目标，对于参与者的培养也是全方位的。

美国 1993 年的服务行动（Service Action）这样定义服务学习：服务学习指的是一种方法，通过学校和社会的合作，将提供给社会的服务与课程联系起来，学生参与到有组织的服务行动中以满足社会需求并培养社会责任感，同时在其中学习以获得知识和技能，提高与同伴和其他社会成员合作分析、评价及解决问题的能力。可见，服务学习属于经验学习的一种，通过实践经验学习的哲学观为服务学习提供了理论基础。

一般认为服务学习与社区服务以及义工行动不同，各类社区服务和义工服务的核心是提供服务。而服务学习则是将课程、服务和反思结合起来。Schine（1996）指出服务学习不同于社区服务的关键在于前者包含准备和反思的过程。服务学习的着眼点不仅试图通过为社会提供服务来促进学生知识的学习，还希望能够培养参与者的公民意识、社会责任感、奉献及合作精神。

从服务学习的理论基础来看，较为认同的服务学习理论基础包括经验学习理论、社会学习理论，以及道德发展理论等。

John Dewey 通常被认为是当代经验学习的倡导者，他指出了经验学习的意义及其教育价值在于利用学生的经验并将其整合到课程中。他认为"学校科目中相互联系的真正中心不是科学，不是文学，不是历史，不是地理，而是儿童自己的社会活动"。他的理论有两个前提：第一个前提是学生的经验来源于学生和环境的相互作用，学生对于周围事物的观点和反应会受到他们的态度、信念、知识和情感的影响。第二个前提是"连续原则"，即每种经验都要受到先前经验、习惯的影响和制约。经验教育的价值就在于经验对于学生的发展将产生影响；同时对学生和周围环境的关系产生影响。即学生的经验既包括与环境的相互作用的过程，也包括相互作用的结果。Dewey 的理论阐明了学生的经验是教育的核心，学生不仅直接从课程中学习，而且也从所参与的活动中学习，他把后者称为"伴随学习"（Collateral Learning）。学生不仅在经验活动中学到了很多在课程中不能提供的知识和技能，而且经验活动为学生提供了把课堂上所学的知识应用于实际并将各学科知识有机地联系在一起的机会。

社会学习理论（Bandura，1986）和经验教育理论（Experiential Education Theory，Scheckley and Keeton，1997）也对服务学习产生了重要影响。社会学习理论认为：年轻人在与他人的接触和关系中获得了部分的态度和行为习惯，特别是通过与榜样和有影响力的人交往。青年人观察成人怎样做，从中学习与他人沟通的手段，成人引导他们向他人提供帮助。这是服务学习的一个重要方面，有助于年轻人培养社会责任感和利他行为。

服务学习除了是一个体验学习的过程外，通过不同的服务学习计划来提升参加者的道德发展观，也是服务学习中一个主要的目标及理论根据。Kohlberg 认为服务学习有助于青少年认识社会价值观及进行反思，提升他们的道德层次，并提升他们的道德发展（梁启贤、叶敏芝，2010）。

二 服务学习的形成与发展

服务学习源自美国教育哲学家杜威（Dewey）的"在做中学"（learning by doing）。从 1980 年开始，学生参与社会公共服务，已成为美国高等教育的一股思潮。在校园中，结合社区服务和学习目标的服务学习方案，更开始蓬勃地发展。将社会服务导向"服务—学习"（Service–Learning），有利于强化学生之学习与成长（杨百川，2003；陈盈方，2007）。

自 20 世纪 90 年代起，美国教育学者为提升学生的学习效果与质量，进一步提出所谓服务学习观念与行动策略，将学校课程与社区服务（community service）活动进行整合，通过有系统的设计规划、执行、省思与评量，来达到学习与服务目标。

在此基础上，美国政府进一步将服务学习法制化，并于 1990 年订定"国家与社区服务法案"（National and Community Service Act），1993 年订定"联邦国家与社区服务学习法案"（the Federal National and Community Service，ACT）。此后，政府为这类项目的实施提供资金资助，激起不同年龄学生服务学习的热情（张莉、方巍，2011）。

从服务学习涉及的主体来看，最初仅是中小学采取这种教育理念和方式，如 1984 年美国所有公、私立高中，有 27% 提供某些型态的社区服务，有 9% 提供服务学习。1996 进行的美国全国家庭教育普查（National Household Education Survey）发现：49% 的六年级至十二年级的学生参加社区服务，而参加的学生中有 56% 表示他们的社区服务在某些方式下融入了学校课程。到 1999 年由美国教育部的统计资料来看，全美有超过 46% 的高等学校推行了服务学习的方案（赵志扬、王介廷、田壬志等，2002）。可见，服务学习的主体已经从传统意义上的中小学，拓展到高等院校。

我国的香港地区和台湾地区也全面推广服务学习教育。在中国内地，南开大学于 2007 年首次在我国内地将服务学习设立为无年级、无专业选课限制的、学习与服务结合的公共选修课程。南京师范大学等一些有社会工作专业的学校也陆续开展了服务学习课程的试点研究（胡凌霞，2012）。

从相关研究的内容来看，服务学习的关注点经历了一个不断扩展的过程，从最初的中小学开展服务学习课程，到高校中的服务学习，以及社区服务和义工服务中的服务学习。可见，目前服务学习的理念已被广泛运用在青少年服务、教育领域等不同范畴，希望相关的参加者可以在服务过程中，学习需要的知识、技巧或经验。

第 二 章

义工旅游及其产业发展概述

第一节 义工旅游

一 义工旅游的概念

国际旅游业近年来正从大众化旅游不断朝着个性化方向发展，适应不同群体需求的旅游产品正不断出现。从 20 世纪 60 年代中期，大众旅游出现并成为广受欢迎的休闲活动和生活方式。尽管如此，人们慢慢地不再满意大众旅游的体验。旅游者日渐成熟，他们开始追求独特和有价值的旅游体验去满足其具体的需求与愿望（Robinson & Novelli，2005）。在休闲时间比以往更为珍贵的社会趋势中，一个有趣的现象慢慢出现：人们倾向于花费自己的假期去帮助别人。越来越多的关心社会的旅游者放弃豪华享受的旅行，在假期中贡献他们的时间和劳动力，甚至这就是他们旅行的一部分（Brown & Morrison，2003）。由于旅游业的发展也为旅游目的地的社会、经济和环境带来一定程度的压力，因此，部分义工参与的义工服务就是为了抵减旅游发展所带来的负面影响（如：交通、环境、经济等方面的冲击，民俗文化的商品化等），这也直接导致对社会大众利益较有正面效应的义工旅游开始为人们所认同和接受（Brown & Morrison，2003）。

义工旅游（Voluntourism）作为利基旅游（Niche Tourism）的主要形式之一，是国际义工活动和世界旅游业快速发展并有效结合的产物（明镜、王金伟，2010）。自从 20 世纪 70 年代以来，全球义工旅游得到了快速发展，许多组织或企业（宗教组织、大学、私有旅游企业、政府、慈善机构），如联合国教科文组织（UNESCO）、世界野生动物基金

（WWF）等每年都积极开展和提供义工旅游活动，活动内容具体包括社区福利保障、环境保护和研究、教育、基础设施建设、商业发展以及医疗保障等。上述活动的周期长短不一，时间较长的一般在一年左右，而短期的项目则持续几周或几个月（Broad，2003）。也有学者提出，义工旅游通过把休闲旅游者与当地社区的发展有机地联系在一起，既促进了社区的综合发展，又提高了义工旅游者的知识技能，是一种可持续的特殊旅游活动（Clary & Snyder，1999）。

义工旅游在旅游业里日渐流行，在不同国家不同组织可能有不同的名称。义工旅游起源于西方，在英语名称方面，Tomazos 和 Butler（2012）总结得出 "Voluntourism"（The Guardian，2007）是 "Volunteer Tourism"（Henderson，1981）的缩写，其他的说法还有 "Volunteer Vacation"（Mcmillon，Cutchins & Geissinger，2006），"mini mission"（Brown & Morrison，2003），"mission - lite"，"pro - poor tourism"（Ashley，Roe，& Goodwin，2001；Hall，2007），"vacation volunteering"，"altruistic tourism"（Singh，2002），"service based vacation"，"participatory environmental research（PERT）"（Ellis，2003）。与此同时，义工旅游的中文名称也有不同的提法和称呼，这也与前述对义工服务的称呼之习惯有关系，相关名称包括如有 "义工旅游""公益旅游""慈善旅游"，而台湾地区则更多称其为 "志工旅游"。本书中结合澳门的习惯和实际情况，将其称之为 "义工旅游"（Voluntourism）。

最为普遍引用的义工旅游的定义是 Wearing（2001）年出版的《义工旅游：体验创造了不同》（*Volunteer Tourism：Experience that make a difference*）中的定义："旅游者基于各种原因，在有组织的情况下做义工活动旅行度假，其间可能参与帮助或减轻社会上一些群体的物质贫困，特定环境的恢复，对社会或环境问题的研究。"Stephen Wearing 是义工旅游学术界公认的权威学者，其概念和观点被广泛引用。该定义比较全面，包括义工旅游的形式和目的（参与帮助或减轻社会上一些群体的物质贫困，特定环境的恢复，对社会或环境问题的研究），方式（有组织的情况下），以及义工的手段（义工活动）。从 Wearing（2001）给出的义工旅游的概念框架图也可以看出，义工旅游被认为是替代旅游（Alternative tourism）的一种形式。

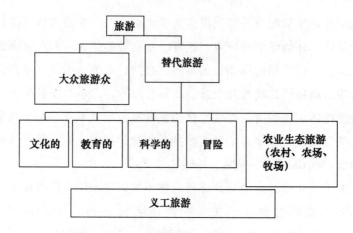

图 2-1　义工旅游的概念框架图 Wearing（2001）

另外，还有其他被较为广泛接受的学者的义工旅游之定义，本书也将其摘录和列举如下：

如 Stebbins（1992）认为义工服务是指人们在心有余力时，自愿无偿或仅领取极低的报酬，为他人提供服务，其结果可为双方带来利益。在人们物质生活稳定后，开始思考生命的价值，愿意尽一己之力帮助弱势者，义工便应运而生。当义工服务与旅游结合，便产生了新的旅游形态——义工旅游。

Singh（2001）定义义工旅游是属于负责任的旅游业实践，接近于乌托邦，至多被认为是利他形式的旅游。

McGehee 和 Santos（2005）定义义工旅游为利用任意的时间和收入去日常活动范围之外的地方旅游去帮助有需要的人。

义工旅游被行业定义为"无缝地把义工服务和旅游目的地之最好的、传统的旅游因素（艺术、文化、地理和历史）相融合"。

Daniel 和 Guttentag（2009）在此基础上提出，任何旅游者只要在旅行过程中参与义工活动都被称为义工旅游者（volunteer tourist），而义工服务是否其度假的唯一目的并不重要，但活动时间如果超过一年，则不属于义工旅游者。

以上定义有两个共同点：第一，都把义工旅游认为是一种旅游，然后再定义其是怎样一种旅游；第二，都认为目的地社区的居民和环境是作为义工旅游中的受益方。比较而言，Stephen Wearing 的定义是受到国外学者最多采用的定义，该定义全面地包括了义工旅游的形式和目的、方式，以及义工的手段。Voluntourism. org 给出义工旅游的定义是属于义工旅游的狭义的定义，强调义工服务与传统的旅游要素有机的结合，这有点过于苛刻。

综上所述，本书在对义工旅游这一概念界定方面，结合前人的主要研究成果，使用较为宽泛的定义，即义工旅游是利基旅游的主要形式之一，是一种利他性旅游的替代旅游形式，即旅游者出于各种原因，自愿以某种组织化的方式参与度假，并在度假过程中援助或缓解社会中一些群体的物质贫困，恢复当地环境或对当地环境、社会各方面进行科学研究的一系列活动。旅游者只要在旅行过程中参与义工活动都被称为义工旅游者，而义工服务是否是其度假的唯一目的并不重要，只要他的活动的目的中包含增加旅游目的地的额外的价值和为当地提供支持服务及对旅游目的地人民提供援助等。

本概念是一个广义的定义，主要结合了 Wearing（2001）以及 Daniel 和 Guttentag（2009）的观点。该定义包括了义工旅游的形式和目的、方式，以及义工的手段，同时修订了义工旅游的范畴，即旅游者在普通旅游行程中，加入义工活动为旅游目的地增值和为旅游目的地的人们提供援助的也属于义工旅游。

从上述的概念界定中可以总结出义工旅游的几个基本内涵：

①义工旅游活动主体必须要有自愿性；

②旅游中义工活动必须能够为旅游目的地产生一定的公益价值；

③义工服务可以不是度假的唯一目的；

④义工活动在时间上不能超过一年。

二 义工旅游的动机

义工旅游在欧美的兴起不过 30 年时间，相关研究多半集中在义工旅游相关定义、义工旅游动机和体验内涵、义工旅游组织和社区研究，以及其对社会文化的影响等几个领域。从相关研究采取的研究方法来看，多数是描述性的深度访谈、案例分析、缺乏系统的理论构建和相关定量分析。义工参与志愿服务的动机因人而异，而产生动机的原因会与生理、心理或社会性因素有关。

（一）动机的定义

动机是指引起个人活动，维持已引起的活动，并导致该活动朝某一个目标发展的一种内在历程，也是行为的原动力。目前中外学者们对于动机的认知具有较高的一致性，大多强调内在性、激发性、需求导向性等内容。本书选取了国内外学者较为典型的有关动机的论述，并将其整理出来。详见表2-1：

表2-1　　　　　　　中外学者有关动机定义的整理

研究者	年份	定义
Kotle	1997	动机是一种被刺激的需求，它足以引发个体采取行动以满足……欲望
Loudon & Bitta	1993	动机是一种促使人们采取某种行为，以满足某种需求的力量
郭枝南	2002	动机是激起某种行为的心理历程，动机并未具有实相，但可经由个体所表现的行为来判断和推测
廖春文	1995	动机是激发、引发和维持个体自发的行为，达成目标的重要元素
Hanson	1985	动机是研究人类行为如何受激发、方向指导、维持和终结的动力与历程
江愚	2007	动机是一种心理内在历程，它与需求具有相同意义
马起华	1978	动机是行为的原动力，也是行为的主要原因
黄玉湘	2002	动机是一种行为的内在因素，是由个人的内在需求所引发，以达成满足需求的行为能力

资料来源：本书自行整理。

综合上述动机的定义，本书认为动机是由个人内心想满足某项需求，而产生个人在心理生理的一种驱动力，其过程受到内在需求与外在因素的影响。

Brown（2005）认为，要研究义工旅游的参与动机，首先要围绕旅游和义工两个成分进行研究。具体地说，就是处理休闲旅游动机怎样与义工旅游发生关联和相互作用。所以，研究旅游动机（Travel Motiva-tion）是研究义工旅游动机必要的前提步骤。

在旅游的相关文献中，多种维度的理论被提出并实证验证以帮助理解旅游动机。动机在旅游的研究领域的重要性是非常明显的。它是触发所有事件参与旅游的诱因（Parrinello，2002）。很多学者用动机理论尝试去解释旅游者动机。马斯洛的需求层次包括自我实现（self-actual-isation）、尊重（esteem needs）、情感和归属（love needs）、安全需求（safety needs）和生理需求（physiological needs），其理论为理解旅游行为和旅游需求的进一步发展和应用形成了基础支撑（Maslow，1954）。决定去访问一个旅游目的地是一个需求复杂混合的过程，激励个人给目标简单地排序从而满足被感知的需求（Brown，2005）。马斯洛需求层次理论受欢迎的一个主要原因可能是因为其简单（Hudson，1999）。需求层次理论能在某种程度上与旅游业相联系，具体表现在，除非个人的生理和安全需要得到满足，他们不可能对旅行感兴趣。自我实现实际上可以被看作休闲的目的或终点（Mill & Morrison，2002）。而拥有假期则能给自己机会去重新评估和更多发现自我。

类似于马斯洛的需求层次理论，Pearce（1982）提出旅行行为反映出了五个层次的旅游动机。他将这个五层次的旅游动机称为旅行生涯阶梯（Travel Career Ladder）分别是：放松（relaxation）；刺激（stimulation）；人际关系（relationship）；自尊及自我发展（self-esteem/develop-ment）；自我实现（fulfillment）。在职业生涯中，人们从不同的阶层起步，在过程中也可能转换阶层。Pearce（1993）明确地认为，旅游者的旅行动机可以是自己驱动（self-directed）的，也可以是别人驱动（other-directed）的，他们不总是在旅游中寻求同种满足感，可以在梯子上下移动。

Dann（1977）提出动机的"推""拉"因素，为人们理解旅游动机等理论作出了显著的贡献。"推"的因素是社会心理驱动去旅游的愿望，"拉"的因素是外在的因素影响一个人去旅游以满足被认可的需要或愿望。Dann（1977）认为混乱和自我提高都是个人旅游的原因，是"推"的因素。Crompton（1979）认同 Dann（1977）的关于"推""拉"动机的基本观点，但是进一步提出了旅游动机的九要素，分别为：逃离日常环境、探寻和评价自我、放松、声望、回归、加强亲情关系、促进社会互动、新奇和受教育。前七个要素是"推"的因素（社会心理动机）后两个是"拉"的因素（文化动机）。

（二）义工参与动机理论

义工尽管不是以获得报酬为目的，但是，其从事义工服务社会的行为背后也一定有某些动机作为支撑。并且在不同的时代，人们参与义工活动的动机会有不同。如早期的义工主要侧重于慈善事业，而现今的义工工作涉及的内容日渐广博。我国的传统慈善事业是以个人情感出发，其内在精神和动机在于关心社会，透过社会参与及付出的过程来解决社会问题。随着社会和环境的不断发展，义工的参与动机和行为表现已经出现了变化。在许多实证研究中，义工往往受到多个动机的影响，而参与到义工活动中。如 Schindler Raiman 和 Lippit（1975）曾分析义工参与服务的动力，并将义工的动机分为三种导向：（1）自我导向（self-directed）：这种导向的义工，决定是否参与义工服务的主要考虑，是基于个人的感觉、判断和价值观。简而言之，参与义工服务的决定因素来自个人内在，大致包括：服务与责任、回馈社会、自我实现等三方面。（2）他人导向（other-directed）：这种导向的义工，决定因素来自他人影响，可以得到团体的认同，进一步得到亲人的赏识。（3）情境导向（situation-directed）：这种导向的义工，决定来参加义工是由社会情境决定。

Schram（1985）在研究义工服务的理论中，也提出了义工服务活动参与动机的七个理论基础：（1）利他主义：帮助他人、具有社会责任及做好事是义工服务的最基本动机因素。（2）效用理论：自愿地牺牲自己造福他人，是实现利他的动机。（3）人力资本理论：就义工服务人员而言，付出服务的同时也可经由机关所提供的训练机会，获得专业、半专业的知识与技巧，因而提高其人力资本的投资。（4）交换理论：认为个人行为是利益导向，这些利益可以是物质、金钱或精神利益，当其获得大于付出时，人们即会采取行动。（5）期望理论：指一个人基于对将来可能获得的报酬的期望所产生的行为。对于义工服务人员而言可以是从事服务所接受的训练等。（6）需求满足理论：参与义工服务的人员在寻求自我实现、自我成长的满足，是心理的需求。

（7）社会化理论：社会化涵盖人生各个阶段的学习，包括正式或非正式、计划或非计划的过程。

从现有的研究成果来看，义工参与动机的内涵有很多，大致上可分为利他（协助他人，为社会服务）和利己（获得学习经验，技术与肯定等）两个方面。基于研究对象的不同，动机也会略有不同，所以本书以澳门高校青年义工为研究对象，在参照周学雯（2002）以大学运动义工为研究对象的成果，以及李法琳（2003）以大学服务性社团学生为研究对象的成果的基础上，研究了高校学生参与义工活动的动机，可以大体归纳为三种类型，即自我发展型动机，包括了丰富个人经历、提升个人的能力等方面；其次为社会接触型动机，即高校青年希望通过一定的形式来更为深入和系统地了解社会；第三个动机的类型就是以承担社会责任为主要的特点，希望通过参与义工工作来满足自己的社会责任感。

Tomazos 和 Bulter（2012）研究表明，学者们通过研究，将义工旅游者参与义工旅游的动机划分为三类：

1. 物质或功利主义参与动机

该类动机是以获得物质价值或者能够转换为物质价值为目的，例如工资、薪金、资产价值和信息。义工旅游者可能寻求获得知识和提升智力，或者通过参与义工旅游使得自己获得特定的新技能，这些或许能为以后职业生涯谋求机会，或者为他们向以后的雇主展示这些技能提供机会。因此，义工旅游者可以从工作中获得物质利益或经验，使其成为以后就业前景的跳板。这些利益包括获得知识、经验、技术专家、社交网络去丰富简历，同时这些经验能帮助义工旅游者在回归自己主流生活环境时寻找工作机会或者提高收入水平。在该类动机中，可能还会包括增强自尊心和自我价值提升，这同样也会增加义工旅游者的人力资本竞争力（Bruyere & Rappe，2007；Bussel & Forbes，2002；Lepp，2008）。

2. 社交满足参与动机

此类动机源自社会影响，拓宽人际关系、友谊，获得群体地位和群体认同。大量的证据表明义工的社会回馈对于参与者来说是最高的。义工旅游者可能要努力去满足一些规范性的期望或行为，从而获得声望或社会赞同，或者去拓展社会交际圈子。因此义工旅游者应该意识到他们自我实现的愿望通过提供义工服务被同辈接受。这些动机也通过参与慈善，社会团体或政治找到出口。在大量的文献中，义工旅游者被发现去尝试满足社交和心理需要（Cnaan & Goldberg – Glen，1991），特别是增加家庭纽带或友情纽带（Bruyere & Rappe，2007；Ryan，Kaplan & Grese，2001），同时认识新的和志趣相投的人（Bruyere & Rappe，2007；Mustonen，2007）。

3. 利他主义参与动机

此类动机是基于全球关注利他的属性。他们呼吁社区行动和支持，公民责任和环境的关注的价值（Caldwel & Andereck，1994）。Horton – Smith（1981）认为，主要心理和必要的利他被认为是对个体义工旅游者有利的。义工旅游者出于利他主义或人道主义的考虑，去帮助有需要的人们和社会大众，为施赠者和授予者建立珍贵的价值，和为慈善捐赠建立深远的关怀。这些说明人们能从做好事中获得快乐，即使没有任何物质利益。在文献中，利他主义被强调为一个主要动机（Bussel & Forbes，2002；Callanan & Thomas，2005；Wearing，2001），表现为回馈的形式（Brown & Lehto，2005），或功成名就（Cassie & Halpenny，2003）。另外，义工认为他们的参与是社会化正义和善意的一种表达形式，这应该与回馈的概念相联系（Scheyvens，2002；Stoddart & Rogerson，2004）。

4. 其他动机

此外，不同的义工旅游者还有具体不同的动机。义工旅游的参与环境、地点和自然情况也被定义为动机因素（Brown & Lehto，2005；Cassie & Halpenny，2003；Tomazos，2009），此外，能免费得到旅行制服、政策优惠（Wilson & Musick，1997）、得到廉价的度假旅行（Butcher，2003；Sin，2009；Tomazos & Butler，2009）、逃避现实和寻求改变（Matthews，2008）同样是义工旅行者动机的特征（Brown & Lehto，2005；McGehee & Andereck，2008）。

表 2 - 2　　　　　　　　　　　　　义工旅游动机

类别	动机	作者
物质或功利主义参与动机	教育	Broad & Jenkins, 2009; Brown & Lehto, 2005; Wearing, 2001
	获得新技能	Broad, 2003
	未来雇佣机会	Bruyere & Rappe, 2007; Riecken et al., 1994
	增加自信和自我价值感	Bruyere & Rappe, 2007; Bussel & Forbes, 2002; Lepp, 2008
社交满足参与动机	联结	Cnaan & Goldberg - Glen, 1991; Bruyere & Rappe, 2007; Ryan et al., 2001
	认识志趣相投的人	Bruyere & Rappe, 2007; Mustonen, 2007
利他主义参与动机	利他主义	Bussel & Forbes, 2002; Callanan & Thomas, 2005; Wearing, 2001
	回馈	Brown & Lehto, 2005
	功名成就	Cassie & Halpenny, 2003
其他动机	正义/善意	Scheyvens, 2002; Stoddart & Rogerson, 2004
	环境/自然/地方	Brown & Lehto, 2005; Cassie & Halpenny, 2003; Tomazos, 2009
	义工福利	Butcher, 2003; Sin, 2009; Tomazos & Butler, 2009; Wilson and Musick, 1997
	流浪癖	Broad, 2003; Brown & Lehto, 2005; Tomazos & Butler, 2009
	冒险/挑战	Broad, 2003; Tomazos & Butler, 2009
	逃避/改变	Brown & Lehto, 2005; Matthews, 2008; McGehee & Andereck, 2008; Tomazos & Butler, 2009; Wearing, 2001

资料来源: Tomazos & Bulter, 2012。

近年来东方背景下的义工旅游参与动机的实证研究也有所增加。一类是研究具有东方背景的义工旅游者，例如 Lo 和 Lee（2011）对香港义工旅游者进行深入的访谈实证研究其旅游动机，得出义工旅游者的主要动机包括：文化沉浸与当地人交流；回馈的愿望；与家庭成员分享体验和亲子教育机会；宗教参与；逃离日常生活。另外一类研究是在东方背景下开展的义工旅游活动，Chen 和 Chen（2011）研究在中国参与 Earth Watch 组织的传统项目的外国义工旅游者的动机，将其分成三类：个人动机（包括本真体验、旅游兴趣、挑战刺激、专业学习、理解政治）；人际动机（包括渴望帮助、与当地人交流、他人鼓励参与、加强人际关系）；其他动机（包括体验义工旅游独特风格、时间与财力动机、组织目标、影响和声望）。

（三）义工旅游的主要动机变化规律

除了关注义工旅游的动机多样化的特点之外，一些学者也在探索义工旅游动机的变化规律。随着旅游的时间长短、旅游过程中的经历等因素的差异，义工旅游者往往在旅途过程中不断修正自己的动机，参与动机表现为随情景变化而变化的不稳定性。义工旅游的短期动机是出于人道主义或宗教价值观的关注他人，而长期动机则是求知、个人认同发展、获得社会的尊重等（Lynn，2007）。

Tomazos 和 Bulter（2012）提出，义工旅游动机变化的理论基础来源于动机谱理论和深度休闲理论。休闲放松因素和寻求廉价旅游因素的享乐程度和工作承诺度这两个指标影响着义工旅游动机在工具主义动机和利他主义动机两端之间移动，形成一个连续性的动机谱来描述义工旅游过程中动机的变化（见图 2 - 2）。在深度休闲理论中，义工旅游被看作约束型休闲和非约束型休闲的混合体。在财力有限无法购买专业人员服务和昂贵的度假费用的约束下，义工旅游者不得不在空闲时选择工作来满足低成本的需求，此时偏向工作任务的约束型动机；而当财力、资源等条件没有被约束的情况下，在相同目的地的义工旅游的费用会比一般传统旅游更多，此时，义工旅游者选择义工旅游可能出于其他动机。在旅游过程中这两种类型的休闲活动相互影响着义工旅游动机变化。

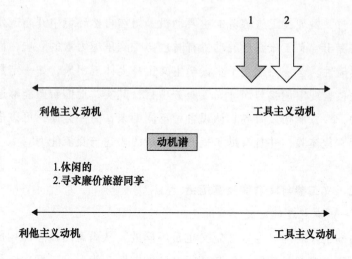

图 2-2　义工旅游动机谱图（Tomazos & Bulter，2012）

影响义工旅游动机的因素

　　义工旅游者的动机受到多种因素的作用和影响（如社会、发展实践技能、文化交流及观光等），呈现出多样性和复杂性的特点。一些旅游者参与义工旅游活动可以学习和丰富自我、享受一种团队意识、通过义工工作来表现自己的个性与获得成就感等。了解义工旅游者动机对于成功设计和管理义工旅游项目也有着十分重要的意义。Brown 和 Lehto 以度假型义工旅游者为例，认为满足感、自我表现以及和平等因素促使其参与义工旅游活动。Mustone 从利他主义和利己主义两方面深入探讨了义工旅游者的主要动机，并发现和区分利他性、道德困境、个人追求以及社会联系等影响因素有关联。Wearing 在此基础上补充了自我牺牲和自我利益是所有义工旅游者的普遍行为特征。Bruyere 和 Rappe 提出了四种动机类型，包括：环境保护、实现自我价值、了解自然环境和结交利益相关者。

　　许多义工旅游者并不是单纯受到利他性的支配，而更多是考虑其自身利益最大化。Harng 通过对 11 名新加坡义工旅游者进行一对一的观察和访谈，发现他们参与义工旅游的动机受到想要旅行这一欲望支配，而不是义工服务本身和促进目的地社区发展，他们的动机明显受到与自身利益相关因素的影响。Caissic 和 Halpenny 在研究安大略湖自然保护区项目时，发现义工旅游者的主要动机是想在自然环境中开心工作，所以他们提出，义工旅游者的动机有时也会受到乐趣因素的影响，而不仅仅是利他性。这一点也在不少大学生义工身上体现出来，如一定数量的大学生在暑期申请参与国际义工服务项目，其实，他们希望能够通过此次活动，一方面拓展眼界、认识各种不同的人；另一方面，可以借此机会进行文化体验，并且有助于提升英语口语表达与交流能力。

三 义工参与满意度及其衡量

(一) 满意度的定义

不同的学者对满意度的定义也是不同的，从满意度概念的构成角度来看，所谓满意是实际感知与期望之间的差距。为此，满意度就与期望值和实际感知等内容有较为密切的关联。部分学者在解析满意度的定义时，主要关注满意度感知的情绪映射，较为典型的如 Vroom（1964）。更多的学者则是侧重于从实际感知与期望之间的差距来界定满意度。表 2 - 3 是针对国内外研究学者对满意度定义的整理：

表 2 - 3　　　　　　　国内外学者对满意度的界定整理

研究者	年份	定义
Vroom	1964	员工对其在组织中所扮演角色的感受或情绪性的反应
Locke	1976	个人评价其工作或工作经验而产生的正向或愉悦的情绪状态
徐俊贤	2004	工作满足是个人对其工作所具有的情感性反应，预期与实际获得的差距程度，差距小表示满意程度高，差距大表示满意程度低
Scarpello& Campbell	1983	员工想在工作中获得的与其实际获得的差距
蒋政刚	2007	工作满意度指对工作价值感满足。学习成长、肯定自我、机构福利、权益满足与动机实现
Busdy& Banil	1991	在工作环境中自我实现的满足程度

资料来源：本书自行整理。

综合上述学者的观点，本书把参与满意度定义为：个体在参与时或参与后的内在主观情感的认知与反应。

（二）满意度相关的理论及其评价

满意度理论基础有很多，以下为学者关于满意度几个重要的理论及其主张。

1. 需求层次理论

假定人存在有很多需求，原始低层次的是人类基本的生理需求。高层次的需求为自我实现（Maslow，1943）。低层次的需求满足后，人们就会追求高层次的需求，而一般都会认为义工的参与满意度是属于高层次需求，即追求的是非物质层面上的满足，而更多的是精神层面上，如自我实现、自我满足、社会责任和认同等。

2. 双因子理论

Herzberg（1959）认为影响满足与不满足的变量有两个，这两个变量是相互平行且彼此独立。假定人类有两种必须满足的基本需求：一是生理上的需求；二是心理上的需求。这两种不同的需求，各造成不同的满足因子。

3. 期望理论

Vroom（1964）认为一个人倾向于某种方式的行动，是由于其期望获得某种特定的报酬，以及该项报酬对个人的吸引力。为此，该理论主要含义在于，强调人只有在预期能够获得某种类型的报酬时，才会去从事某些行为。此种理论是目前被使用频率最高，认可度也相对较高的满意度理论。由于该理论描述了满意度的心理过程特征，因此，具有较高的适用性。本书在分析相关文献和理论的过程中，也认为，期望理论在义工满意度的相关研究方面具有较好的应用性。

4. 公平理论

公平理论也是一个过程理论，该理论认为所讨论的重心在报酬本身，并非报酬越多相应的满意度越高。满意度水平与报酬的公平程度具有密切的相关性，即报酬的公平性才是影响满意度的重要因素（Adams，1963）。由于义工参与义务工作的主要目的，或期望的回报及报酬为非金钱、非物质，且会随着个人的特点而有较大的差异。因此，对于义工的满意度分析而言，公平理论在义工满意度过程中的影响力较为有限。相对而言，公平理论对于一般公司职员的满意度分析可能更加具有指导意义。

综上所述，尽管不少学者分别从不同的角度构建了满意度的理论模型，然而，从义工这一个特殊的群体来看，由于其并不追求显性的利益和报酬，更多地是关注精神层面上的回报。

义工服务是一种自愿参与的行为，其心态、动机与专职人员有所差异，因此探讨义工服务人员工作满意度时候，要考虑义工的心理需求与驱动力。由于义工参与性质的不同，所以在义工的参与满意度方面也有所差异。国内外研究者对义工参与满意度的研究实证分析，表明性别、年龄、教育程度、服务年资等各异的义工群体，在参与满意度上存在显著性差异。

（三）满意度的衡量

义工服务是一种自愿参与的行为，其心态、动机与专职人员有所差异，因此探讨义工服务人员工作满意度时候，要考虑义工的心理需求与驱动力。由于义工参与性质的不同，所以在义工的参与满意度方面也有所差异。国内外研究者对义工参与满意度的研究实证分析，表明性别、年龄、教育程度、服务年资等各异的义工群体，在参与满意度上存在显著性差异。为此，本研究在探讨义工参与满意度时，一方面要结合前述义工参与义务工作的期望和动机；另一方面，应该积极与本地青年义工以及相关义工组织进行互动和访问，从而，能够更具有针对性地对义工参与的满意度进行评估。

本书在参考满意度理论与相关研究后，把满意度分为自我成长、社会互动、福利奖赏、组织气氛这四个衡量面。

四　义工旅游体验

（一）义工旅游过程中体验类型

受到义工旅游的个人因素（参与动机、教育背景、生活工作经历、所处社会阶层等）、义工旅游活动的设计安排、成员之间的互动、旅游目的地和社区的环境等因素的影响，义工旅游体验具有多样性。

Wearing（2001）将义工旅游体验归纳为：一是满足差异心理需求和个人参与动机的体验；二是使得个人和社区互利的体验；三是通过社

会互动使得义工旅游者自我反省和重塑的一种体验。义工旅游的文化体验的多面性和真实性显示了其与一般旅游的差异。McIntosh 和 Zahra（2007）研究认为义工旅游者的文化体验可以分为三部分：其一，为义工与当地文化接触以及与当地居民的互动体验；其二，是义工之间的互动体验；其三，为义工自我觉察的体验。在这三者的相互影响下，使得义工旅游者获得的体验与传统的旅游体验大不相同。纵观义工旅游体验的研究，主要是对一些代表性的义工旅游项目的参与者进行访谈，用质性研究的方法进行分析，总结义工旅游体验的主要类型有如下五项：

1. 学习和教育型体验

作为学生、专家、兴趣爱好者身份的义工旅游者大部分是获得学习和教育型体验的。西方的义工旅游者经常利用"间来年"进行义工旅游活动。Griffin（2013）认为，间来年（The gap year）作为义工旅游的一个子集，是指三个月到二十四个月从教育、培训或者工作中间断，但是，从长远来看，是希望能够更好地延展职业生涯的轨迹，这可以发生在成人人生的任何时间。间来年的义工旅游大部分体验是源自于支援灾区、支教、保护生态环境等义工旅游的活动，从中体验到教学、生活自理、工作的技术技能等硬技能（'hard skill），也可以获得丰富经历所用的软技能（soft skill），例如沟通能力、领导能力和团队协作能力，相对于那些没有经历和体验过的人，这些能力相对于经济优势将自然地显现。例如英国的威廉王子 2011 年因为其在智利参与义工旅游被 BBC 高度表扬。大学在考虑申请人的录取时，也会将义工旅行当作一个重要的标志和指标，如 Universities and Colleges Admission Service（UCAS）在申请入学时可以用间来年的经历（UCAS，2011）。同时，某一间英国的银行认为，一年的间来年的经历体验可以表现独立性格的韧性和提前计划的能力（Graduate Recruitment Bureau，2011）。

2. 情感社交型体验

在开展义工旅游体验的研究过程中，记录义工旅游项目的描述性语言的访谈内容里面，关系（relationship）、交往（interaction）、社交（social）等均为高频词，这些情感社交的体验可以是来自义工旅游者与社区居民，与同行的家庭成员、旅伴，或者同组织的义工旅游者之间。Brown 和 Morrison（2003）也提到义工在服务的过程中，义工间可以建立真正的友谊，因此，义工旅游者不仅能与当地居民真实互动，也可以与团员之间建立亲密互动关系，而这些人际间互动体验能让义工具有宽广的心胸和正确的世界观。多数参与者因与成员间彼此互动合作而产生革命情谊，即使一开始为互不认识的陌生人，之后也可以发展出紧密的感情联结（Harlow & Pomfret，2007）。例如，在 Brown（2005）的研究中提及一次带女儿参与儿童大使（Ambassadors for Chidren）的义工旅游的活动的经历，可以加强父亲与女儿之间的感情联结，视为亲子型家庭教育旅游。

3. 当地文化真实感受型体验

根据很多学者对义工旅游参与动机研究的结果，文化沉浸和与当地人的人际交往是其中一个很重要的动机（Lo & Lee，2011；Brown，2005；Tomazos & Butler，2012），并与义工旅游的体验相对应。义工旅游能透过与当地居民的真实接触，深度了解当地传统文化内涵，并且改变义工过去对当地的偏见。因为很多义工在到达服务地之前对当地了解不多，而且对当地居民有一定的既定印象（McIntosh，2004）。义工旅游者的文化接触也来自于语言、仪式与生活的观察和体验。在义工旅游服务的过程中，义工能从日常真实接触的当地人的生活模式中体验到隐藏的传统文化内涵。虽然语言的障碍未必能够清楚地表达，但是从仪式中义工能感受当地人对性别、服饰等的规范，并且能认识到仪式的意义与价值。因此，实际在当地体验到的文化是与其预期有巨大的差异，义工能够通过义工服务与当地居民互动，能真正体验当地居民的生活、价值观以及社会规范，甚至有义工会觉得自己融入了当地的文化中。

4. 自我反省、重塑和发展型体验

Wearing（2001）主张借义工旅游去审视自我，并且认为其后续的影响往往比旅游期间的影响更加久远。在自我觉察的体验方面，义工旅游能够使得义工从当地居民的生活学习反省自己的价值观，进而开拓义工的不同生活态度，重塑自己的价值观，使其发展和升华。例如，McIntosh 和 Zahra（2007）的研究中提及，新西兰北方岛屿的毛利族人的家庭观让大部分义工感触极深，毛利人家族深厚的情感联结、彼此照顾、以团体利益为优先让义工旅游者印象深刻。与此同时，义工旅游者在接触到弱势家庭时，混乱的居家环境、无人照顾的儿童、家长白天酗

酒昏睡的画面，给义工极大的震撼。这种体验就算不曾出现在自己生活的真实世界，如此接近时，也会给义工旅游者带来极大冲击，让其开始思考以前未曾察觉的问题。从接触、互动、反思到重塑、发展，义工旅游的体验使人更加珍惜现有的生活，发现未曾察觉的事情，促使产生不同的人生观与视野，改变旧有的生活方式，以更开阔的心胸去对待它们和面对生活，这些体验是一般的大众旅游者无法感受到的，是真实和独特的感受。

5. 适度义务的、有意义的休闲型体验

无论从各学者对义工旅游的定义，Tomazos 和 Bulter（2012）提出参与义工旅游动机变化的动机谱理论，还是 Brown 和 Morrison（2003）提出根据义工旅游者的思想倾向的分类，里面都包含了休闲的因素，义工服务并不是义工旅游的唯一目的，义工旅游还包含休闲的目的。如何平衡义务与休闲是决定义工旅游的休闲体验的重要因素（宗圆圆，2012）。

［案例阅读］女大学生到斯里兰卡做义工——教孤儿读书、给大象洗澡

现在，许多大学生不仅在国内进行社会实践，更将目光投向国外。去完全陌生的国度实践，更需要勇气、知识和毅力。

如浙江财经大学的一名女大学生吴同学，就去了热带岛国斯里兰卡去做国际义工，教孤儿读书、为大象洗澡……经历了一次艰苦又非比寻常的社会实践。斯里兰卡靠近赤道，又是海岛，气候炎热而湿润。她选择了两个志愿项目：给孤儿院的孩子上课和"关爱大象"。因为吴同学读得是外语系，所以在当地的孤儿院，吴伊桑被分派要教一些简单的英语。"他们的英语不太好，语言交流比较困难。但我无论是通过简单的手势还是图画的方式尽量让他们能多学到一些东西。"吴同学说。

除了在孤儿院做义工，她还到萨巴拉加穆瓦省的大象营地做义工。她和来自其他国家的 10 个义工组成一组，专门为大象服务：清理粪便、给大象洗澡、测量大象体温。最后还要打扫大象的家——清理营地垃圾。"斯里兰卡的夏天特别热，太阳很暴烈。但是我们都不能擦防晒霜。据说防晒霜里有些化学成分对大象的健康有害。"吴同学说。大家也都很自觉，在象舍里工作的那几天从来不涂任何防晒用品。但这样一来，一天工作下来皮肤晒得通红。整个过程虽然很辛苦，但乐趣十足，与大象零距离接触，和国外义工畅谈中外文化，收获颇深。无论多么疲惫，在结束一天工作后，她都会拿起手机把一天的心得体会记录下来。吴同学说，以前觉得出国的目的就是留学，其实不然，出国做义工还可以这么有意义，人生的经历可以这么丰富。此次斯里兰卡之行，不仅让她认识了斯里兰卡的魅力，也体会到好生活的来之不易。

（二）义工旅游过程中的体验变化研究

早期对义工旅游体验的描述较为固定和刻板，主要是依据 Wearing（2001）的主要体验分类来描述各种体验研究的内容。后期研究零星提及义工旅游体验在旅游过程中也存在体验调适和认知转变的过程（宗圆圆，2012）。依据 Tomazos 和 Bulter（2012）提出的义工旅游动机变化的动机谱理论，参与动机在享乐程度和工作承诺的指标影响下在工具主义和利他主义两端移动，义工旅游者对其体验认知也对应在休闲度假与利他艰苦之间波动。

并非所有的义工旅游体验都是正面的。Simpson（2004）针对美国的间来年的研究发现，国际义工可能会强化已存在的规矩、加深分离。McBride 等人（2006）认为某些类型的义工旅游组织可能呈现殖民或帝国主义的形式，使得义工旅游者可能无意间加强了发达国家和发展中国家之间的不平等。无论义工旅游者的经验和资格如何，只要在提供服务的期间扮演"专家"或"老师"的角色时，这就会有导致种族或文化上的优越感的可能性。

[义工旅游视野] 义工旅行：体验世界新方式

广州的欧志成一路搭火车和顺风车去拉萨，以"多背一公斤"的方式给沿途的藏区小孩带去各式文具，中山的阿凯正在申请马来西亚签证，准备到当地一家有机农场义工旅行，以自己的劳动换取免费食宿的同时，体验大马生活。随着"间来年"（Gap Year）的观念被广泛传播，"义工旅行"成为越来越多年轻人体验世界认识自我的新兴方式。

边做义工边旅行

安芯，圈内人称她为"国内义工旅游的鼻祖"。在这个 2011 年从济南大学毕业的女生，从 2011 年 8 月到 2012 年 4 月，一直颠簸在路上，去很多地方看很多风景，听很多故事。

佛山女生小吖也选择与 HIV 义工文刀结伴，在大四下学期完成她理想中的义工旅行。

当小吖在网上看到"围脖爱知行"招募义工到云南教性工作者、吸毒感染者学发微博，当即就定下了这一趟"特殊"的义工旅行——以沙发客、搭顺风车的方式旅行同时在沿途当地的艾滋病机构进行短期服务。

睡陌生人的沙发，坐最便宜的火车硬座，沿途伸手就拦顺风车——这便是小吖穷游的成本，一路上，他们和几位艾滋病感染者同吃同住，以便多了解他们的生活，在搭车和睡沙发的时候，向他们科普艾滋病常识，和车主、沙发主聊公益的话题，希望改变他们以往的恐惧和想法。

在路上完成内心的觉醒

西藏、马来西亚、尼泊尔、印度、泰国、越南，问走了这么多公里的路程的安芯，她心中的义工旅行是什么样子的？安芯坦然道："每个人都是不同的，不是每一个人都有需要间来年义工旅行，也不是每一段旅行都可以叫作间来年。只要内心有所触动、觉醒，就是属于自己的义工旅行、间来年。"

大理同行健康咨询中心、贵阳关爱之家、黔缘工作组、西昌红丝带机构，之前没有接触过艾滋病公益组织的阿 P 跟着文刀走访了 30 多家 HIV 机构，认识到这群不同的朋友，请病友们坦诚地讲述他们的痛苦和烦恼。

"我会不断地尝试新的方式，没有界限，也与这些概念无关。这是个慢慢吸收的过程，无须特意去学习什么，但接触了这么多的人和事，很多不同的观念会慢慢感染我甚至改变我。"在这段慢慢修正自我的旅行中，阿 P 总说，感觉自己变得更年轻、更开放，逐渐形成包容的心态，更容易接受新事物新思想。

以实际行动打动社会

在泰国服务时，安芯为身体障碍者 Dan 拍摄筹款视频，帮助他买一辆电动轮椅。Dan全身只有一条胳膊，长期使用手动轮椅，非常不方便，甚至曾因急刹车从轮椅上滚下来。起初，安芯为之犯难，觉得一次性筹2万多元人民币非常困难，然而，英国义工Maria的一句话却打动了他，"Dan已经29岁了，即便自己花上一年、两年甚至更多时间去筹款，但你能够想象他的另一个29年会因为一台电动轮椅而发生怎样的变化吗？"安芯拿起熟悉的DV机，配上Maria的解说词，完成一段令人动容的视频。随后，她们在社交网站建立专页，用一个月筹到了2500英镑，Dan终于坐上了期盼已久的电动轮椅，在当地的超市找到了工作，自力更生。

安芯觉得义工旅行最美好的地方在于让她明白，只有当人人起而力行时，这个社会才会变得更好。

而对于阿P来说，这趟特殊的旅行注定是难忘的。"这是传播爱的旅程，同时也是寻找爱寻找感动的旅程。我坚信微公益能打动这个日渐冷漠的社会，进而改变这个现状。我们在旅途中，通常通过行为和语言去改变他人的看法。虽然只能一对一工作，影响并不深广，但对我来说，能改变一个人的想法，已经是社会的进步了，我们的工作就有意义。"（资料来源：赵新星、李博泓，2012）

[思考]：安芯、阿P和小叮他们义工旅游体验是属于哪种类型的体验？

第二节　义工旅游的发展及产业概述

义工旅游可以追溯到几千年前的世界各地，并非是现代才出现的产物，早期的义工旅游多与宗教信仰和宗教仪式有关，例如中世纪欧洲传教士的传教行善活动、基督宗教传教士对偏远地区的医疗与教育服务、中国唐朝的玄奘西行求法、墨子巡游列国平息战乱的行为等都是早期义工旅游的例证。

现代意义的义工旅游起源于20世纪70年代的新旅游概念以及新旅游的形式的兴起，属于非大众旅游范畴。在非大众旅游的背景下，义工服务随着公民意识的加强和非政府非营利组织的茁壮成长而逐渐兴起，义工旅游日益发展并受到重视。与此同时，在西方注重实践履历的教育体制下，新加坡等国家很多大学新生或毕业生积极参与间来年（the gap year）义工旅游，以便日后就业、专业选择和入学时具备良好的道德指标、实践技术证明。

非营利组织如红十字会、国家信托基金会（National Trust Foundation）通过义工服务协助解决社区发展、贫富差距等国际社会问题。由于义工服务和活动对社会发展的重要作用，联合国大会在 1985 年将每年的 12 月 5 日定为"国际义工服务日"，之后将 2001 年定为"国际义工年"，并发表"全球义工宣言"。随着义工服务意识的提升和义工运动的发展，义工服务不再局限于义工居住地，也扩展到居住范围以外的地区，因此产生了义工旅游的需求。

义工旅游在国际非政府组织（NGO）和非营利组织（NPO），如世界非政府组织协会、英国海外义工服务团、国家信托基金会等推动下市场大幅扩张。根据 Tourism Research and Marketing 于 2008 年的研究统计，在 1990—2008 年期间参与义工活动的义工数量达到 160 万人次，每年的旅游支出从 8.32 亿英镑增长至 13 亿英镑（Wearing & McGehee，2013）。

为了了解义工旅游的发展动态，本书还收集现有的义工旅游相关文献的研究地点和义工旅游者的国籍进行整理归纳，发现目前义工旅游的目的地主要集中在热带和亚热带地区，而且这些地区多为发展中国家，同时，义工旅游者则大多数来自发达国家。

从研究的区域分异规律来看，早期的研究地点主要分布于非洲、中南美洲和澳洲地区。从研究地点及义工旅游者的国籍可以发现，义工旅游的发展趋势有往亚洲地区扩张的趋势。在 2010 年后，亚洲地区出现了较多的研究案例，如 Chen 和 Chen（2011）研究国际义工旅游者前往中国陕西乡村的义工旅游动机和期望；Lo 和 Lee（2011）探讨了香港义工旅游者在中国内地的义工旅游动机和感知价值；Conran（2011）讨论义工旅游者在泰国清迈参加社区义工对当地的社会影响。随着研究地点日渐增多，义工旅游参与者的国籍也日渐丰富。早期义工旅游参与者以欧美人居多，近期出现了亚洲地区的旅游者到其他国家从事跨国义工旅游的研究，如 Sin（2009）探讨新加坡大学生到南非从事社区义工之后自身的改变。

表 2 - 4 部分前人研究地点及义工旅游者国籍表

年份	作者	研究主题	义工活动地点	国籍
2005	Wearing, McDonalda & Ponting	构建去商品化的旅游研究范式：非政府组织的贡献 Building a decommodified research paradigm in tourism：The contribution of NGOs	巴布亚新几内亚	NA
2005	Mustonen	义工旅游：后现代朝圣？ Volunteer tourism：Postmodern pilgrimage？	印度，喜马拉雅山	NA
2007	McIntosh & Zahra	通过义工旅游的文化相遇：迈向理想化的可持续旅游 A cultural encounter through volunteer tourism：Towards the ideals of sustainable tourism	新西兰	澳洲
2007	Gray & Campbell	一个去商品化的经验？哥斯达黎加在义工生态旅游之美学，经济和道德价值的探索 A decommodified experience？Exploring aesthetic, economic and ethical values for volunteer ecotourism in Costa Rica	哥斯达黎加，甘多卡	欧洲北美
2007	Zahra & McIntosh	浑然天成的义工旅游体验 Volunteer tourism evidence of cathartic tourist experiences	印度斐济	澳洲
2009	McGehee & Andereck	义工旅游和"毛遂自荐"：墨西哥提华纳的案例分析 Volunteer tourism and the "Voluntoured"：the case of Tijuana, Mexico	墨西哥	美国
2009	Sin	义工旅游："我参与，我会学"？ Volunteer tourism："Involve me and I will learn"？	南非	新加坡

年份	作者	研究主题	义工活动地点	国籍
2011	Chen & Chen	国际义工旅游者的动机和期望：以"中国乡村风俗"为例 The motivations and expectations of international volunteer tourists: A case study of "Chinese Village Traditions"	中国	NA
2011	Lo & Lee	来自香港的义工旅游者的动机和感知价值分析 Motivations and perceived value of volunteer tourists from Hong Kong	中国香港	中国香港

资料来源：本书自行整理。

一　国内外义工旅游发展概况

（一）国外义工旅游发展概况

国外义工现象最早出现在 20 世纪早期，是随着一些类似"澳大利亚海外义工"、"美国和平队"等组织的构成而出现（Wearing，2001）。一些组织开发项目帮助青年旅行到不同地区参加义工活动，活动内容包括环境保护、教育培训、发展援助、赈灾、医疗救助、社区发展等多个方面，开展主体涵盖在政府组织、非营利组织、旅游企业等。其中，还有许多专门组织开展义工旅游的公司出现，使得国外义工旅游活动的内容更加丰富，运转更为积极有效。

在美国，非洲是美国人最喜欢的义工旅游目的地，最喜欢的项目就是去南非做幼狮的保护工作，前往厄瓜多尔也雨林的义工旅游也是热门路线之一。在法国，每年都有超过百分之一的出国旅游者选择参加义工旅游，并且每年呈上升趋势。一般选择参加义工旅游的人都是受过良好的高等教育，并且从事社会上层的管理工作，他们比普通人拥有更多的旅游机会，对其他国家的普通居民的生活更加关注，也乐于捐赠钱财，只要他们知道这些钱物都将被用在什么地方（马晓煊，2011）。

目前组织义工旅游项目开发较好的国家主要是在发达国家，包括美国、澳大利亚、英国、法国等，而亚非拉等发展中国家的义工旅游的项目大多数属于发达国家义工组织或公司旅游义工的目的地。本书选取发达国家中的美国、英国和澳大利亚和亚非拉地区的义工旅游的情况简单地介绍下。

1. 美国义工旅游——以徒步旅游协会为例

义工旅游在美国有较长时间的发展历史，现在已经比较普及，美国最初流行的词语为义工度假（Volunteer Vacation）。Millon 等学者在 1987 年已经发布了"义工度假"指南，在第一版列出了 75 个组织。在 2003 年第 8 版中，义工组织已经达到了 200 多个，并提供了 2000 多种在世界各地进行义工旅游度假的方法。包括在加利福尼亚田间管理长臂猿；保护哥斯达黎加热带雨林的蔓藤植物；修复法国南部的历史建筑；运行和维修威尔士的一条铁路；在希腊保护海龟；在南非的健康诊所做义工；在美国维吉尼亚州挖掘考古文物；在尼泊尔教授英语（宋聪，2007）。

美国义工度假产品提供组织类型是由非营利组织和营利性旅游运营商共同组成。典型的组织有"跨文化解决方案"组织（Cross Cultural Solutions）、"美国徒步协会"（American Hiking）、环球义工（Global Volunteer）和"地球守望者"（Earth Watch）。不同类型的义工项目差别很大，包括农业、考古、社区发展、保护、建造、教育训练、环境保护与研究、技术援助、历史保护、医学和牙医、工作营（Brown，2005）。

以美国徒步协会开展的义工旅游为例，根据 2015 年最新资料，参加该协会组织的义工旅游活动人员需按照不同的分类方式，如是否会员、年龄等因素缴纳不同的费用，一般是 190 美元到 295 美元一年，协会通过吸纳参与者的报名费以及赞助者的支持，用以获得活动开展的经费等资源以完成义工旅游途中的相关项目。根据该协会 2014 年的年报数据，在 2014 年，义工在美国范围内提供了为期一周的义工服务，完成了 57 个义工旅游的服务项目，义工项目涉及了美国的 23 个州，总计 449 名义工参与了协会组织的义工项目，其中有 10% 以上的义工在一年内参与两个以上的义工项目，总计服务 17960 小时。

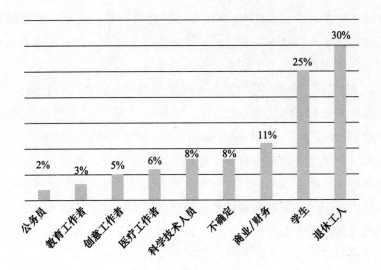

图 2 - 3 2014 年参与义工职业分布情况
资料来源：美国徒步协会 2014 年报。

在 2014 年，55% 的义工参与者是退休人士和学生，其余的义工参与者有各种背景和职业，例如教育、医疗健康、科学和商业专业人士等。其中男女性别义工比率几乎相等，女性义工的占比为 49%。

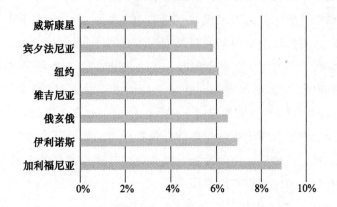

图 2 - 6 美国义工旅游参与度最高的州的分布情况
资料来源：美国徒步协会 2014 年报。

义工旅游项目分布的 50 个州和地区包括：哥伦比亚、加利福尼亚州、伊利诺斯州、俄亥俄州、维吉尼亚州、纽约州、宾夕法尼亚州和威斯康星州等都是最多义工旅游参与者的地区。

2. 英国义工旅游——以国家信托基金会和 I TO I 公司为例

义工旅游的始祖级别的组织是英国历史悠久的非营利慈善组织"国家信托基金会"（National Trust Foundation），该基金会于 1895 年由一群义工联手创立，每年有超过四百万国内外义工，参加 450 个志愿服务营队，在英国各地从事自然保育、考古史迹发掘、文化庄园保存的工作，没有薪酬，却得到探索世界、迎接新挑战、认识新朋友、享受能为别人或地球付出的喜悦。

英国目前发展最为成熟的义工旅游公司是"I TO I"公司，总部设在英国，并在很多地区开设分公司，成立于 1994 年，迄今为止，该公司支持了超过 50000 个义工在跨越 20 个国家的 80 个义工旅游项目。义工的目的地涉及非洲、亚洲和美国中部和南部，不同的目的地涉及不同的义工项目，包括教英语、和孩子一起工作、修建房屋、和野生生物一起工作、对自然环境的保护、义工运动、群体义工活动等。

3. 澳大利亚义工旅游——以澳大利亚保护义工组织（Conservation Volunteers Australia）为例

澳大利亚的义工旅游目前的发展状况也较好，典型的义工旅游组织为澳大利亚自然保护义工组织（CVA）。CVA 于 1982 年在 Ballarat Victoria 成立，现在已经成为澳大利亚领先的自然保护的实践组织，在澳大利亚和新西兰共有 24 处办公地点。迄今为止，CVA 每年完成 2000 个义工旅游项目，每年管理 100000 义工日，每年服务 10000 名义工（包括 2000 名来自世界各地的义工），每年种植 1000000 棵树。CVA 组织的活动涉及建筑澳洲士兵的纪念碑、保护野生动物、环境修复、环境变化的行动等。经过三十年的发展，澳大利亚自然保护义工组织已经有很大的影响力，同时获得多项奖项。

4. 亚洲、非洲及拉丁美洲地区义工旅游

亚非拉地区是发达国家经常选择义工旅游的目的国家，在较为出名的义工旅游组织的网站的产品路线中不难发现，义工旅游组织机构比较热衷于在亚非拉等发展中国家举行义工旅游项目。在非洲开展义工旅游项目较多的国家有肯尼亚、南非、坦桑尼亚等，开展的活动类型有社区义工、帮助患艾滋病的孤儿、英语教育、健康工作、指导运动、生态保护等。在南非除了基本项目之外，还有一些十分受欢迎的野生动物保护项目，包括约翰内斯堡的狮子公园项目、野外检测狮子的探险、猴子避难所工作、海豚救助工作、野生动物巡逻员培训等。在亚洲开展义工旅游项目比较多的国家有柬埔寨、马来西亚、尼泊尔、泰国、斯里兰卡、越南等，亚洲的义工旅游组织也向国际义工提供了成千上万的项目，例如保护濒临灭绝的海龟和大熊猫，向佛教僧侣教授英语，与斯里兰卡内战的孤儿交朋友，与印度弱智的学生一起工作，为越南的穷人做食物等。在拉丁美洲开展义工旅游项目的国家有秘鲁、哥斯达黎加、厄瓜多尔等。开展的义工旅游的项目有社区义工、英语教育、野生动物救援、雨林保护、足球培训、医疗工作、考古等。

（二）国内义工旅游发展概况

国内的义工旅游相对国外的义工旅游还是起步较晚，产生、发展、运营模式上都有很大的不同，相对于国外的义工旅游来说还是经验不足、不够规范化，以及不够规模化。主要的差别体现在：

首先，义工旅游的类型不同，义工旅游最早诞生于美国，学者普遍认为义工旅游是生态旅游的一个分支，因此保护野生珍稀动物、保护热带雨林等环保类的形式占据了义工旅游的主流。相比而言，我国的很多偏远地区（特别是西部地区）经济水平落后，收入差距大，贫困是更显著需要关注的问题，所以我国的义工旅游主要定位在帮助贫困地区的弱势群体改善其教育和生活问题。

其次，义工旅游的目的地不同，发达国家的义工旅游的目的地一般是亚非拉等发展中国家的跨国义工旅游，如去印度当社区义工、去非洲与动物嬉戏、去海滨教孩子们冲浪等。而我国的义工旅游的旅游目的地主要是国内的西部的一些贫困地区和一些自然保护区，这主要和我国是属于发展中国家，东南沿海城市和西部地区收入差距较大，同时我国的义工旅游组织经验不足不完善，缺乏组织跨国义工旅游经验有关。

我国最典型的义工旅游的项目主要是由非营利组织（NPO）发起组织的，又可以分为国外的非营利组织和国内的非营利组织开展的项目。由于国外 NPO 在中国组织的项目可以归类为国外义工旅游组织发展概况的一部分，在介绍国内义工旅游发展概况时主要介绍国内 NPO 在国内异地组织开展的项目。结合宋聪（2007）对国内 NPO 开展情况的总结加以修改得出表 2 – 5：

表 2 – 5   在中国开展义工旅游项目汇总

类型	发起方	代表性项目或事件
扶贫类	多背一公斤（NPO）	"多背一公斤"志愿项目
	中国心义工团队（NPO）	爱心助学休闲游
	雨崩村居民	雨崩村扶贫旅游
	地方政府	徒步香格里拉、南丝绸之路
	翼游旅行网	"多走 10 公里"活动
环保类	云南省生物多样性和传统知识研究会（NPO）	吉沙村生态文化游项目
	绿家园（NPO）	"绿色旅游"
	地球村（NPO）	环境教育培训基地
	云南省生物多样性与传统知识研究会（NPO）	吉沙项目：社区主导的生态旅游
	绿色江河协会	可可西里义工项目

在国内，最典型的、规模和影响力最大的公益旅游组织是 2004 年成立的"多背一公斤"组织。"多背一公斤"活动是起源于安猪在 2003 年非典期间做义工的旅途中思考如何帮助贫困地区的孩子。该活动倡导人们在旅途中举手之劳参与公益活动，为贫困地区的孩子带上几只笔、几本书、几件干净的衣服，鼓励旅游者与当地居民交流，与孩子沟通。这个活动是一个以开放、自助式的儿童教育为主题的义工旅游形式，其独特的理念和可行的方式，在推出不久就受到广泛的关注。人们通过"多背一公斤"的活动网站找到合适的义工旅游项目，找到志同道合的同伴并参与其中，是国内义工旅游的开创先河之举。经过十年的发展，随着参加活动的人数的增加，影响范围的扩大，"多背一公斤"在主办主体身份和活动重心方面都经历了变化，从一开始的公益旅游项目变为非营利组织，再到现在的社会企业。

作为国内首个产生发展并影响广泛的义工旅游实践案例，"多背一公斤"倡导义工旅游的概念，其创始人安猪提出"传递—交流—分享"

的运作模式可以看出该项目的信息分享和传递的快乐。其后期发展为社会企业，以商业模式运营公益，关注上下游的（包括基金会、媒体、企业等）合作，以获得必要的经费和技术的支持，这也是对公益事业运营模式的一种创新。

[义工旅游在中国] 安猪：人人多背一公斤

在风光秀美的云南元阳多依树村，100 多户人家的孩子，能上初中的女孩却有两人。孩子除了课本，没有其他儿童读物，不少学生甚至连最简单的橡皮、转笔刀都没有。大多数游客见到这样的情景也许会感慨一番，一些有爱心的旅行者也许会留下一些财物送给当地的小朋友，但一名去那里旅游叫安猪的网友却想到了更多，能不能利用数量庞大的旅游者的力量去帮助这些贫困落后地区的小朋友？于是在 2004 年的 4 月，安猪在网上提出了一个叫"多背一公斤"的计划。最初的思路很简单，鼓励每位旅游者在出游时背上一点书籍和文具，带给沿途的贫困学校和孩子。为了这一切更加有效，安猪建立了"多背一公斤"的网站（www.1kg.cn），

安猪（中）和受助的孩子们在一起

在网站上收集和提供学校的信息和需求，作为旅游者出行前的参考。

"一公斤很轻，但如果有成千上万的这样的一公斤，它的价值就不可估量。"就是这个朴素的理念，立即得到旅游爱好者的广泛认同，仅仅依靠口耳相传，在最初不到一年的时间里，广州、上海、北京的旅行者已经自行组织的 20 多次活动，参与人数超过 200 多人，活动遍及湖南、广西、贵州、云南等地，捐助文件超过 1 万件，书籍超过 3000 册。

面对取得的成绩安猪的心是雀跃的，但他的行为也同时被人质疑："对旅游者来说，每次山长水远背一点点东西过去，意义到底大不大？"

"对山区来说，每次这一点点的物资又有什么用？要缺物资的话，还不如直接从邮局邮寄呢，量够大，又省时间。"

这些质疑的声音让安猪迷惑了，于是他于 2004 年 8 月再次到贵州和广西进行调研和实践。通过和当地的老师义工的交流，安猪肯定了自己这个"人人多背一公斤"的行动。但在一起交流时，贵州白碧小学的文老师无意中说："物质的匮乏还是可以克服的，但真正的问题是观念和信息的落后。"一语惊醒梦中人，安猪为自己的无知和短视感到惭愧。他意识到，"多背一公斤"的意义不仅仅停留在物质层面，旅游者更应该"背"去信息和观念，在和孩子们面对面的交流中，更多地开阔孩子们的视野，让他们了解外面的世界。

之后安猪"多背一公斤"的行动指南做了部分的修改，他建议，旅游者最好自备信纸，写有回信地址和贴上邮票的信封，见面时交给孩子，让彼此保持长期通信联系，下载并打印若干梦想卡片，鼓励孩子们写下自己的梦想；把旅游见闻、照片、梦想卡片发到网站，以便捐助者之间交流经验。

"我们不强调可怜和同情，如果说最初的'人人多背一公斤'只是提倡扶贫，那么现在的'人人多背一公斤'，更注重的是平等的精神上的交流。"安猪反复强调这一点。

这种平等交流的快乐也成为"多背一公斤"成员的共识。"其实这个旅游方式最吸引人的地方就是充满了人情味，我们送给了一些小礼物，而孩子们回馈给我们更多的有灿烂的笑容不断的进步……与其说是我们帮助了这些孩子，不如说是这些孩子给了我们启示、触动和快乐，这多背的'一公斤'其实是送给了自己。"广州的网友 Ansel 云南回来后，这样总结自己的感受。

目前在安猪的努力下，"多背一公斤"活动和网站全部由义工在业余时间开展和维护，对比他们获得的影响力，这不能不说是一个奇迹。但安猪对此仍不满意，他一直在尝试与商业力量合作，他认为："在今天，企业应该能够做更多的事，而不仅仅是开一张支票。我相信，只有当社会的各种力量都在为一个共同更美好的明天而努力时，这个世界才会变得更有希望。"（资料来源：海士心，2007）

【讨论题】"多背一公斤"的现状是怎么样？请您为其设想下其未

来应该如何发展？

[义工旅游视野] 国际义工服务日

1970 年 12 月由联合国志愿人员组织成立，总部设在日内瓦。它的宗旨是动员具有献身精神并有一技之长的志愿人员，帮助发展中国家尽快实现其发展目标。中国自 1981 年起同该组织合作。

1985 年，第 40 届联大确定从 1986 年起，每年 12 月 5 日为"国际志愿人员日"。1994 年 12 月 5 日，由中国共青团中央等单位发起的中国青年义工协会在北京成立。中国义工也从此在全国各地展开了活动。

志愿服务泛指利用自己的时间、自己的技能、自己的资源、自己的善心为邻居、社区、社会提供非营利、无偿、非职业化援助的行为。1985 年联大把每年的 12 月 5 日规定为国际志愿人员日（IVD），如今已有 100 多个国家在这一天集中开展志愿服务活动，国际志愿人员日作为国际志愿服务活动的重要标志已经深入人心。1997 年 11 月 20 日，第 52 届联大通过了包括中国在内的 123 个国家提交的 52/17 号提案，决定把 2001 年确定为国际义工年。正是多年来"国际志愿人员日"活动的成功开展为国际义工年的确定奠定了基础。国际社会对国际志愿人员日的欢迎和肯定激发了确定国际义工年的思想，用足足一年的时间，而不是更短一些时间来促进志愿服务，使活动超越各国政府和联合国的范围，影响到社会的各个方面，已经成为世界各国的共识。

[义工旅游视野] 壮游

有一种旅行，其过程不一定奢华和享受，却可以改变人的一生。他就是 Grand Tour——壮游。

"壮游"这个词源自唐朝，高僧玄奘到天竺取经，就是古今中外最知名的壮游之一；连诗圣杜甫都曾在苏州备好船，差点东游到日本，他自传性的《壮游诗》就写道："东下姑苏台，已具浮海航。到今有遗恨，不得穷扶桑……"也因为这首诗太有名，留下"壮游"一词。

"壮游"指的是胸怀壮志的游历，包括三个特质：旅游时间"长"；行程的挑战"高"；与人文社会互动"深"。特别是经过规划，以高度意志彻底执行。壮游不是流浪，它怀抱壮志，具有积极的教育意义。它与探险也不太相同，壮游者不局限于深入自然，更深入民间，用自己的筋骨去体验世界之大。壮游可提升独立精神、人际关系、解决问题的能力、自我约束力、沟通能力，更重要的是许多人因此找到人生的方向，那是完成自我的最大动能。（资料来源：朱珠，2010）

【思考】你还能想到历史中除了高僧玄奘之外的其他壮游吗？

二 义工旅游产业概述

（一）大众型旅游（mass tourism）发展的正面及负面影响

大众旅游是指现代旅游活动开始形成的、以有组织的团体包价旅游为代表的大众型旅游模式，并且形成广大民众中占支配地位的旅游形式。从第二次世界大战之后，随着全球经济的不断发展，人们的闲暇时间也逐步增加，同时，现代交通技术的变革，尤其是喷气式飞机的逐步普及，使得旅游行为，特别是国际旅游行为逐步成为一种较为普遍的现象，普通民众也逐步成为旅游的主体。

大众型旅游发展在最初被人们视为朝阳产业、无烟工业，但是，随着旅游者规模的不断扩大，越来越多的社会和旅游目的地发觉，大众旅游并非想象中那样美好。大众型旅游发展为旅游目的地带来的不仅有较为积极和正面的促进与发展，也有不少的负面影响。

（二）非大众化旅游（Alternative tourism）与义工旅游的出现与发展

自1970年开始，针对大众旅游现象以及重经济面向的旅游学研究，各界逐渐出现质疑的声音。学者纷纷提出许多关于社会、文化与环境等非经济层面的旅游冲击问题，再加上此时美国的环境运动刚刚兴起，带动了其后旅游学界对环境保护以及承载力议题的研究浪潮（Mavric & Urry，2009）。20世纪80年代，在学者们逐渐了解并掌握大众旅游带来的负面冲击之后，相关研究聚焦于能够避免负面影响的旅游模式和策略，包括生态旅游（ecotourism）、可持续旅游（sustainable tourism）、负责任旅游（responsible tourism）、绿色旅游（green tourism）、柔性旅游（soft tourism）、小规模旅游（small‐scale tourism）及合宜旅游（appropriate tourism）等，这些不同形式的旅游形态都可以用非大众型旅游（alternative tourism）一词统称。就该类旅游发展模式的实践操作之缘起，可以回溯到1972年，加勒比的圣文森特政府鼓励当地发展一种"本地的、和谐的"旅游，这种旅游应是渐进的、小规模的并由当地直接控制其发展程度。波多黎各政府则鼓励当地开发具有当地风格的别墅和 Paradoers（一种乡村风格的旅馆）。在 Pointe – A – Pitre，政府则鼓励当地开发小规模的、私有的或当地拥有的小旅馆。此种旅游发展模式与传统的大规模旅游发展形成了截然不同的风格，因此，人们将其作为非大众型旅游的发展起点。

随后，学术界和业界都尝试从不同的角度出发为非大众型旅游进行概念界定，然而因为其概念内涵过于宽泛而未有成功。从现有相关文献的论述来看，对非大众型旅游概念的准确界定尚未达成共识。但是，可以认同的是，此概念的内涵一定是较为多元和富于变化的。吴波和桑慧（2000）通过对相关文献进行回顾，指出相对于普及性和活动组织的规范化为特征的大众型旅游，（非大众型旅游属）小规模的、密切关注旅游发展对环境影响的，包含多种旅游形式的集合概念。这种旅游发展方式能够兼顾自然、社会以及社区价值，而且其可让当地居民与游客双方享有正向价值的互动与参与经验（Eadington & Smith，1992）。

作为与大众型旅游相对的概念，非大众型旅游拥有如下的特点：

1. 非大众型旅游参与的人数相对较少

与传统的大众型旅游发展模式不同，非大众型旅游参与的人数相对较少，且开展的活动内容具有一定的个性化特征，如惠州巽寮湾的海龟保护之旅。

2. 非大众型旅游的主题相对较为特别

由于针对的对象主要为追求个性化需要的旅游者，因此，旅游活动的主题极富个性化，如游学旅游、相亲旅游、分手旅游、戒烟旅游、黑色旅游、义工旅游等。

3. 行程制定和安排上更加强调自主性

非大众型旅游发展中的旅游线路和行程之安排，可以采取定制化的模式，甚至旅游者可以自己进行设计，从而实现高度的个性化。义工旅游的目的地和内容就可以根据参与者的意愿进行设计，例如，随着义工旅游逐步成为青年人较为喜爱的旅行方式，不少机构都针对年轻群体的不同需求，开发出较为个性化的义工旅游产品提供给相关群体。较为常见的如：在国际热门旅游地从事义工服务（如马尔代夫、斯里兰卡、

澳大利亚、柬埔寨、巴厘岛等)，在热门的旅游地打工换宿，体验生活
(如大理、丽江古城、鼓浪屿等)。

4. 从旅游收获来看，更为注重体验与分享

非大众型旅游更为注重参与其中的旅游者之体验的设计，这也是其
与大众型旅游发展较为不同之处，并希望在行程结束之后，参与者之间
能够借助各种渠道开展不同形式的分享，在不同旅游者之间进行传播。
如打工换宿者可以撰写游记，参与义工旅行的义工们可以开一次总结会
等。总之，组织者会借助各种可能的手段，让旅行变成人生中难得的
经历。

同时，可以看到，非大众型旅游的发展，尤其是义工旅游的快速发
展，也改变了旅游企业的经营模式。不少景区和旅游企业用自身能够提
供的住房、餐饮等资源和条件，换取义工在企业中进行短时期停留和提
供义务劳务服务，从而达到双方共赢的结果。这种模式甚至得到国家旅
游局的大力支持与推动。如 2015 年 7 月，中国国家旅游局印发了《关
于开展中国旅游义工服务行动的通知》，决定在全国开展旅游义工服务
行动。旅游义工服务行动将按照政府积极引导、景区先行示范、公民自
愿参与的原则，以 4A、5A 旅游景区为重点，通过 3 年时间，在全国创
建 1000 家旅游义工服务先进景区，吸引万名高素质旅游义工参与服务，
倡议每名义工每年参加旅游义工服务不少于 10 天，全国每年将提供 10
万个旅游义工服务日。开展旅游义工服务，依托旅游业服务行业、窗口
行业的优势，通过旅游义工自觉参与旅游景区保护生态环境、打扫环境
卫生、维护公共秩序、义务宣传讲解等公益活动，向全社会传递人与人
之间、人与自然之间互助、分享、共赢、和谐的价值理念，将公益行
动、公益力量、公益效应传播、放大，培育公民的公益意识、责任意
识、社会意识，营造我为人人、人人为我的良好社会风尚。

三 义工旅游的类型

(一) 按思想倾向划分

Brown 和 Morrison (2003) 基于参与者的思想倾向把义工旅游分成
两种类型——义工倾向和度假倾向。义工倾向是以服务为主的义工旅
游，服务为旅游的主要目的；度假倾向则是在旅游过程中带有些微服务

性质的义工旅游，此类游客多数时间仍以休闲为主，在行程中安排一些服务性质的活动，提供游客有别于大众旅游的体验。从思想倾向对义工的划分在实践中可以根据旅游者从事义工活动的时间与游玩的时间，将义工旅游划分为两种，分别为深度义工旅游和大众义工旅游。

1. 深度义工旅游

深度义工旅游，旅游者在旅游途中主要的目的是为了提供义工服务，具有一定的专业性。

2. 大众义工旅游

大众义工旅游（也叫浅层义工旅游），指旅游者途中观光游览等活动占很大比重，主要是大众旅游体验，但是过程中还是会花一小部分假期在目的地进行义工服务的旅行。

（二）按义工活动目的划分

对于义工旅游者来说，每次义工旅游的目的并不是单一的，往往是多重目的，目的之间并不互相矛盾，因为旅游者在整个旅程中会包含多项旅游产品。本书将义工旅游按活动目的分为五类：

1. 扶贫救助型

扶贫救助的义工旅游项目是义工到相对贫困的国家或地区开展救助活动，包括救助孤儿、失学儿童、救灾、缓建房屋、义诊等。例如在中国的"多背一公斤"倡导义工旅游者在旅途中行举手之劳为贫困地区儿童带去简单的物质和交流就是属于此类型。国外的跨国义工旅游项目中扶贫救助型也占有相当比重，例如美国的徒步旅游协会的义工在南非的健康诊所做义工，英国 I TO I 公司组织的与斯里兰卡内战的孤儿交朋友都属于此种类型。其中，在扶贫救助型的义工旅游中，援建房屋是一种常见的类型，但是中国目前这种项目并不多见。在灾害多发地区可以尝试推广援助房屋的义工旅游项目，该类项目对参加者技能要求较高，往往是发达国家或地区的建筑师前往不发达国家地区或者受灾地区帮助穷人或灾民建造社区房屋、学校等设施。另外，卫生医疗也是扶贫救助型义工旅游的一种常见形式，主要是集中在医疗条件差的偏远落后地区，旅游者在目的地承担基础卫生保健工作，如义诊、治疗和康复工作等。也有为帮助艾滋病患者开展的活动，例如美国和平队在非洲、东欧、中亚等地区有开展帮助艾滋病患者的义工旅游项目。

2. 教育培训型

教育培训型项目也是义工旅游的一种重要类型，相对于扶贫救助型的"授人以鱼"的义工旅游项目，这属于"授人以渔"的类型。我们常说的支教就是这个领域的义工旅游活动的一种表现形式，主要是针对旅游目的地的青少年人群，通过旅游者开展教学工作的方式，不仅可以教授学生学习基础知识，还可以教育、引导学生的创新意识和批判性思考问题的能力等。教育型义工旅游包括环保教育、技能教育、语言教育等。

在很多国家的义工旅游组织机构中，教育功能是非常重要的，例如英国的 I TO I 公司组织的义工旅游项目中将 TEFL Courses（Teaching English as a Foreign Language）的英语技能培训放在很重要的地位。还有机构组织义工去海滨城市教小孩冲浪等都属于该类型的义工旅游项目。

再如在某机构提供的赴柬埔寨进行义工旅行的内容设计中，就有一项是关于义工教学的服务项目，其主要目的是让义工们致力于改善附近 6 个贫困村庄一些柬埔寨儿童的学习生活。学校每天有超过 230 名学生在这里得到免费的教育，他们年龄在 6—15 岁。学生会被分在 6 个班里，每个班级有 25—30 名学生。上课时间段为上午 8—11 点，下午 2—5 点。义工们每天除了正常的科目教学以外，还可以进行画画、唱歌等额外的活动去增加学生学习的乐趣。与此同时，鼓励学生与义工旅行者们一起动手种植，学习农活知识并得到一种与众不同的体验。

3. 生态保护型

非营利组织中开展生态保护项目的组织很多，并且发展很快，这与全球环境保护意识普遍提高有关，同时与生态旅游的兴起有关。生态保护型义工旅游项目与很多组织开展的生态旅游项目存在重叠的部分。义工旅游项目不仅是生态旅游的体验，还有公益义工旅游层面的体验。例如美国徒步协会提供在加利福尼亚田间管理长臂猿，保护哥斯达黎加热带雨林的蔓藤植物等就属于生态保护型义工旅游项目。绿色江河协会在可可西里自然保护区开展了十年的义工活动也算是该类型典型的代表。

4. 文化保护型

人文文化保护型义工主要开展文物古迹的保护和修复活动，其中也包括对旅游目的地之地域文化的保护。例如澳洲 CVA 组织的建筑澳洲士兵的纪念碑，英国的 I TO I 公司在英国各地组织考古史迹发掘、文化庄园保存的工作，还有其在中国西安兵马俑开展的义工旅游项目。著名的项目有美国非营利组织 NGO 组织文化恢复旅游（Cultural Restoration Tourism Project，CRTP）开展的义工旅游项目。

5. 节事服务型

节事服务义工旅游的内容主要是为异地举办大型节事、赛事、会展等工作提供语言、支持等服务。例如 2008 年北京奥运会和残奥会招募近千名海外义工，为大会提供语言翻译、卫生医疗、沟通联络、场馆运行支持、新闻运行支持、文化活动支持等服务。节事服务型义工旅游项目从理论上是可行的，但是其开发价值还要在实践中不断检验。

（三）按旅游目的地划分

根据开展义工旅游的目的地相对义工旅游产品提供者所在国所在的国家或地区的地域区分来说，要是旅游目的地和义工旅游产品提供者所在地不在同一个国家的，属于国际义工旅游类型；相反，如果旅游目的地和义工旅游产品提供者所在地在同一个国家的，属于国内义工旅游类型：

1. 国际义工旅游

国际义工旅游主要是指义工旅游者前往与义工旅游产品提供者所在地所处国家不同国家的义工旅游活动的类型。由于受发展条件的限制，我国目前没有专门的国际义工旅游线路。国际义工旅游项目主要出现在欧美发达国家，旅游目的地多选择在亚非拉发展中国家和地区，活动主题主要集中在生态环境保护、教育培训、社区发展等方面。这主要与发达国家和地区的经济发展水平较高、公益活动组织经验成熟、公民公益意识积累深厚等因素相关，与此同时，也与亚非拉等发展中国家和地区的经济发展水平低、生态环境保护条件弱、缺乏跨国义工旅游的组织经验、公民缺乏相关意识、天然旅游资源相对丰富有关系。

2. 国内义工旅游

国内义工旅游是指旅游者在义工旅游产品提供者所在地所处国家的本国范围开展的一系列具有义工旅游性质的活动类型。结合我国的情况，我国现在的义工旅游项目主要是国内义工旅游，旅游目的地以旅游资源丰富、经济发展水平较低的偏远地区为主，例如义工旅游者在西部贫困地区进行的扶贫和生态环境保护的义工旅游活动。

（四）按义工旅游产品提供者类型划分

1. 非营利组织开发

非营利组织开发和组织的义工旅游项目是义工旅游活动最先产生的形式，也是目前主流的形式。目前很多跨国的义工旅游产品是靠跨国非营利组织之间共同设计和实施的。非营利组织作为主要的主办主体有其天然独特的优势，因为其非营利性，所以旅游参与者更加愿意相信旅游目的地环境和居民利益的实现。由于其非营利性和自愿性的特点，可以提高其宣传效率，减少商业的痕迹。目前，我国非营利组织开展的义工旅游活动主要集中在环境保护、教育助学等方面，并且出现多方合作的趋势，这主要是与非营利组织发展中资金、管理方式、宣传渠道的限制有关。

2. 政府部门开发

政府部门在公益、义工活动中能起到引导和推进的作用。相对于其他的义工旅游产品提供者而言，政府部门具有一定的财力、物力和政策制定优势，可以实现长远规划。近年来政府部门在义工旅游活动中组织的作用已经日益显现，例如云南希望工程"茶马古道走向西藏"的公益助学的步行筹款活动是由云南团省委、省教育厅、省旅游局、省政府新闻办与香港知名慈善机构"香港苗圃行动"联合发起组织。该义工活动的义工需要完成全程步行的九十天，并在途中完成筹集助学慈善款项，在途中也会安排参观西藏沿途自然风光的旅游活动。通过政府部门的组织，扩大了该活动在全社会的影响，吸引了媒体的关注，扩大了希望工程在社会各界的影响。

3. 旅游企业开发

该类型是以营利型企业作为义工旅游产品开发的推动者，企业制定标准的价格，为义工提供义工旅游活动中所需要的相关的旅游产品和服务，主要包括旅行社和追求实现社会责任的企业组织开展的活动。英国的 I TO I 公司是典型的提供义工旅游产品的营利性质的企业，而中国现在提供义工旅游产品的营利型企业还不多，例如翼游旅行网推出的"多走10公里"系列公益旅游线路贵州行中，旅游者在游览贵州非物质文化遗产时参加爱心活动，与周围大山的学生互动。商业企业加入义工旅游的开发对其推动和发展起了很重要的作用，尤其是其敏锐的市场判断能力和有效的运作能力。但是，也得注意商业企业以营利为目的的驱使下，偷换义工旅游的概念。

4. 高校组织开发

由高校组织开发义工旅游项目在西方注重实践旅游的教育体制下较为普遍，例如新加坡等国家的新生和毕业生利用间来年参与高校组织开发的义工旅游的活动项目为以后就业、专业选择和入学增加筹码。大学生对公益事业充满热情，在寒暑假期间有相对充裕的时间开展义工旅游，这是高校便于组织义工旅游的先决条件。各高校对学生实践能力的培养日益看重，因而部分高校会组织类似"假期社会实践"的活动，这些活动其实就是义工旅游方式的体验。学生在完成社会实践的研究调查后，可以和实践地的留守儿童交流并为其传授知识，也可以欣赏当地自然风景。未来可以研究，如何使得高校成为义工旅游产品提供的新兴力量。

[案例] 那一场斯里兰卡的义工之旅

2014年1月20日，我们踏上了斯里兰卡的国土。此行，我们是去做国际义工。

我们的目的地是康提，这个城市位于斯里兰卡中部，面积不大，斯里兰卡的佛教圣都，市中心的佛寺里供奉着佛祖释迦牟尼的牙齿舍利。每逢假日，来自全国各地的人们便捧着睡莲和玉兰花到佛牙寺礼禅礼佛朝拜。

面包车驶过市区，随处可见雪白佛像慈悲带笑，路摊上摆满色彩缤纷的热带花果，蔓草环绕的木质民宅风情各异。城市喧闹渐渐远去，一个个气息慵懒的乡镇在我们眼前掠过。傍晚6点，我们终于抵达了目的地。

义工之家坐落在康提的一个宁静乡村，这是一片安静的住宅，房子大多是两层楼高。我们住处在地下室，房间里只有两张高低床，一张桌子一个保险柜，一个转身都困难的洗手间。门窗还散发着新鲜油漆的味道。没有WiFi和网络，甚至带的转换电源也无法使用，墙上爬过的蜘蛛和大得出奇的蚂蚁。

义工项目分为四大类，照顾幼儿、小学外教英语、老年人看护、寺庙修复。介绍人特别强调，照顾幼儿的孤儿院条件很差，特别需要人手，我们选择了这一项。

孤儿院离我们的住处大约有 40 分钟的车程，穿过重重的铁门和不见阳光的走廊，隔着墙可以听到疼痛的，如同小兽的叫喊，又间或有怪诞的尖叫和狂笑，铁门之外的小城街市凡俗的活力被完全隔绝，让人恐惧。

我们穿过狭窄的院落和天井，来到一个铁栅栏前，几个眼神呆滞的女人站在那里，好像凝固一般。走进铁门，一个狭小的院落里，我们看到了很多智力和身体都有残疾的妇女和不多的孩子，与其说这里是一座孤儿院，不如说这是一座庇护所。

在我们之前，其他的义工已经在这里工作了一些时日。有高中毕业从挪威来的两个金发女孩，有从英国来的小伙子 James，有比利时学护理专业的女孩 Wendy，还有一个常驻的加拿大来的阿姨，还有两位和善的当地中年女人。

孤儿院里分不同的场所。生活在 Pwace Room 里的，是精神和身体状况最好的一群中年女人，所谓最好，也仅限于基本能自理生活。我们的任务是教他们做简单的手工，跳简单的舞蹈，不断地夸赞他们。

Play Room 则像幼儿园，虽然很多其实不是孩子——他们多是侏儒症和脑瘫患者，一直在不停地哭闹。他们需要被挨个抱起来安慰和逗笑，我们要做的事，不厌其烦地告诉他们什么是可以做的，什么是不可以做的。

Wheel chair 里，住的则是重度残疾和瘫痪的人。他们的生活完全不能自理，需要义工帮他们不停地擦身体、喂水、喂果汁、跟他们说话，放一些音乐锻炼他们听力和注意力。

午间，义工们出来休息。走出那扇铁门，看到街道上叮叮当当开过的汽车，吵闹的鸭群，女人们钩着金边美丽的沙丽，穿着纯白的衣裙笑着奔跑归家的孩子，商店里华丽的橱窗，再闻到四处漫溢的茶香、果香、花香……一切如幻象，一时令人恍惚。

下午的工作相对自由，但并不轻松。大多数时候我们会在后院看护孩子们玩耍，大一点的孩子会荡秋千，一次比一次荡得更高的快感，让他们笑得开心极了。但是也吵闹不断，我们要安抚他们，同时防止他们受伤。我们也会抱起更小一些的孩子在旋转木椅上一圈一圈地转，或者看着他们玩滑梯，玩玩具。我们也试着跟一些自闭的孩子沟通，唱一些简单的歌曲给他们听，看他们痴痴地眯起眼笑。

第二天我们已经可以叫出一些人的名字，知道叫 Teressa 的矮个子女人喜欢拧别人的手指，叫 Natita 的女孩性格霸道，我们还学会用泰米尔语和他们简单地对话，比如问他们叫什么？称赞他们的衣服很漂亮。

上午，一个母亲来探望女儿，离开时，她跪在院里祈祷，我们一时无言。每个人身上都是一个沉重的故事，有关病痛、抛弃和死亡。

有几间平房里摆着很多张床，床上躺的都是病得很严重的孩子和女人。他们已经无法从床上起来，每天只能躺着看窗外的太阳，修女妈妈将他们抱在怀里亲吻他们的额头，为他们祈祷给他们擦身。

Wendy 已经在这里当了 3 个月的义工，她还将继续做下去。她熟知这里每一个人的情况。每天下午，她总是把那些瘦弱的孩子，一个一个抱进臂弯，抚摸他们，阳光从背后小小的窗户射进来，照在她盘起的金色头发上，一世的宁静和悲伤。

下午，一所女子高中的义工们的到来，给孤儿带来短暂的热闹和快乐。她们带来了自己做的一些小礼物和小点心，唱起了当地热情的歌曲。不一会儿，妇女们一个一个扭起腰肢转动裙摆，开心地笑了起来，孩子们则在人群中快活地窜来窜去。

晚上，当我们离开时，一些妇女过来拉着我们的手，让我们和她们小坐一会儿，顽皮的孩子则爬上我们的膝头，他们的眼里充满无保留的信赖和善良，我们第一次感受到自己的存在，也可以给别人带去快乐和善意，心里充满了成就感。

回到住所，义工们聚在一起分享自己的生活和理想。来自澳大利亚的金发女孩 Rachel 想成为很棒的心理医生，与她同行的 Natasia 则想去纽约定居。来自苏格兰的大男孩想到中国当建筑师，纽约的男孩 Chase 辍学环游世界，打算以后在尼泊尔定居。

我们闲聊时，新一拨义工正陆陆续续地到来。义工之旅的意义在于遇见如此多善良而又完全不同的人，让人得以窥见这个世界之广阔。

最后一天，冥想的主题是爱别人。修女妈妈说，"当你播种爱，你便收获爱"。终于要分别了，我们和留下来的义工握手，两个当地的中年妇女慈祥地拥抱我们让我们一定再来，她们身上有阳光和咖喱的香味，温柔又平和。最年长的修女对我们说，"亲爱的孩子，感谢你们，上帝爱你们"。

但在我们心里，我们知道，其实更应该说感谢的是我们。那些炎热的下午，睡在我们臂弯里的沉默的孩子，趴在我们身上放声大笑的孩子，缓慢地学会唱一首歌的孩子，那些牵着我们的手，拉着我们的围裙对我们微笑的女人，在某一个瞬间，已经与我们共享了一份不同寻常的经历和感动。

湿热的风不断吹来，我们在苍茫的大山里一路西行。短短几天，我在那座孤儿院里的感受却让我们沉默和感怀。感怀一路上不断相遇又分离的无数善良的人，落泪的片刻，一首被唱起的歌，还有那么多依赖和充满爱的眼神。（资料来源：黄阳、陈晨，2014）

【讨论题】按照义工旅游的基本类型和特点，斯里兰卡的义工之旅是属于哪种类型的义工旅游？

第三章

影响义工旅游发展的因素和社会支持

第一节 影响义工旅游发展的因素

从义工旅游的发展缘起来看，经济全球化和社会经济发展的区域不平衡是义工旅游发展的客观外部条件。而社会各界对义工服务的重视，以及个人在参与义工服务过程中的自我拓展与发展动机，是义工旅游发展的内在激励因素。这一点可以借助于"推一拉"理论来加以解释和说明，即社会以及参与者的内在发展诉求和关注是义工旅游发展的推力；在拥有较为独特的资源、环境以及人文风情的区域，社会经济发展的不平衡以及大量需要帮助的人群之客观存在，构成义工旅游发展的拉动力。

一 区域发展的不平衡导致弱势群体的客观存在

在国际化和全球化的浪潮中，各国或多或少都获得了一定规模的经济发展的成效，但同时，我们也应该看到区域发展的不平衡也在很大程度上，成为区域经济发展中面临的严峻挑战。

以中国经济和社会发展为例，我国各区域经济发展水平差距较大，区域发展不平衡问题突出。以不同省区的经济发展水平来看，地区生产总值第一的广东省 2013 年达 6.21 万亿元（1 万亿美元），超越世界第 16 大经济体印度尼西亚（0.87 万亿美元）。而与此同时，西藏仅为 808 亿元人民币（131 亿美元），相当于排名世界第 122 位的阿尔巴尼亚（129 亿美元）的水平。从人均来看，2013 年天津、北京、上海、江苏、内蒙古人均 GDP 已超过世界平均水平（人均 1.06 万美元左右），而贵州仅为 22922 元人民币（3724 美元），不及世界第 110 位佛得角（3785 美元）的水平。

除此之外，基础设施建设和资源分配等方面也出现了较为显著的区域差异。如我国东部地区和西部地区的交通网络建设之成效就存在显著差异，西部地区公路、铁路网密度远远落后于东部地区。2013 年，山东、上海、河南、重庆、江苏等省市公路网密度已高于 140 公里/百平方公里，接近西欧水平，而西藏和青海仍不及发达地区的十分之一。京、津、沪三个直辖市的铁路网密度已超过 5 公里/百平方公里，与欧盟水平相当。而新疆、青海、西藏三地区铁路网密度仅分别为每百平方公里 0.29 公里、0.26 公里和 0.04 公里。由此可见，基于各方面的原因，中国国内社会经济发展都存在较为明显的区域不均衡。

从世界范围内来看，这种不均衡的状态和现象就更为普遍。一般而言，全球范围内的经济发展不平衡体现在三个方面，即发达资本主义国家之间的经济不平衡；发展中国家与发达国家的经济不平衡；发展中国家之间的经济不平衡。随着经济全球化的发展，世界经济两极分化更加严重。例如基尼系数是国际上较为常见的用于测量收入分配均衡程度的一个指标，其实际数值只能介于 0—1 之间，基尼系数越小收入分配越平均，基尼系数越大收入分配越不平均。国际上通常把 0.4 作为贫富差距的警戒线，大于这一数值容易出现社会动荡。20 世纪 90 年代以来，全球平均基尼系数就长期处于 0.4 的国际警戒线以上，2001 年最高升至 0.433，2008 年全球经济危机爆发后，由于富裕阶层受到的收入冲击高于贫穷阶层，全球平均基尼系数略有下降，2008 年、2010 年和 2011 年都处于 0.4 下方，2012 年，随着经济复苏的广泛推进，全球平均基尼系数则回升至 0.413。

从 WIND 全球宏观数据库获得的瑞信全球财富报告数据来看，2013 年，全球成人人均财富基尼系数为 0.911，较 2009 年的 0.881 明显上升；分区域看，2013 年，北美洲、欧洲、亚太、拉美和非洲的成人人均财富基尼系数分别为 0.837、0.827、0.895、0.809 和 0.856，而其 2009 年水平分别为 0.799、0.799、0.869、0.785 和 0.849，由此可见，全球所有区域的成人财富两极分化都呈扩大态势，而从绝对水平看，新兴市场的成人财富两极分化比欧美发达国家更加严重。

通过上述数据可见，全球经济在发展中，两极分化不断加大，长此以往，在经济发展中处于劣势的群体就需要得到社会各界的关心与照顾。

二　社会弱势群体的内涵正不断变化和延展

所谓弱势群体，指由于自然、经济、社会和文化方面的低下状态而难以像正常人那样去化解社会问题造成的压力，导致其陷入困境、处于不利社会地位的人群或阶层。

一般而言，弱势群体具有如下三个主要特征：第一，该群体的产生之成因受各种因素的制约，既可能是客观的或自然的，如明显的生理特征；也可能是主观的或人为的，如属于文化和社会角度之问题产生的结果。前者如健康状况低下、先天或后天残疾等；后者常见的如对女性的性别歧视、对城市民工的社会歧视等。第二，它是一个相对于社会优势群体或正常群体的概念，一般来说，那些被排挤于主流文化生活之外和低于社会认可一般生活水平之下的人群都可以宽泛地界定为弱势群体。第三，贫困是当前我国弱势群体在经济利益上所面临的共同困境。

正是基于上述弱势群体的特征，可以看到随着社会的不断发展，弱势群体的概念和内涵也正发生着改变。在传统意义上，弱势群体主要指老弱病残者和无劳动能力的依赖人群（主要是儿童），但是随着我国农村改革和城市国有企业改革的不断深入，那些在劳动市场和生活机会分配中竞争力较弱、综合性能力较低而受到不平等对待的群体，如女性、非城市人口、农村贫困人口和失业、下岗人员，以及伴随乡村居民外出打工而产生的留守儿童，在独生子女政策下的失独家庭等便成了这一群体的新成员。

如目前，我国首批独生子女的父母正在步入老年，"失独老人"和"失独家庭"问题日益凸显。据不完全统计，当前我国独生子女家庭总数约有 1.6 亿，失独家庭已超过 100 万，每年新增 7.6 万个，我国失独老人有 50% 患有慢性疾病，15% 患有重大疾病，因病致贫的占 50%。独生子女家庭在承担精神打击的同时遭遇经济困难，成为了社会新的弱势群体。失独家庭问题的出现固然有其制度性的因素，但这些失独家庭与一般的弱势群体家庭不同，他们往往沉浸在老年失子的悲痛中无法自拔。由于缺少温暖和关怀，导致一些失独家庭往往封闭在自我的圈子里。伴随着年龄越来越大，养老、生病无人照顾、精神孤独等困难日益突出。而处于农村的失独家庭则更是面临经济困难和老无所依的双重困境，因此，除了在制度上需要给予补偿机制设计外，还需要社会各界给予该群体足够的人文关怀。

留守儿童问题是一个突出的社会问题。随着中国社会政治经济的快速发展，越来越多的青壮年农民走入城市，在广大农村也随之产生了一个特殊的未成年人群体——农村留守儿童。留守儿童，是指父母双方或一方外出到外地打工，而自己留在农村生活或不在父母身边城里的孩子们。他们一般与自己的父亲或母亲中的一人，或与隔辈亲人，甚至父母亲的其他亲戚、朋友一起生活。根据全国妇联 2013 年的统计数据，中国农村"留守儿童"数量超过了 6100 万人（相当于英国人口的总和）。其中，57.2% 的留守儿童是父母一方外出，42.8% 的留守儿童是父母同时外出。留守儿童中的 79.7% 由爷爷、奶奶或外公、外婆抚养，13% 的孩子被托付给亲戚、朋友，7.3% 为不确定或无人监护。这些留守儿童在生活、学习等方面都缺乏必要的照顾和关心，产生了不少问题。如近年来留守儿童因为无人照管而发生意外等悲剧也不断上演，引起了社会各界的关注。

由此可见，弱势群体之发展与变化是客观存在的现象，这些群体的存在也要求社会中的有识之士以及有责任、肯担当的组织和个人勇于付出关注与关心。

三 社会经济发展水平与旅游资源的特色化程度间存在密切关联

义工旅游是在参与义工服务的过程中产生的旅游体验与活动，因此，它属于义工与旅游体验相结合的产物。作为旅游体验的重要元素，自然景观或人文风情成为较为重要的基础性要素。为此，较为适宜开展义工旅游的场地，应该是具有特色化的景观或文化，同时，有义工能够服务的对象之区域。

从社会经济发展来看，经济全球化使得千城一面的现象日渐明显，地方的标志性文化和景观正面临同质化发展的趋势。相对而言，那些社会和经济发展相对较为缓慢的地区，却因为可进入性或区位条件等因素，未能深度融入全球化的进程中，反而保存了较为完好的地方特色与风俗，吸引了不少旅游者关注。这些经济社会发展相对滞后地区的独特景观与文化，正不断吸引人们以义工旅游的方式到访以及体验。

四　旅游者消费意识的日趋成熟与个性化

从义工旅游的参与者来看，影响该产业发展的重要因素之一，包括了旅游者在消费意识和观念上的日趋成熟与个性化。从旅游者的消费意识来看，有专家分析，最初人们从事旅游活动主要是出于好看猎奇，因此，就会出现旅游者一窝蜂地前往知名景区、景点和旅游目的地，开展走马观花似的游览。这种旅游方式，会给参与其中的旅游者带来到此一游的印象和认知。但是，此阶段中的旅游者除了获得到此一游的纪念照片外，留下较深刻印象的可能要算赶场似的辛苦经历了。在旅游业发展的初级阶段，单纯的观光旅游产品是旅游者追求的主要产品类型，但是，随着经济的不断发展，以及人们在旅游活动中体验深度的不断加大，单纯的走马观花式旅游已经逐渐不能满足旅游者的需求。在金钱和时间更为充足后，旅游者会更加追求环境的恬静、精神的休闲，在大自然中调整身心。因此，旅游目的地选择的多样性开始逐步出现，旅游者出行的目的地也不断多元化发展。

此外，旅游者在参与旅游过程中，其心理期望和诉求也正不断改变。随着公民意识的增强，在参与旅游的过程中，除了获得观光、休闲、度假之体验外，开始有部分旅游者朝着马斯洛需求模型中的更高阶段迈进，开始实践自己的尊重和自我实现的需要。如在尊重的需求方面，旅游者会开始追求自我尊重、对于信心和成就的关注与追求、对他人表示尊重，以及希望获得别人的尊重。在此情况下，为有需要的人或区域提供相应的服务则会成为有效实现个人发展诉求的重要途径。因此，有的旅游者会在旅游的过程中，为旅游地居民提供生活或者学习物资，或者约束自己的旅游行为，甚至帮助减少其他人不文明旅游行为对旅游目的地带来的伤害。例如，旅游者到旅游目的地旅行的过程中，帮忙捡拾垃圾就是其中较为常见的模式。2015 年贵阳就有 60 多名驴友组团到景区捡垃圾，并希望以此行动呼吁大家共同爱护环境。4 个多小时下来，驴友们捡到了 37 袋，400 斤垃圾，装了满满一车。此种类型的新闻报道，近年来也是屡见不鲜，其中有民众自发组织参与，也有企业和政府部门专门组织人员到景区开展相关的环保活动。

除了尊重外，马斯洛需求模型中的自我实现的需要，也会让人们开始关注如何在旅游的过程中，表现出较高的道德水准，以及较强的问题解决能力。因此，对于个人能力提升有帮助的义工旅游形式日渐受到社会大众的关注与欢迎。

五　政府以及社会对均衡发展以及扶助弱势群体的关注度不断提升

企业社会责任（Corporate Social Responsibility，简称 CSR）是指企业在创造利润、对股东承担法律责任的同时，还要承担对员工、消费者、社区和环境的责任。企业作为社会经济中的基本单位，其本质属性仍然属于社会组织的范畴，其作为经济组织乃是第二属性。为此，企业除了要实现自己的经营与发展外，还应该积极承担伦理责任和慈善责任。伦理责任是社会对企业的期望，企业应努力使社会不遭受自己的运营活动、产品及服务的消极影响。在慈善责任方面，发展社会事业，教育、医疗卫生、社会保障等事业的发展直接关系人民的最直接利益，因此，也是企业应该关注的重点。例如澳门在博彩业专营权的拆分过程中，对于获批准在澳门投资的博彩企业在推动经济多元发展，以及支持社区基础设施建设与发展方面都有一定的协议和条款。特别是在支持澳门本地居民的培养与晋升、推动澳门会展场地的建设与发展等方面，澳门的博彩企业作出了较为显著的贡献。

再如澳门城市大学国际旅游与管理学院/继续教育学院和喜来登金沙城中心酒店及瑞吉金沙城中心酒店合办的"喜达屋——助学暨人才发展计划"就是博彩企业大力培养澳门本地管理人才，推动本地人才向上流动的典型例子。该项目是喜来登金沙城中心酒店及瑞吉金沙城中心酒店与澳门城市大学国际旅游与管理学院/继续教育学院合作，所有进入该计划的学生均获两间酒店全额支付四年大学学费，并提供在学生活津贴。2015—2016 年度共有四十八名新生进入该计划，同时五位学生因为表现优异，2016 年已经获得了职位晋升。"喜来登——助学暨人才发展计划"于 2013 年开始，2015 年扩展至澳门瑞吉酒店，更名为"喜达屋——助学暨人才发展计划"。

另外，从政府和企业参与社会责任行为的效果来看，企业通过开展社会责任行为，可以获得品牌形象上的提升，同时，对于社区关系、员工的认同、企业文化的构建等都具有较为正面和积极的影响。正是基于上述原因，政府以及企业对于组织员工参与义工旅游具有较高的兴趣。有些国家甚至直接将参与义工服务与个人的发展挂钩。如泰国政府为倡导义工服务风气，规定大学毕业生要到贫困地区做 1 年的义工服务，服务满 1 年后，毕业生有更多的机会得到一份好工作；法国法律规定，年满 18 岁的法国男性，符合条件者都必须履行国民志愿役，违规者处 2 年有期徒刑，其中志愿役中的民役，就是海外义工旅行援助；在美国，参加为期一年的"为美国服务的义工"，期满后可以得到两个学期的奖学金 9450 美元。

作为一种新的社会风尚，越来越多的青年及社会各界群众加入到义工的行列中。但不容忽视的是，中国的义工服务还处在初始阶段，活动开展不够经常、体制机制不够完善、服务水平不够高等问题，在一些地方不同程度地存在。解决这些问题，关键在于健全义工服务制度。为此，2014 年 2 月 19 日，中央精神文明建设指导委员会出台《关于推进志愿服务制度化的意见》（以下简称《意见》），要求建立健全义工服务制度，进一步壮大义工队伍，完善社会义工服务体系，推动义工服务活动经常化制度化，促进社会文明进步。同时，各省市也对应地开始着手制定推动本地区义工活动发展的相关条例。政府对于义工服务的重视程度由此可见一斑。

[拓展阅读] 中央精神文明建设指导委员会近日印发《关于推进志愿服务制度化的意见》

关于推进志愿服务制度化的意见

各省、自治区、直辖市精神文明建设委员会，中央精神文明建设指导委员会各成员单位：

为深入贯彻落实党的十八大和十八届三中全会精神，建立健全志愿服务制度，进一步壮大义工队伍，完善社会志愿服务体系，推动志愿服务活动经常化制度化，促进社会文明进步，现提出如下意见。

（一）推进志愿服务制度化的重要意义和指导思想

1. 充分认识推进志愿服务制度化的重要意义。

开展志愿服务，是创新社会治理的有效途径，是加强新形势下精神文明建设的有力抓手。近年来，广大义工围绕扶危济困、应急救援、大型活动，广泛开展形式多样的志愿服务活动，志愿精神日益深入人心，义工队伍不断发展壮大，志愿服务的热潮在城乡基层蓬勃兴起。但总体而言，我国的志愿服务还处在初始阶段，活动开展不够经常、体制机制不够完善、服务水平不够高等问题，在一些地方不同程度地存在。解决这些问题，关键在于健全志愿服务制度。推进志愿服务制度化，对于推动志愿服务持续健康发展、促进学雷锋活动常态化，对于培育和践行社会主义核心价值观、在全社会形成向上向善的力量，具有十分重要的意义。

2. 推进志愿服务制度化的指导思想。

高举中国特色社会主义伟大旗帜，以邓小平理论、"三个代表"重要思想、科学发展观为指导，贯彻落实习近平总书记系列讲话精神，坚持把开展志愿服务与创新社会治理结合起来，与学雷锋活动结合起来，大力弘扬"奉献、友爱、互助、进步"的志愿精神，建立完善长效工作机制和活动运行机制，积极构建中国特色志愿服务制度，推动志愿服务活动广泛深入开展，营造我为人人、人人为我的良好社会风尚。

（二）建立健全志愿服务制度

3. 规范义工招募注册。

义工的招募和注册，是组织引导人们参加志愿服务的重要环节。要坚持以需求为导向，根据群众的实际需要，由城乡社区、志愿服务组织、公益慈善类组织、社会服务机构等，及时发布义工招募信息，根据标准和条件吸纳社区居民参加志愿服务活动。依托全国义工队伍建设信息系统志愿服务信息平台，为有意愿、能胜任的社区居民进行登记注册。

4. 加强义工培训管理。

做好义工的教育培训和日常管理，是提高义工素质和志愿服务水平的前提和基础。要坚持培训与服务并重的原则，由城乡社区、志愿服务组织、公益慈善类组织、社会服务机构等，根据志愿服务项目的要求，通过集中辅导、座谈交流、案例分析等方式，对义工进行相关知识和技能培训，提高服务意识、服务能力和服务水平。要加强义工骨干的培养，使他们成为志愿服务的中坚力量。

5. 建立志愿服务记录制度。

志愿服务活动结束后，由城乡社区、志愿服务组织、公益慈善类组织、社会服务机构等，根据统一的内容、格式和记录方式，对义工的服务进行及时、完整、准确记录，为表彰激励提供依据。要实行服务记录的异地转移和接续，使义工的服务记录不因工作岗位和居住地的变动而失效，把义工的积极性保护好、发挥好。

6. 健全志愿服务激励机制。

城乡社区、志愿服务组织、公益慈善类组织、社会服务机构等，要按照有关规定建立义工星级认定制度，根据义工的服务时间和服务质量，对义工给予相应的星级认定。建立义工嘉许制度，褒扬和嘉奖优秀义工，授予荣誉称号。建立志愿服务回馈制度，义工利用参加志愿服务的工时，换取一定的社区服务，同时在就学、就业、就医等方面享受优惠或优待。回馈要适度，充分体现志愿服务自愿、无偿、利他的特点，不能搞成等价交换。

7. 完善政策和法律保障。

把志愿服务的要求融入各项经济、社会政策之中，体现到市民公约、村规民约、学生守则、行业规范之中，提倡和鼓励志愿服务的行为，维护义工的正当权益，形成崇尚志愿服务的社会氛围。把志愿服务纳入学校教育，研究制定学生志愿服务管理办法，鼓励在校学生人人参加志愿服务，可将大学生志愿服务活动折算成社会实践学分。根据志愿服务活动的需要，为义工购买必要保险、提供基本保障。认真总结推广志愿服务地方性立法的经验，加快全国志愿服务立法进程。

（三）加强对志愿服务制度化的组织推动

8. 切实加强志愿服务领导。

各级党委和政府要把志愿服务融入城乡社区治理，作为加强精神文明建设的重要任务，摆上重要议事日程，切实抓紧抓好。各级文明委要加强总体规划、协调指导、督促检查，文明办要发挥好牵头作用，推动志愿服务制度化发展。各有关部门要发挥自身优势，制定相关政策措施、各负其责、密切配合，形成共同推进志愿服务制度化的良好局面。要支持和发展各类志愿服务组织，推动企业、机关、学校、医院等成立志愿服务队进社区服务，引导公益慈善类、城乡社区服务类社会组织到社区开展志愿服务。

9. 大力弘扬志愿服务文化。

志愿服务是美好的道德行为和重要的道德实践。要大力弘扬中华传统美德，结合时代条件深入挖掘和阐发，进行创造性转化、创新性发展，赋予志愿服务深厚的传统文化内涵。大力弘扬"奉献、友爱、互助、进步"的志愿精神，广泛普及服务他人、奉献社会的志愿服务理念，培育全社会志愿服务文化自觉，使讲道德、尊道德、守道德成为人们基本生活方式。要发挥新闻媒体传播社会主流价值的主渠道作用，发挥精神文化产品育人化人的重要功能，积极营造有利于志愿服务的舆论文化环境。

10. 搭建拓宽志愿服务平台。

要充分发挥社区在志愿服务中的主导作用，依托社区综合服务设施，建立志愿服务站点，搭建义工、服务对象和服务项目对接平台。把空巢老人、留守儿童、残疾人作为服务重点，围绕家政服务、文体活动、心理疏导、医疗保健、法律服务等内容，设计接地气的项目，有针对性地开展顺民意的活动，力争覆盖群众所需的各种服务。充分发挥社区居民的主体作用，精心培育植根群众的活动载体，把志愿服务活动做进城乡基层、做进社区、做进家庭。大力推广社会工作者带义工的活动方式，组织义工在社会工作者的带领和安排下，有针对性地开展服务。要立足经济社会发展和人民群众愿望，积极搭建志愿服务活动平台，不断拓展志愿服务领域，扩大志愿服务覆盖面，为百姓分忧，为政府助力。

各省、自治区、直辖市和新疆生产建设兵团文明委，中央文明委各成员单位，要按照本意见的精神，结合实际，制定贯彻落实的具体措施。

中央精神文明建设指导委员会

2014 年 2 月 19 日

第二节　义工旅游的社会支持

一　社会支持的内涵

20 世纪 70 年代初，精神病学的研究中引入社会支持（social support）的概念。但是到目前为止，社会支持的学术内涵仍然没有统一。从不同的角度，学者们对社会支持有着不同的理解。最初的研究者大多从客观角度解释社会支持。如 Caplan（1974）指出，社会支持是稳定的社会集合，该集合给予个体认识自我的机会，并使个体对他人保持着期望，构成这个集合的人愿意提供支持，在个体需要的时候，向他或她提供信息或认知指导，以及实际的帮助和情感支持。一些学者从社会互动关系来定义社会支持，将社会支持归纳为一种关系，这个关系是客观存在的或能被感知到的，被支持者与他人交流，被关心、被接纳、被爱、有价值感，并在需要时会得到他人的说明。有一些学者从社会行为的性质方面来定义社会支持。还有一些学者从社会资源的作用角度来定义社会支持，社会支持常常被认为是对个人处理紧要事件或问题的一种潜在支持性的资源。

我国学者李强（1998）认为，从社会心理刺激与个体心理健康之间关系的角度来看，社会支持应该被界定为一个人通过社会联系所获得的能减轻心理应激反应、缓解精神紧张状态、提高社会适应能力的影响。刘维良（1999）认为，"社会支持是指个体经历的各种社会关系对个体的主观或客观的影响"。多数学者认为，主观支持比客观支持更有意义，因为被感知到的现实也许不是客观现实，但是却反映了个体的心理现实，而正是这种心理现实真正影响了个体的行为和发展。

目前，研究者们比较一致地认为社会支持是一种有益的人际关系。它具有使人们能够免于各种压力生活事件的消极影响或威胁，能够帮助人们形成较为正面的、积极的情绪，提升个人被人们肯定的认知等功能。所以本书把社会支持定义为个体通过他人的互动获得心理或者实质的帮助，来缓解各种压力对个人身心造成的冲击，增进个人在生活以及工作等方面的适应能力。

二 社会支持的分类

早期的一些研究主要以社会结构因素来衡量社会关系，近年来则趋向于研究不同来源和不同性质的支持与心理健康的关系。一般认为，社会支持从性质上可以分为两类。一类为客观的，另一类是主观的体验到的情感上的支持。Cohen 和 Wills 根据社会支持所提供资源的不同性质将社会支持分成四类，分别是：（1）尊重支持（EsteemSupport）：指的是个体被他人尊重和接纳。又称作情感性支持（Emotional Support）、自尊支持（Self-esteem Support）。（2）信息支持（Informational Support）：即有利于对问题的说明、理解和应对的支持。又称作建议（Advice）、评价支持（Appraisal Support）或认知向导（Cognitive Guidance）。（3）社交同伴支持（Social Companionship）：是指花时间陪伴他人休闲和消遣活动，这可以满足个体与他人交往的需要，转移对压力问题的忧虑或者因为直接受到积极的情绪的影响，而缓解个体对压力的反应。这种支持也可称作扩散支持（Diffuse Support）或归属（Belongingness）。（4）工具支持（Instrumental Support）：指提供财力说明，物质资源或所需服务等。物质支持（Material Support）和实在的支持（Tangible Support）。

Barrera 和 Ainlay 将社会支持分为六类，具体包括：（1）物质的帮助（Material aid），比如金钱和其他物质的切实帮助。（2）行为的援助（Behavioral assistance），比如分担体力劳动的工作。（3）亲密的交往行为（Intimate interaction behavior），比如说倾听、表示尊重、关心、理解等。（4）指导（Guidance），比如提供说明、信息和指导。（5）回馈（Feedback），比如就个体的行为、思想和感情给予积极的回馈。（6）积极社会的交往（Positive social interaction），比如与个体轻松愉快地进行社会交往等。

由此可见，对于社会支持的内涵和维度，尽管不同学者所表达的具体信息有所不同，但从整体上来看，还是贯穿了物质支持和情感支持这个主线。本书主要对于 Barrera 和 Ainlay 将社会支持分为六类的社会支持架构方式较为认同，并将以其提出的社会支持内容作为基础的框架。

三　社会支持的衡量

由于不同的研究者对社会支持的理解不同，以及研究目的不同，因此不同学者所选用的社会支持的测量工具也不同，侧重社会支持的不同方面。根据先前的研究，有关社会支持的测量大致可分为以下两种，即社会支持内容特征的测量和社会支持结构特征的测量。用来测量社会支持内容特征的主要包括如下几种量表：（1）《社会支持评定量表（SSRS）》。这是我国学者肖水源（1999）参考国外关于社会支持理论和测量的数据编制的量表，共包括 10 个项目，其中主观支持有 4 个项目、客观支持有 3 个项目、对支持的利用度包括 3 个项目。（2）《社会支持行为调查量表》。该量表包括 15 个项目，主要用来测量不同类型的社会支持。（3）《社会支持感受水平问卷》，该问卷由 24 个项目组成，采用 9 点评分法。（4）《社会关系网络问卷》，该问卷由 24 个项目构成，采用 5 级评分法。

关于测量社会支持结构特征方面的主要包括如下几类测量量表：（1）《领悟社会支持量表（PSsS）》共包含 12 个项目，主要从家庭支持、朋友支持、其他支持三个方面来表现社会支持的结构，强调了个体对自我的理解和感受。（2）《社会交往方式调查》，此量表共包含 8 个题目，每个题目又由两部分组成，第一部分主要采用 5 点式评分法评定获得亲朋好友的支持的数量；第二部分采用 3 点评分法用来评定个体对获得支持的满意度。

由此可见，用来测量社会支持的量表多种多样，在国内现在研究者普遍使用《社会支持评定量表》和《领悟社会支持量表》两个量表，而且经过大量研究表明这两个量表具有很好的信度和效度。

四　社会支持的来源

从社会支持的来源来看，有学者将其分为正式的社会支持和非正式的社会支持两类（Brown，1974）。其中正式的社会支持主要指来自于政府、社会机构等部门的支持。而非正式支持则是指身边的社会群体，如家庭、朋友等的支持。此外，还有学者将社会支持的来源划分为三类，即一般性的社会资源类的社会支持，如学校和社会团体等；第二类是社会关系类，即个人所拥有的社会关系网络中的群体所提供的支持；第三类是家庭成员的支持。

　　本书将结合义工发展的实际情况，将其来源主要界定为以下四个群体：家庭、朋友、义工伙伴及义工团体等。其中家庭支持主要指由义工的父母、配偶、兄弟、姐妹等亲戚提供协助。朋友支持主要指由义工的朋友及同辈提供协助。义工伙伴支持，主要指由义工团体中的义工伙伴所提供的协助。团体支持，主要指由义工团体中的师长或行政人员为义工提供协助。

第 四 章

义工旅游的影响

　　义工活动对义工、组织、社区和更大范围的社会都产生了多重的影响。衡量义工贡献的价值和评估其影响是具有挑战性的。有些影响比较明显并且可量化，然而有些则无形难以衡量。有不同的方法去评估义工活动所带来的经济价值，评估义工活动的社区和社会价值大部分的信息显示义工活动的影响是积极的。理想情况下，义工活动应该是互惠互利的，但人们也需要认识到，产生益处的这种义工活动同样也会带来一些负面的影响。

　　这些义工活动的受益者是多层面的。例如 Sherraden，Lough 和 Moore McBride（2008）提出的关于国际义工活动的研究就其对义工带来的影响，对活动主办社区和派遣社区带来的影响，以及 Jones（2004）谈论到参与间来年义工活动带给参与者、雇主和社会的好处。本章将从微观与宏观角度谈论义工旅游涉及四个层面的利与弊：

　　1. 义工本身（义工）；

　　2. 主办（包括派遣）义工旅游的组织；

　　3. 义工旅游活动贡献的顾客或接受者，即参观者与社区，或者是两者的重叠；

　　4. 义工旅游业在更广泛的全球性的规模中所产生的贡献。

第一节　义工旅游对义工的影响

　　许多关于义工服务的研究都集中在对个体义工本身的好处方面。这涉及他们的行为动机和他们所获得的回报。这两者的关系已在本书第一章中进行了详细的介绍。义工应该是在义工活动中获利最多的参与者。

当谈到利益，义工旅游者（Power，2007）和义工活动主办方（Holmes，2009）谈论到义工个人对他们产生的影响时也承认他们是主要的受益者。正如第一章指出的，义工们通常是因自身的兴趣作为动机来从事义工活动，算是一种"主要关于我自己"的这么一种行为（Edwards，2005a）。这种更为偏向义工获益的正面影响，是国际义工旅游活动中主要争论点（Davis Smith，Ellis & Brewis，2005）。

一   义工旅游对义工的积极影响

无论对义工旅游的主办方还是参与者，这些益处都是相似的，包括个人发展、教育和学习技能、工作经验等，增强了自信心，愿意花时间为自己做事（相对于工作和对家庭的义务而言），并且增加了就业机会（Broad，2003；Davis Smith et al.，2005；Holmes，2009；Kemp，2002；Sherraden et al.，2005；Holmes，2009；Kemp，2002；Sherraden et al.，2008）。个人发展、建立自我身份认同并且探索自我是 Wearing 提出的义工可以通过义工工作获得的主要益处（Wearing，2002）。自我个人的研究在义工旅游主办方方面占有较小比例，但是在通过义工旅游去寻求自我身份认同方面仍十分重要。Green 和 Chalip（2004）就讨论过事件义工活动活动如何将义工们带入次文化的大门（例如：体育运动），并且使得义工感觉自己是个参与者，置身其中，有归属感。它也使得参与者的个人身份更具吸引力，这种情况在其他旅游项目方面同样明显（Smith，2003）。Stebbins（1996）就在他个人的关于义工旅游（他将其定义为深度休闲）的分析中列举了一些义工活动形式所带来的更深远的益处。这些益处包括了个人发展、成就感和归属感的建立以及参与者的社会创造力培养。

义工活动本身也有潜能作为一种过渡型的经历。义工旅游被描述为一种仪式，以及义工活动可以使得人们改变他们对世界和人生的看法（Broad，2003；Sherraden et al.，2008；Wearing，2001）。在长期的间来年的义工活动中这些改变是显著的（e. g. Broad，2003；McGehee & Santos，2005），但是在更短期的类似 10 天到 14 天的这种义工旅游中也能发现其对人们生活和行为的改变（McGhee，2002；McGhee & Norman，2002）。义工旅游体验不仅对人们生活和价值观产生直接的、短暂性影响而且其长期性、潜移默化的改变也是存在的（Zahra &McIntosh，2007）。

对于义工旅游的大部分国际定义都指出它能带来许多额外的益处包括国际化知识、提高文化意识和双边共识、文化间竞争和语言技能（Davis Smith et al.，2005；Sherraden et al.，2008）。作为一个义工旅游者也会对这个旅游目的地及其文化有更多的体验和感受（Broad，2003）。有研究指出义工旅游者会比传统普通游客在旅行过程中收获更多（Brown & Morrison，2003），义工活动也会提高他们旅行的满意度（Brown & Lehto，2005）。研究显示这些影响主要集中在"个人"方面，例如社会交际网和朋友关系的巩固、旅行结束后仍一直持续的价值创造，以及对义工们生活的影响或是对目的地国家的现有社会网络架构的影响（McGhee & Santos，2005）。社会的这种相互作用能够加强家庭中共同参与义工活动的成员们之间的关系（Brown & Lehto，2005），并且义工旅游者也能与义工团队中的志同道合者建立友好的友谊（Broad，2003；Brown & Lehto，2005）。对于主办机构的义工们，尤其是以旅游为目的的义工们，这些社会益处至关重要（Holmes，2003；Smith，2002）。

有许多证据表明义工活动对年轻人而言，尤其是在学生的空档期中，这些活动可以改善他们随后的学习表现。无论是对于学生还是希望职业生涯有所突破的年轻人都能从中得到更多的职业规划发展和生活技能的提高（包括人际关系交流技能、独立自主能力、解决问题能力以及领导力）。在其他旅游项目中，这些对于年轻人的益处也是显而易见的。在关于旅游景点的研究中，Smith（2002）称那些以义工活动寻求更多教育经验和高新求职经验的年轻人为"经验求职者"。

二　义工旅游对义工的消极影响

虽然义工活动对于参与者的消极影响很少被谈论到，但这些负面影响仍然是存在的。像是时间、资源以及情感投资上的消耗。一些义工们之所以参加义工活动是因为他们有空余闲暇时间，其他人则会在本已繁忙的日程中特意找时间去做义工活动（Edwards，2005a）。对于很多参与义工旅游的义工们而言，义工活动是旅途中的一种休闲方式。因此，义工活动的机会成本是一种休闲性质的活动，那些选择想要职业晋升、不急于参加工作或者是一些适合义工工作的人会直接选择义工活动而不是去找工作赚钱。尽管有一些短期的义工活动能够使参加者兼顾其他工作，这种集中的、短期的项目意味着你在这个义工活动期间对于轮班制是别无选择的。尽管如此，Lockstone 和 Smith（2009）就发现了短期的义工活动需要承受工作量负载的这种约束。Ralston、Downward 和 Lumsdon（2004）也发现了那些义工们本身也理解在义工活动期间每天都会有麻烦事发生，但是他们发现只要整个义工活动是积极有意义的他们也就不会在乎一些短期的、消极负面的麻烦。除了时间的消耗这一缺点，义工们将会经历另一个影响他们参与义工活动的障碍——金钱的花费。对于义工游客们而言，旅行中的支出以及在目的地国家的支出等是一大笔费用。这些项目的花费将会对义工的活动能力及工作停留时间期限产生影响（Broad & Jenkins，2008）。

无论是持续性的或是偶发短暂性的义工活动都需要一定的费用。可能是项目参与的一次性费用或者是培训期间资格认证的一些费用、购买制服、设备的费用等。义工培训需要专家讲解或大量地培训讲解员，这部分成为了的潜在的人力资源成本。后续的费用例如旅游停车、休息区以及一些义工活动的住宿费用等。在一些情况下主办单位会帮义工们支付部分或全部的费用，但是大部分的义工们都需自掏腰包承担那些不可报销的费用（Volunteering Australia，2007c）。在捐钱和捐赠时间之间已建立了关联，义工们也可以向他们所在的相关义工组织发起捐款倡议（Handy & Srinivasan，2004）。一些义工旅游会组织筹款活动，例如通过那些也需要筹集善款的会员们和他们的朋友圈子来进行这种活动。在澳大利亚珀斯的国王公园，义工们与他们的朋友种植小盆栽，然后在一个筹款平台进行义卖（www. bgpa. wa. gov. au）。

这些花费不仅对招募新的义工造成障碍，也会对现有的义工培训造成影响。澳大利亚义工（2007c）举办的社会调查中发现 10 个义工中就有 1 个义工因为参与义工活动所需费用而中止活动或者是降低其参与度，其中汽油价格的上涨是关键因素。但是大多数人认为义工活动还是愉快的休闲活动，尤其是对那些工作压力负荷大、对工作倦怠的义工而言（Getz，2002）。Windsor，Anstey，和 Rodgers（2008）发现年纪越大的义工相对于其他义工会申请时间更长的至少 15 小时一周的义工活动，或者要求更低的个人福利。因此，这也可以说是一种对义工活动的情感投资。对于义工旅游者而言，这也许是一种心理和生理上的挑战，也是在适应不同生活状态下的一种挑战，然而，更加深远的影响是在遇到困难的时候从中发现自身的缺陷（Zahra & McIntosh，2007）。

还有其他一些潜在的不利因素，仅仅只是在短期的义工活动结束之后变得明显。Jones（2004）研究发现许多证据表明，无论这个义工在其间来年是否有提升自己的就业能力，他们其中很多人都不愿意去承认及利用他们已有的技能和完善的经验。对于那些义工活动时间较长的义工们而言，时间和金钱就是他们的机会成本，即取决于这些个体在其余时间会做些什么（例如学习或工作）。间来年的花费意味着一个年轻人在继续他的高等教育前会留下的债务，有证据表明如果义工活动时间过长甚至会影响他们继续学习、重返正规教育的轨道。对于那些长期义工活动归来的义工而言，可能会有逆向文化冲击及逆同化的挑战问题。

当一个义工在判断是否需要参与或继续一项义工活动时，他们最好懂得如何平衡好期望与实际中的利与弊。

第二节　义工旅游对组织的影响

在这一节，本书会着重于研究对义工们进行管理组织的旅游组织团队的利与弊，包括吸引物、事件、目的地相关服务以及义工旅游组织。这些组织团队明白一个义工活动中志愿工作部分的必要性，这样才能更好地去设计一个义工活动。许多的旅游组织团队大多依赖于义工活动的存在，甚至在一些活动中全部都是由无偿志愿部分组成。也有一些情况是活动团队会刻意去尽量调低无偿志愿活动存在的比例。例如，信息服务中心减少了免费开放的时间，一个旅游目的地或一个项目展示在更短的时间内特意去减少免费开放的场地等。但是就义工旅游项目而言，如果没有义工旅游者的加入，它们的义工活动范围也不会那么广。

义工们可以通过削减举办活动的运营成本、经营一个景点或是运行一个项目进行有意义的经济活动（Gray & Campbell，2007；Strigas & Jackson，2003）。Smith（2003）在旅游景点的采访调查中发现尽管

"需求"是寻找义工们参与义工活动（无论是现场操作方面还是需要一些特殊的技能方面）的主要原因，但是经理人会关注在一些更积极的方面，即义工的参与度及他们的活跃度。热情和兴趣可以被多种因素激发和诱导，对于一些义工而言，任务组织本身的一些因素（例如：安全性；诱导因素；分组）可以提高他们的热情度。对于其他义工而言，热情度则会被其他因素诱导出来：例如目的地吸引力、事件类型、主办单位等。

对于参与者义工本身的积极影响将会随着时间的推移而显现，正如Ferdinand（2008）对小型音乐会中学生义工们的案例研究显示的那样，这个项目活动有许多潜在的积极影响。短期来看，这些优势可以表现在成本降低和劳动力的增加；中期来看，顾客服务能力得以提升；长期来看，在加强现有的活动和创造新项目方面有竞争力的优势。旅游组织方面的其他好处还表现在可以通过义工们口碑宣传推荐好的义工以及认识更多义工的潜能。

义工旅游对于组织的许多益处是很难量化的，但是越来越多的人试图用经济学的方法给义工们作的贡献评分（澳大利亚义工活动中心，2008）。

最简单的方法便是对义工人数进行统计并且统计他们的义工活动时间。例如，2008 年美国俄亥俄州举办的为期三天的都柏林爱尔兰节上，有 1070 名义工贡献了将近 11970 小时的义工服务（www. dublinirishfestival. org）。这些小时数可以被转化成货币价值以供计算，与全职（需付）的工作津贴进行衡量。例如，在佛罗里达公园服务中心受理的 160 个州立公园的义工服务等价于 505 个额外的全职工作岗位。

可以切实测量到义工活动对组织所作贡献的义工活动有研究数据的收集、野生动物保护、铁路保护、文物展览、协助游客、提供休息室服务或是协助体育赛事的举行。对一个目的地服务机构而言，例如西澳大利亚冲浪救援活动，义工们会巡逻多片海滩，那么衡量他们所作贡献的方法就是依据他们救援的人数（2003—2004 年救援 413 人）以及预防措施（2003—2004 年预防成功 2409 人），其中义工们巡逻的时长将近6000 小时相当于 2100000 澳元（www. mybeach. com. au）。这种评估方式可以将义工们不同的贡献差异进行明确的统计。这些方法的复杂性都各不相同，但是作为义工活动项目的评估它们都需要对义工活动进行精确的数据统计。

对于举办义工旅游的组织而言，会有许多费用产生。在义工服务项目的投资方面包括工作人员的工资费用（协调和监管义工的工作人员）、招募费用、培训费用、表彰费用、管理费用、设备费用（包括服装和徽章）、吃住费用、保险金以及义工们在义工活动外的自付费用（Gaskin，2003）。在义工旅游方面，许多的担忧主要来自组织开销和义工旅游者的花费透明度方面。

通过研究两个澳大利亚游客信息服务中心对义工游客和工作人员的招募、培训和奖励的花费情况，Jago 和 Deery（2002）发现即使计算了招募管理义工的工作人员的花费，但由于义工们提供的是高质量的游客信息服务，所以总体花费还是合算的。Smith（2002）关于旅游景点研究调查中发现管理人员参与的项目被过于乐观预估，其中的缺点包括组织和管理时间的花费、义工过量使用的问题以及这些义工相对于正式工作人员的专业度不足等问题。Ferdinand（2008）的项目研究中还发现一些参与其中的义工因为名誉损失而带来许多意想不到的后果，比如义工在营利性行业工作就被备受道德方面的质疑。

就义工个人的影响来说，重要的是他们对组织造成的积极影响大于消极影响。利用义工投资和价值审计这些方式可以帮助组织团队计算义工的得失并估算组织的成本。

第三节　义工旅游对游客和社区的影响

本书使用"顾客"来指代整个义工活动当中义工们服务的对象。首先，本书将关注观光者（用观光者而不用旅游者是为了避免与义工旅游者这个概念混淆）；例如，观光者是在义工活动的景点游览的客人，旅客是由旅游信息中心协助的客人，其余则是指那些通过义工们的努力保护和发展完善的义工旅游景点。其次，将会重点分析义工旅游的当地居民。在这两种情况下，都讨论了其益处及对顾客的潜在负面影响。

一 观光者和旁观者

随着义工们得以在旅游景点、景区服务和项目管理方面的不断深入工作，观光者们也能够在参与义工的体验中不断获利，这都是难以在其他行业发生的。许多义工直接在义工服务过程中发挥作用，因此他们也对观光者的经历带来直接性的影响。他们的热情、激情、学识和对互动的渴望都会直接传递给前来旅游的观光者们。例如那些服务接待者或冲浪安全员方面，观光者直接受益于他们。而发挥更多内部重要角色的则是文化遗产景区和博物馆中的那些义工们（BAFM，1998）。即使是类似支持项目参与者或是建立一个新的展区等这种小项目也会对受访者产生一定程度的积极影响。

研究人员发现在博物馆和世界遗产景区的义工和游客之间有一定相似性（Holmes，2003；Holmes & Edwards，2008）。他们认为义工也是景区的观众和游客的一部分。因此，义工不仅帮助组织游客活动，本身也是游客，毕竟他们对景区的了解会更加深入。当这些义工作为消费者时义工游客也是主办义工活动单位的客户。

尽管前端服务和提供服务本身的重要性已得到重视，但是令人惊讶的是很少有调查会去研究义工们在义工活动中对其他观光者带来的影响。在区域游客信息中心的调查研究中，Jago 和 Deery（2002）研究发现这些观光者无论是由义工还是由在职工作人员协助，他们都对其服务非常满意。义工与在职工作人员对于好的服务质量的理解是有差异的，义工更强调"激情"而在职人员则强调"专业"。义工与在职人员一同协作，一同为观光者提供重要的旅游讯息；然而，两者之间还是存在一种紧张的气氛。尤其是在各自的角色方面，义工认为他们的作用不是商业化的，而受薪职员则要销售商品。

Smith（2003）研究发现，在世界遗产文化景区义工与游客间的互动会对整个义工活动过程产生积极的影响并且也是关键的动机和奖励的来源。学习的过程是一个双向的过程，义工在对游客分享他们知识的同时也能从游客身上受益良多。义工的个人素质、热情度和技能是十分重要的，这些因素可以在义工服务游客的过程增加游客的满意度。Holmes 的博士论文（2002）同样研究了在遗产景区的义工和观光者之间的主要关系。观光者们表明他们希望见到热情友好的义工并且希望看到他们对相关景点有趣的旅游信息进行介绍，例如"历史八卦"或者是那些在景区介绍说明书中不被提及的一些有趣知识信息。也有一些证据表明了，义工对观光者的行为和环保意识安全意识产生了积极的影响（Christensen, Rowe, & Needham, 2007；Hendricks, Ramthun, & Chavez, 2001）。

在 Smith 的研究调查中（2002）发现了义工会刻意避免与观光者发生负面的冲突事件，但是仍然有可能与观光者发生不愉快事件。不专业的义工会给观光者的满意度和旅程带来消极的影响。缺乏专业的知识、技能或训练都会给观光者带来错误的讯息。当这些不专业会带来误解时就需要人们的关注了，但是在义工进行着更重要的义工活动例如安全救援和大型事件中维持人群秩序方面，一旦犯错后果将不堪设想。义工们更需要在紧急情况下做好准备工作，例如景区和活动场所的疏散。

二　义工旅游对旅游目的地社区的影响

1. 积极影响

义工活动是社区改变的推动力。前人的文献大多讨论了主办义工活动社区（随后本书将称其为目的地社区以防止与主办单位义工相混淆）从义工旅游者身上得到的利益（见 Davis Smith et al., 2005；Sherraden et al., 2008；Wearing, 2001）。然而，这些积极的影响也适用于义工所在的景点社区、目的地服务和招待区以及义工旅游者的来源组织中。对于社区的这些积极影响总结如下：

（1）提供切实的成果和及时的服务，而不是以其他方式提供资助（例如新的基础设施、历史遗迹和文物的保护）；

（2）环境效益（动植物群的保护，包括物种栖息地保护、科研以及提升环境管理）；

（3）对社会发展的影响（例如：通过义工活动改进教育和医疗水平）；

（4）政治意义（例如：社区赋权，提高政治意识与理解或奠基本地文化资源）；

（5）发展人力资源；

（6）提升公民的自豪感以及对当地文化环境的认同感（例如：举办庆祝当地社区的文化的一个活动）；

（7）丰富了社区的义工活动。

这些义工的努力会使当地社区居民以及整个社区生活质量提高。义工旅游中的旅游元素也带来了许多额外的经济效益，比如说义工们需要在目的地承担一定的额外的旅游开支（Broad，2003）。这些义工们在活动中也会受到相同的影响，但是他们的支出花费一般是很难去评估的，因为项目事件本身会影响到这个评估（Baum & Lockstone，2007）。McGehee 和 Andereck（2008）就指出了义工旅游就是通过"直接将资源投入社区将浪费降到最低"的这种方式相对大众游客更能对目的地社区产生积极影响。跨文化的交流与理解也可以建立个人和国家的持续联系，并且同样挑战着义工和目的地社区的看法认知（Davis Smith et al.，2005；Sherraden et al.，2008）。

2. 消极影响

尽管有许多潜在的好处，但义工旅游事实上还是会对社区产生若干不好的影响。有人认为义工无论如何也是无法替代受薪职员的存在的，因为一旦如此很有可能会降低社区的就业机会。义工旅游的项目会吸引义工们参与到更有意义而不是更"无趣"的义工活动中，例如"福利服务"。最后，义工们不会对组织尽最大的努力产生更积极的影响。例如，蒸汽铁路项目的义工会尽可能的将铁路越建越长，而不去考虑运营成本是否可以支持其建设。

义工旅游组织已经受到了有关目的地社区对其潜在负面影响的批评。国际性的义工旅游活动会为现存的好的事物带来负面的影响（Davis Smith et al.，2005），"或者毫无影响甚至助长了现有的以及新的不平等"（Sherraden et al.，2008，第407页）。处于战略地位的"以北助南发展"计划能够加强南北洲际的关系，即使有时义工游客和相关组织试图去挑战这个计划的宗旨。（Davis Smith et al.，2005；Simpson，2004）。有了义工的技能帮助解决许多的工作使得目的地社区人力资源需求得以削减，否则则需要开发本地居民的人力资源。对环境的依赖程度越高就越能提高当地居民和社区依赖义工们贡献的程度（包括经济和义工服务活动方面）。（McGehee & Andereck，2008；Sherraden et al.，

2008；Simpson，2004）但是一旦义工们的贡献消失了，当地居民社区就会变得很脆弱。义工和他们的活动实际上可能对环境产生负面的影响，他们因为使用当地的资源，使得与当地居民社区的关系出现失调发展从而变得紧张（McGehee ＆ Andereck，2008；Sherraden et al.，2008）。

社区与当地义工相互作用的结果影响了义工旅游本身，因为大部分的研究都是侧重于义工个体本身而不是目的地社区。对于义工本身而言，与其他义工的关系的重要性在之前已经强调过了。他们与社区的相互影响也产生了许多潜在的利益，例如促进双方的理解，相互欣赏和共同友谊（Brown ＆ Lehto，2005）。然而，在与社区的互动中，义工旅游者通常会在不知不觉中侵犯到当地居民及其尊严（McGehee ＆ Andereck，2008）。

第四节　义工旅游对社会的影响

义工旅游对社区的影响也会对社会造成潜在的影响。义工旅游对社会的有利影响相对于其弊端而言更难被估算，毕竟它是无形的，估算的重点是这些利益在多大程度上能够实现。本书将重点关注以下三个方面：义工活动对社会资本增加的贡献；义工服务能力和公民积极性的发展和提高；义工活动下社会与环境价值的改变。

一　义工活动对社会资本增加的贡献

义工活动在最近几年被列为社会资本的来源和指示器（Onyx ＆ Leonard，2000；Putnam，2000）。虽然在例如社会资产到底可以包括哪些并且是如何衡量评估等方面仍有一些意见分歧，但是各国政府大部分都是采用了 Putman 的方式去衡量，即社会资产等同于公共财产。社会资本是有关个人与社会网络创造的价值总和。有三种类型的社会资本可以反映这些社会网络相互作用的框架组成：捆绑（相同背景的人之间）；桥梁（不同背景人之间）；联系（不同层次组织间，例如地方和国家）。桥梁和联系这两块相对于捆绑而言，可以为社会带来更多的社区福利。虽然对义工活动与社会资产关系的研究调查很少，但是其他方面的调查研究发现，在义工活动中最常见的是捆绑性质的资产。这种方式可以吸引更多背景相似的义工，所有义工的招聘方式大多依据这个。

二　义工服务能力和公民积极性的发展和提高

随着越来越多的义工投身于义工活动，这些义工也会更愿意去发展义工资产和相关活动。回顾 1988 年卡尔加里冬季奥运会的资产，Ritchie（2000）发现，作为社会最具潜能的资产——义工活动，它给社会带来了公民自豪感和社会凝聚力。大规模、高质量的义工活动可以吸引那些之前从没参与过义工活动的人加入。这种持续性的义工活动也能算作社会资产的一部分。Karkatsoulis，Michalopoulos 和 Moustakatou（2005）表明，2004 年的雅典奥运会义工项目被一些公众人物和政府利用，可以加强人们对于其有助于希腊社会社区服务发展的观念。然而，如果没有加强对义工在未来人生发展机遇方面之影响的宣传，义工参与的意识和动机很难转化为实际行动（Solberg，2003）。为积极性强的公民提供价值或机会的策略越来越多地被用于大型活动中义工的组织和管理。如果没有对义工进行纵向研究并对项目进行评估，这些影响的重要性与义工活动的传统是如何持续的等原因都无法调查清楚（Ralston，Lumsdon，& Downward，2005）。

三　义工活动下社会与环境价值的改变

前面讨论到的义工活动对个人的许多积极影响同样也对社会产生了积极影响。它不仅可以改变一个人的外貌气质和价值观，对社会也有更深远的影响。例如，在义工假期中建立起来的小型社会关系网以及活动期间的各种挑战都会对社会运动产生重要的影响甚至可以唤起义工对社会和国际议题的关注与意识（McGehee，2002；McGehee & Norman，2002）。在返回故乡后义工也会变成推动家乡变革的因素之一（McGehee & Santos，2005）。当然，需要知道的是已经有许多的义工本身意识水平和积极性就很高，也正是这些原本的价值观促使他们去参加义工活动，在当地的景点当义工。

第五节 结论

显而易见的是在不同旅游项目中不同形式的义工活动都会产生不同的影响。不同的因素也会影响到义工活动的结果，（Sherraden et al.，2008）。义工活动的影响因素如下所示：

（1）义工的态度和个人能力（社会人口特征、知识、技能、以往的经验、动机和时间限制）。

（2）义工活动项目和团队组织（组织类型、目标、规模、本钱和筹资模式及招募方式）。

（3）组织机构能力（资源、渠道、金融实力和其他激励措施、培训、审查、帮助、问责制和组织架构）。

与义工旅游密切相关的重要因素是持续的时间、服务的地点，以及义工本身是在一个组织中还是单独行事。选择不同时长义工活动的志愿通常是因为自身需要去实现不同的目标（Sherraden et al.，2008）。一直进行中的义工活动提供了持续性的服务，义工身处组织当中，其成本和收益都会随着时间的推移而平摊。因此，义工的贡献是可持续的，并非短暂的，尽管在培训获得义工资格过程中有必要的预先投入。片段式短期的义工活动产生更短期的效益并且主要是集中在项目的投资上。

义工活动的主办方对其所在的社区做出了很多贡献，这种贡献也是义工活动的重要动机。在对义工活动的间隔年（Jones，2004）调查研究中发现，整体而言，有家庭的义工们对社会作出更多的贡献，因为他们会得到更多人的支持和鼓励去从事义工活动。更短期的以及国际间来年义工活动中的义工们的贡献就相对有限，因为他们的时间和相关技能不足。

在义工旅游业，有组织的集团项目义工活动会比小规模团体的义工活动对目的地社区产生更多的积极贡献。这是因为有更高组织的支持加上和义工们双方的互相支持。在整个义工旅游业，义工团体可以在更短的时间内影响更多（例如：招聘来的义工团队），但是义工个人则需要工作更长时间才能产生长期的积极影响。

最后，在义工活动中一些文化和语言的障碍将会限制义工们可能获得的利益并且在义工同质化程度高的团队中也会限制其社会资产的获得。组织需要在他们招募义工的过程中尽可能的积极热情，利用干预系统确保可以广泛地普及义工项目。

同时考虑义工旅游项目的收益和成本是至关重要的，因为并不可以认为义工活动的潜在积极影响一定就会发生，这些积极的影响往往需要借助精心策划和管理才能在义工活动中发生（Raymond，2007）。

第 五 章

义工旅游活动策划与组织管理

本章的主要内容是提供项目管理和项目策划建议，使义工旅游的管理者在设计义工项目时，掌握义工旅游活动策划和管理的方法。正如本书第一章所述，大部分的义工旅游研究都是从义工个人角度出发，时常会忽视管理方面的问题。尽管义工个体是义工项目的整个核心，但当务之急应该是明晰义工的贡献是否对义工组织产生正面的影响。事实上，义工活动中最常见的一个问题是该义工项目其实可以做得更好。时间是宝贵的，因此在时间上的投资应该要比金钱更珍贵（Low et al.，2007）。高效的义工活动组织管理会影响义工及其相关活动受益者的满意度，而这种影响是至关重要的。

本书提及的义工旅游活动管理的"管理者"是指义工组织中获得薪水的员工。在不以营利为目的的组织中，作为一个受薪的员工需要被义工组织的董事会问责，同样他们也负责策划和管理义工们的活动。

精心策划的活动方案，加上适当高效的招聘和筛选程序，意味着义工们可以更好地发挥自己的作用去迎合组织的需求，也能降低负面评价的风险。义工们需要适当的训练以圆满地完成组织或客户及个人要求的任务。当然，他们也需要相应的鼓励和认可。本章主要讨论如何为组织、个人和客户创造一个最好的义工体验，并介绍与主题相关的包括当前优秀的义工管理方式。

第一节　设计义工项目

一个精心设计的组织计划意味着义工的努力和付出将会用最有效的

方式被运用，并能给义工、组织和相关受益者带来积极的影响。这一节将讨论一个新义工项目在建立初期需要做什么。

过往关于义工旅游的研究往往忽视了义工管理项目设计中，义工直接参与其中的部分：例如招聘、培训、奖励、如何留住这些义工以及管理、激励机制。本书将运用不同的议题来突出强调义工活动项目中的设计元素：组织（吸引力）、调度（目的地服务组织和项目）、角色细分（事件）、方案设计以及义工协调员的作用（义工旅游）。

一 义工项目方案存在的原因

在一个义工组织里面，参与义工活动的原因是多种多样的。包括经济因素、对特殊技能的需求、对义工活动的热情以及准入门槛和社团的参与。许多组织，尤其是那些非营利组织，它们是第一个使用义工为内部人员运行其组织的，因此将建立和运行组织与义工项目结合在一起就变得更加普遍了。在其他案例中，现有组织内部的变化将会在第一时间推进启动义工计划的决策，扩展现有项目或者是开发新的义工组织项目。（例如一个新的活动区域、或是新的义工服务形式）社会的变革以及义工服务的趋势都会导致组织去重新评估这个义工项目计划。

McCurley 和 Lynch（1998）建议一个新的义工项目与组织的使命必须相一致；组织开展涉及义工活动的原因；以及其他参与其中的受薪员工也要考虑在内。其他利益相关者的投入也是十分重要的，包括主办单位及目的地社区的贡献。如果已经参与在组织工作中，那么他们对于一个新的项目发展的观点建议同样也是很重要的。

义工在非营利组织及其公共部门中的参与度很广泛并且也被大多数人所接受，毕竟义工的作用是受薪员工的补充而不是取而代之。当一个商业组织在营利的情况下，在招募义工时就会考虑他们的参与是否涉及道德伦理的层次（Ferdinand，2008；Nogawa，2004）。也有一些争论指出义工旅游是否真的是最好的或者是最合适的方式去解决当地社区的一些问题（dev－zone，2008）。

二 义工项目与组织的关系

有许多的例子可以说明义工项目的运作与组织本身的努力是密不可

分的（例如本身的吸引力、目的地服务条件、项目本身以及义工旅游组织）。虽然许多义工旅游机构运行的只是其内部组织，但外部的组织团体也能参与义工管理。义工旅游的发起—服务—组织机构模式就是其中一个例子。在目的地参与义工活动的义工旅游者通常是由项目发起组织将其派往目的地，或者是直接在该地管理他们又或者是与主办机构的搭档和其他当地的搭档合作去管理这些义工。在旅游目的地，外部的合作伙伴也可以成为义工项目的资源并且在一些情况下这些外部的合作伙伴也能够管理这些参与项目的义工（例如社区组织、教育机构和企业）。

一个组织的特性将在一定程度上影响义工管理的风格。尽管高度结构化和形式化的管理方法并不适用于所有的情况，特别是对那些非常小的义工组织而言，但是在重视义工投入贡献价值的所有组织机构中，这种形式化的管理方式是很有必要的。义工尽管不需要受薪但他们的劳动成果并不是完全免费的，并且要知道任何一个组织良好的项目计划都是那些正确利用资源的组织。后续章节将详细剖析招聘、培训和激励方面需要花费的成本，当然，时间和资本也是设计和规划一个成功项目的重要元素。一个义工项目可以由受薪的员工或是义工来进行管理，尽管如果组织中已经有受薪员工，义工经理或是协调员在理论上也是需要给予薪酬的。通常情况下，受薪的工作人员会更期望被用来管理义工项目。

一个组织应该在义工参与过程方面及其他管理方面有一套清晰的政策和程序。在澳大利亚 2008 年"国家义工服务议题"这个义工活动当中发现了大部分参与其中的义工组织都具备义工管理流程，包括卫生和安全标准、指定联络人、特定的方针、义工保险以及给予义工反馈的机会。尽管澳大利亚义工组织发现许多组织都在努力为义工管理献计献策，但是超过一半的人表示他们面临的其实是是否有人愿意参与义工活动的这个障碍。最值得注意的是，这些障碍还包括了缺乏能力和资源，其中资源包括高效招聘义工、管理、培训、发展和支持这些义工所需要的时间和资金。多样化的管理方式在设计义工项目之初就应该要考虑到了。

考虑到义工工作承诺的不足，一些组织会利用义工合同协议的方式来保证承诺。这种合同协议类似于雇佣合约，虽然它们的法律地位因国而异。在某些国家文化中被认为是正常的，因此义工们会被要求签署这种协议合同，但是在其他情况下，这种协议多被义工的口头承诺替代，他们不需要签署这种合同，特别是对于一些经常显示出高度忠诚热情的义工们而言（Holmes，2003）。如果在义工和组织之间发生了一些摩擦问题，那么这种义工协议就可以提醒双方的权利、责任和义务来有效帮助解决这些问题。

三 角色规范：义工应该如何做

作为设计义工服务项目的一部分，开发和设计义工的作用和任务是很重要的。这将清晰地指明义工到底做了些什么。McCurley 和 Lynch（1998）提出四个可以激励义工的影响因素：拥有某物的权利、拥有独立思考的权利、对结果所应承担的责任以及保持"不断得分"的能力，即义工在其可测量的表现当中产生的激励作用。义工的服务工作是需要被激励的，义工被雇佣的目的并不是去做一些无聊的工作，那些重复的无聊的工作连受薪员工都不愿意做何况是义工呢？也不可以让义工去替代受薪员工。理想情况下，义工所提供的服务应该是受薪员工所做工作的一种补充，即在受薪员工忙于日常工作无法有效完成其他的工作时，义工来完善受薪员工的工作或是提供一些全新的不一样的服务。

有学者建议在义工的职业描述和义工人员规范方面有一个完善的标准罗列出来（Wilson & Pimm，1996），运用类似于受薪员工的那些标准。数据显示商治的内容是灵活多变的（Low et al.，2007；Volunteering Australia，2008），尽管这种情况更适用于定期的义工而不是那些临时性的义工（Low et al.，2007）。当一些义工被问到是否认为了解到其工作的性质及义工活动的过程内容是件"好事"时，三分之二的义工并不认可这个观点（Low et al.，2007）。这表明了义工不一定支持义工管理的形式化正规化。

很多义工并不认为他们的义工服务是一种工作，而是一种休闲活动。这样在管理上就会有矛盾的地方，例如职业描述方面，毕竟这是起源于受薪招聘管理活动的范畴。尽管如此，还是有必要去设计一个职业描述背景方案，因为工作的范围和期望也需要被义工们了解。例如他们最感兴趣的内容或是可以调动他们积极性的因素和需要的相关技能。潜在的义工也需要了解他们为组织做了什么贡献，他们的作用有什么，包括义工活动前后所需时间的承诺。撰写义工工作的描述可以是一份详细的文档，这样表达的信息可以更简洁明了，特别是对于那些短期性质的义工活动和那些相对而言本身就很清晰的义工活动。这种情况也可使用多媒体。例如 Real Gap 在其官网就提供了信息包，其中详细描述了义工工作的内容、义工角色规范、项目计划、目的地和以往义工的反馈信息。另外，Real Gap 在网上还发布了他们最受欢迎的义工活动视频"告诉你什么是更美好的生活"（www. realgap. co. uk）。另外一个义工旅游供应组织，I TO I，由 Campfire 主办，是一个专为间来年义工和义工旅游者提供义工活动的网络在线组织，他们提供公司公告和以往义工的反馈（www. i - to - i. com）。

四　计划安排：对义工的需求

在角色规范下，一个组织需要弄清楚他们什么时候需要义工并且需要多少。必须细分到年、周、日。对于会与游客接触的义工而言，开放时间就成了最关键的因素，对于其他义工角色，审查及提供物理意义上的工作空间的能力可以决定未来何时将有多少义工会参与进来。从义工的角度来看，缺少时间被视为义工活动最大的障碍，也阻碍了发展多样化的义工活动项目。当一个义工决定好其义工角色和义工组织时，工作的时长就需要被明确说明并且规范计算工作时间（Volunteering Australia，2008）。

因此无论是对组织还是对义工本人而言，义工活动的日程安排都是很重要的，这也是对后勤部门工作的一个挑战。如果有任何人指出组织内的义工人数太少，就容易在不知不觉中过度使用义工令其劳累（Holmes，2008）。相反地，同一活动时期内过多的义工也意味着组织没有能力去管理他们并且会使得义工觉得自己不被需要或自己的能力未能充分被利用。定期的季节性的义工活动安排在与目的地服务机构相联系时就需要被更广泛地讨论，毕竟这与小型的义工项目调度是不一样的。

五 项目评估方法

在项目的设计阶段建立评估机制是很重要的。项目需要被定期检查审核来保证它与活动的意图是始终一致的。在前面的章节中，本书已经讨论了测评义工项目的结果的重要性。而对于项目设计阶段而言，评估需要涉及一系列的利益相关者而不仅仅是义工本身。判断参与活动的义工本身是否满意是评估的关键因素。而运用技术手段精确地测量义工在组织中的价值意义是保证义工活动的重要方式。因此义工的项目设计需要建立类似记录义工工作时数的统计系统。

六 东道主国家的义工管理机构

目的地服务组织通常需要为不同时间长度的义工安排行程：长期的、季节性的以及短期的。如果义工们定期参与义工活动，比如两周一次或者是每个月一次，来以此取代一个等量的全职位置就会需要大量的义工参与。多数义工会选择参与定期的义工活动，但是他们也会有生病的时候，肯定会需要假期，所以就需要一些协议承诺来防止一些偶发状况导致义工活动参与的暂停。义工活动的轮班并不总是有优先权的，作为不受薪的义工，他们是自愿参与义工定期活动的而不是被强迫的，但是受薪员工在一定程度上则是被强迫的。以上这些情况就会使得组织列出义工的名单并计划给义工经理人最大的工作量。当组织急需这些义工而义工们突然有其他事情要处理时，这种方式就显得更重要且艰巨了，例如：周末、公共假期以及学校假期期间。这些都是客户（观光者）最需要他们服务的时候，当然这也是"义工活动作为休闲方式"最不可能的时间段。另外，目的地服务组织也需要义工随时可以腾出私人交际的时间，例如在夜间抵达的飞机或者是清晨的突发事件，都需要灵活的调度来保证观光者对义工的需要。

短期的义工活动会给长期义工服务者带来调度上的困难，但是计划并没有变得更简单，组织者需要耗费的时间取决于项目本身的性质以及强度大小。义工一旦不满意自己的时间安排就很有可能会影响他们的服务质量（Gordon and Erkut，2004）。有建议认为在一个大型的义工活动中申请义工的人数供过于求也就意味着组织者可以根据申请人本身的时间调度灵活性和工作时长来决定优先筛选哪些人适合当这个活动的义工（Downward et al.，2005）。尽管如此，Lockstone 和 Smith（2009）发现短期的义工通常会更易接受工作压力但是缺乏项目活动必要的时间灵活性。

七　义工活动项目的设计与反思

研究义工的调查者更集中于关注义工个体计划的执行情况而不是去研究与项目设计有关的义工组织的情况。义工旅游活动体现出的互惠互利并不是随时都可能发生的（Raymond，2007），除非义工组织有详细的策划和管理。有学者提出了一个有关义工旅游组织的模型，它被划分为四个模块：计划构想、预先计划、计划实施以及计划实施后。这些都与英国 Year out Group 的指导方针和行为准则相一致（www. yearoutgroup. org），该组织为内部的成员在其相应的工作地点设立了一系列的标准，并且以此管理及评估他们的活动过程的满意度。

制定一个义工项目要考虑义工旅游项目的类型，这样可以令组织更好地发展并且更好地去定位义工目标类型。定位义工类型需要决定的内容包括：

（1）义工是以个人还是小组进行旅游；

（2）旅途的时长及运行该项目的时长是整年还是一段时间；

（3）义工是否需要特定的技能；

（4）旅游活动的多少与性质。

与最后一点有关的是，义工旅游与义工活动本身合并就是计划中的一部分（Brown & Lehto，2005），但是义工活动更多地是一种短途旅游而不是定点旅游。相反的是，组织机构在开发义工度假及其他间来年旅游产品时都把重点放在义工活动上而不是与相关机构合作。例如，间来年项目需要到不同的地方旅游感受不同的文化氛围，那么在义工活动前期就需要一系列的语言强化辅导课程，并且其中以旅游为导向的旅游目的地考察也是有必要的（Soderman & Snead，2008）。

Raymond 强调了组织策划项目需与义工需求相匹配的重要性并且旅游目的地（东道主）社区要确保"项目计划值得所有人的参与"。Sherraden（2008）使用了一个项目案例，其中的目标包括了增加跨文化的接触和感受；为了达到这个目的，派义工个体将比派义工小团体参与更加适合这个活动。计划可以设计成多国家跨民族的性质，义工旅游者与东道国的义工或工作人员相合作，他们的住处也可以是当地的寄宿家庭。

一旦这种类型的计划被确立了，就需要确定合适的义工活动；这对义工们而言必须是有一定意义的，但是一个重要的伦理方面的考虑是要确定这不是当地人能够被雇用参与的一个项目，它是一个义工活动。Raymond（2007）建议要着重于那些当地人缺乏资金参与的项目计划或者是当地人没有足够技能胜任的义工项目活动。

维护和发展东道主义工组织和目的地社区之间的关系是很有必要的。这包括访问目的地社区、评估潜在的合作伙伴、保持定期的交流沟通以及项目评估。Power（2007）在关于英国国际义工服务部门的研究中试图论证沟通了解对于"给予义工更多有吸引力的选择及使义工项目更符合东道主社区的实际需求"才是一个项目策划更为重要的考虑因素。尽管这个调查研究尚无定论，但在一个项目策划过程中派遣前往调研的组织机构确实在尽力考察目的地社区的情况。一些受访者强调主办单位社区/组织的实际做法与义工旅游项目的主旨其实是相一致的。

Raymond（2008）对义工、派遣调研的组织和主办单位都提出过质疑，并且对这三个组织的成功因素都做了研究。首先，派遣调研组织基于相互尊重和信任的前提与主办单位建立了良好的合作关系。其次，教育目的也被列入义工活动体验的范畴，以此更好地发展体验式学习以及激励义工的积极反馈。最后，派遣调研组织将义工项目以"一个过程而不仅仅是孤立的体验感受"来进行组织策划。因此一个义工项目的设计策划就需要"义工筛选、项目前期准备、方针指导以及报告项目计划中重要的环节"。

在一个义工旅游项目计划中，义工协调者通过激励机制、奖励机制以及表彰义工的方式或是参与义工活动培训（尽管也有其他方式）来对目的地的义工项目进行管理，或是提供他们相应的帮助并鼓励义工从自己的义工体验中反思自身学习经验，保证安全标准并且处理好自身与义工、主办单位和派遣调研组织之间的关系。在义工活动举办地点义工协调者是必不可少的，他们可能以主办单位或是派遣调研组织的形式存在，无论是哪种形式他们都可以是自愿的义工行为或者是作为受薪员工来工作。例如，BTCV 派义工管理者去管理国际保护假期项目。Coghlan 在关于保护区义工旅游的项目调查研究中（2008）强调考察队管理者在项目成功举行中具有重要的核心作用。然而，这些管理者通常是科研人员，并不是义工旅游活动中筛选或培训出来的。在理解义工的需求上培养领队管理者是很有必要的。

　　优秀的设计和规划在义工项目的开发阶段是很重要的。尽管大部分的义工旅游项目已有悠久的历史，并且已经开发很完善了。许多义工项目的性质意味着这其中有许多复杂的关系需要处理，例如，景点与利益相关组织的关系或是义工旅游派遣调研组织与主办单位的关系。那么在这种情况下，不同组织之间定期清晰的沟通就变得很重要了，他们自身也有责任避免给义工带来误解与疑惑。

　　理想情况下，一个组织会在管理现有受薪员工和义工或潜在义工之间进行可行性研究。这将有助于组织识别资源配置方面的问题（例如预算费用以及茶点休息室的分配问题等）也有利于设计出有意义的义工角色，分配好他们的任务。义工角色需要与利益相关者的需求相一致，包括组织、客户和义工本身。

　　义工项目中明晰的政策程序在一开始就应该被规划好，组织不仅需要与义工有良好的沟通交流，与受薪员工及管理者也需要有良好的沟通交流。调度安排是最复杂最耗时的义工管理任务。义工安排的名单需要与项目计划及组织和义工本身的情况相协调。也许并不是每次都能达到标准，组织也需要决定什么样的时间标准是符合义工实际情况的。

　　项目本身需要被评估以确保其符合所有相关利益者的需求：组织、客户、受薪工作人员及义工。评估只有定期实行才能更好地发现组织内存在的种种问题并在发生之前处理好它。在短期义工活动的情况中，类似的项目计划和义工旅游活动就需要在每个项目完成之后或是假期结束后进行评估，这样在下一次活动举办时所有的改变就能清楚地掌握。

　　本章节列举了一系列与义工相关的伦理问题。首先，义工不应取代受薪员工，也不可以给义工分配受薪员工不愿意做的工作。其次，义工项目在工作时间、设备设施、额外自费费用方面需要作合理的分配。最后，需要注意参与商业机构组织的义工活动情况，防止商业机构从义工免费劳动力中获取自身利益。

综上所述，义工项目设计需遵循以下的原则：

（1）一个组织在涉及义工管理方面需要有清晰明了的原则；

（2）一个义工项目需要在工作时间和资金要求方面获得适当的资源；

（3）一个组织需要列明义工和组织的权利和义务（或预期标准）；

（4）需要提供义工们明确的角色规范，详细列出每个角色的责任义务；

（5）在义工项目中个体人员之间需要定时沟通交流；

（6）需要定期调研义工项目以保证符合每个人的需求。

第二节　义工的激励

人们为何选择当义工提供免费服务？解答这个疑问，是了解义工激励机制的关键。还有助于设计成功的招募义工方案，合理分配义工角色任务以及制定合适的薪酬战略以保证义工满意度。特别是当义工加班工作时，激励机制可以有效地抚慰他们。不同组织的个人激励机制也会影响义工们对义工组织的偏好。义工与受薪员工之间动机都是不同的。义工的服务动机是义工旅游相关研究中被调查研究最多的部分，并且大部分的研究都指出义工们的服务动机是复杂且个性化的。

义工服务的动机大多是由于其利他主义心理（尽管他们并不是完全无私奉献的）或者是出于政策上的原因。有一系列的方法可以衡量义工的服务动机并且有大量的已完善的激励模式。在人们为何选择做义工这个问题上已经有了一些基本的答案。澳大利亚统计局（ABS，2007）统计发现主要的原因有：帮助他人/社区、个人的成就感、个人/家庭的参与、有意义以及社交。更为复杂及广泛采用的方法是义工功能量表（VFI）　（Clary et al.，1998；Snyder，Clary，& Stukas，2000），它将义工服务动机区分成六大模块：

（1）价值（例如：个人价值表达与加强）

（2）强化（例如：学习能力）

（3）社交（例如：成为小组成员）

（4）职业技能（例如：工作技能和联络）

（5）保护自己（例如：增强自信心）

（6）同理心（例如：个人发展）

VFI用调查问卷的方式来评估义工的动机，并通过这些投其所好为义工提供相应的工作岗位。这种方法也从侧面体现了义工动机和奖励机制的复杂性。作为义工，事实上很难说明其参加义工活动的原因与动机，因此理解义工动机就变得更加困难了。或者正如 Jago 和 Deery（2001）认为的那样，当问卷调查招聘人员、管理者或是研究调查人员时，他们通常并不会告知真实的动机。他们更倾向于利他主义这个原因，即做这个义工活动是为了贡献社会贡献他人为他人服务，而不去承认参与义工活动是为了自身利益的一种考虑。

一 义工活动景区

景区义工的管理情况与受薪员工的管理情况几乎是一样的，尤其在研究博物馆和文化遗产旅游景区的义工动机方面。Edward（2005a）在关于澳大利亚博物馆义工的动机研究中发现了八个基本方面：（1）个人需求；（2）关系网；（3）自我表达；（4）可利用时间；（5）社交需求；（6）目的性需求；（7）空闲时间；（8）个人兴趣。当然，义工个人的需求是最大的动机因素，它也侧面反映了人们需要义工活动来开阔自己的视野，参与与平时不太一样的活动或是自身感兴趣的活动，他们希望自己的价值得到肯定，被认为是有名望的（Edwards，2005b）。这个调查结果呼应了英国的一个研究（Holmes，2003），该研究调查发现在遗产文化景区的义工，他们的服务动机一开始是出于自身的兴趣爱好，但是到了后面其动机转变成了有机会与义工活动中的其他义工或观光者进行社交互动。Smith（2003）也发现在艺术文化遗产中的义工服务动机会随着义工活动的时间有所改变，其中部分的义工会随着义工服务时长的增加，对活动产生更多的兴趣。

年龄阶段被视为义工动机的一个重要影响因素。关于博物馆和文化遗产义工的调查研究中发现，这些义工年纪偏大，大部分已退休。在关于是否是义工取代了受薪员工从而导致了退休的存在，还是退休人员因为义工活动找到了一种休闲度日的方式这一说法上是存在争议的。Osborne（1999）在关于已退休博物馆义工的动机调查中发现义工们更愿意与人交流结交朋友而不是仅仅只是展现自己的工作能力。尽管也有一小部分的数字显示，博物馆艺术馆这些义工景区也会吸引年轻的义工，他们通常是为了以此经验获得更多的体验或者是为了以后能够找到相关的工作做铺垫（Smith，2002）。

根据这些有关义工动机调查的研究结果，Holmes 认为文化遗产景区的义工相比受薪的工作人员而言与游客更加志同道合。实际上景区的义工就是变相的另一种观光者，只不过他们比普通观光者更深入这个景区。这一观念在 Smith 有关对文学艺术痴迷的义工研究调查中已经提出过了，随后这一观念被 Holmes 和 Edward（2008）进一步发展。他们认为义工是由一开始的非游客逐渐到游客再转变为义工的。Orr（2006）认为随着休闲旅游市场的逐渐缩小，义工反而给景区带来了一种可以长期保留观光者的方式。Bruyere 和 Rappe（2007）研究调查了保护区室内环保义工以及以户外义工活动相关的机构组织是支持这些义工/观光者参与到自然景观的室外义工活动当中的。运用义工功能量表（VFI）发现，"保护自然环境"在这种情况下就成了义工活动最大的动机，但是"自身原因"的动机也是不可忽视的。人们被自然景区的休闲和享受吸引愿意在这担当义工。义工活动不仅与人们过去的旅游经验有关也与未来的旅游计划有关。通过开展义工活动（例如：为了自我完善），他们未来的旅游体验也会得到提升；例如，一个山地骑行义工活动可以改善他们的骑行路线。

这种将义工也比作游客的观点也与 Stebbin 关于深度休闲旅游的观念如出一辙。景区义工的明显的一个服务动机是为了让自己能够进入及开启一个"特殊社交世界"（Stebbins，1992）。这个社交世界动机因素是火车保护义工活动中很重要的一个动机（Wallace，2006），义工们身着火车制服并为了归属感全身心为这个组织奉献，为自己的铁路义工作感到骄傲与快乐。这种情感能够强化义工同伴义务工作的热情，以此认真尽力完成例如清洗机车等重复无趣的工作。

还有一些关于其他义工景区中义工服务动机的调查研究。Holems（2009）在不同旅游环境进行了调查研究，包括动物园和科学中心，发现了一些有利于义工服务的动机因素，包括社交机会、自我完善、个人发展诸如增强了自信心和学习技能知识的能力等。研究调查表明，动物园义工有别于文化遗产景区义工，他们的义工活动无法替代观光旅游，因为这些义工的大部分在之前已经或多多少游玩过动物园了。这些义工活动只能说是义工们为了逃避日常无聊生活的一种选择。

在这些多样的研究中需要明确的是不同景区的义工服务动机都是复杂多样的，并没有所谓的"一对多"模式。这也意味着管理者需要积极主动寻找义工的服务动机。

二　目的地服务组织

目的地服务组织中的大部分义工都需要与观光者进行面对面的接触交流。对于一些义工个人而言，这种可以与人交流的机会是他们义工活动的关键动机。其他诸如帮助他人或获得成就感使得义工个人在家乡有自豪感也是其他的动机因素。Andeson 和 Cairncross（2005）运用义工功能量表（VFI）发现在澳大利亚某些特定地区，获取"知识"是义工服务的首要动机因素。这意味着义工在义工活动的过程中不仅运用了自己的技能和知识也为了寻找机会去学习新的技能。

在其他关于澳大利亚义工旅游的调查研究中，还涉及了露营机构和机场接待处，这些义工的服务动机大多是为了有更多机会接触不同的人并充实他们的义工体验。这些社会动机并不能让我们忽视了义工服务的个人利益动机。至于对服务景区的选择，人们生活的改变也影响了他们的动机选择，并且大部分的义工都在寻找一些东西去填补因退休、移民或孩子离家之后的无聊生活。义工活动地点往往离自己家乡很远，这会给义工们带来不一样的感受，让他们觉得此行意义重大。

义工活动的社交社团性也是目的地服务组织义工活动的重要动机之一。除了利他主义这一原因，社会服务动机在紧急事件中也是很重要的一个动机因素，例如冲浪救援这一紧急事件，在通过俱乐部系统进行的社会交往是义工活动的重要部分。利他主义这一因素通常与自身利益相结合，义工活动通常情况下与义工个体和组织及客户的利益都是互相联系的。

三　赛事活动

赛事活动义工与其他活动的义工同样存在复杂和多样的动机。然而，义工活动的片段性意味着赛事义工的服务动机与其他传统的义工服务活动是有很大不同的。这就激发了更加具体的衡量义工动机的研究，例如 Farrell，Johnston 和 Twynam（1998）的特别赛事义工动机量表（SEVMS）。这种模式在不同事件中的运用研究得出一个结论，即最重要的义工服务动机是"帮助赛事的圆满完成"（Johnston，Twynam，&Farrell，1999/2000；Twynam，Farrell，&Johnston，2002/2003）。国外研究表明，义工参与赛事活动有四个主要的动机因素。第一个是目的性动机（即为社区赛事奉献自我，这可以归属于利他主义这一范畴），第二个是连接性动机（即社会交往和个人发展）。上述两个动机与以往发生的义工活动的服务动机大致是相一致的。另外两个因素从赛事活动发生的前后可以得出：外部惯例（与外在动机相关的外部义务）以及承诺（对社区和赛事活动应承担的义务）；最后两个因素在 Johnston 关于大型童子军狂欢活动的义工服务调查研究中（1999/2000）具有决定性作用。

从特别赛事义工量表（SEVMS）中得到的有关义工动机的结论与其他活动项目中运用其他研究模型得到的结论是一致的。研究小组在曼彻斯特举行的英联邦运动会中调查发现其中的义工服务动机主要是利他主义（期望自己能回馈社会、运动会或是这个城市社区），参与（期望感到有价值、受尊重及有归属感），成为运动会中亮丽的风景线从而拥有归属感。

Monga（2006）研究了五个不同类型大型活动的义工（包括体育比赛、社区游行、文化节和农业展），并且发现不同大型活动义工服务的动机都是相似的。这就可以表明这种动机的相似性是短暂片段性的义工赛事活动与其他传统持续性义工活动模式的不同之处。

大型赛事活动的义工有不同的动机。大型活动赛事的名望和地位也是吸引人们参与义工活动的主要因素，人们会被这种"一生一次"的想法推动去做赛事的义工。活动情况会随着当地社区宣传下的不同地点和激励机制有所改变（MacLean & Hamm，2007），这些义工也会为自己国家的文化而感到骄傲自豪（Kemp，2002）。2004 年雅典奥运会就有其中这么一个动机因素。全国性的或地域性的这种自豪感意味着至少在大型的活动赛事中，这些义工为目的地的服务组织带来了积极正面的影响。尽管在这种情况下，所谓的顾客只是电视机前的观众。

至于景区和目的地服务机构，在义工年龄段和其他因素影响下动机因素也存在差异。Kemp（2002）专注研究了两届奥运会的年轻义工，并发现他们更多是被寻求未来职业技能和社会因素所驱动而不是国家自豪感和自我价值的问题。年轻义工被个人技能发展这一因素驱动的研究结果在 Williams 等人关于惠斯勒男子世界杯滑雪赛的义工调查中也得到了证明。他们还发现当地人在国家队的激励下有更强烈的社区团结精神，而非当地人的动机则主要集中于社会活动意义。有形的物质奖励（例如：缆车票、工作机会、纪念品）是义工激励因素中最基本的一点。

在周期性赛事活动和普通赛事活动中，义工是第一次参与还是多次参与者都会有动机因素的差异存在。例如，在一所大学的活动赛事上，"愉悦感"都是所有义工参与该活动的动机因素，但是对于急救团队的义工（大部分是学生和医疗专业人员），他们的动机就是为了获得相应技能经验，在很多学生性质的义工活动中，获得义工制服和参与社会活动就成了主要的动机（Andrew，1996）。

四　关于义工激励的反思

从本章节中的研究回顾可以看出大部分的义工都是自我激励参与义工活动的，并且主动寻求自己认为合适的义工岗位。在招聘义工环节，义工管理者有必要去了解他们的动机是什么。如果同一时间需要招聘大量的义工，那么这一步就显得很困难了（指一个活动或在一个景区中）。直接去询问义工关于他们参与义工活动的原因也不能够涵盖所有的义工动机。生活的巨大变动（移民、毕业、孩子离家、退休、伴侣的去世离去）都会影响义工成为他们义工服务的动机，但最后的动机还是因人而异的。

义工管理者还需要确保义工选择的岗位是与他们的兴趣爱好相匹配的，如果义工的角色设定可以提前安排好的话这种情况就会更容易处理。然而，光知道有什么动机是不够的，组织还阐释清楚一个义工项目、计划或义工角色能与义工的动机相匹配，尽管有些时候义工的动机并不明显，尤其是那些连义工组织、活动地点以及活动本身都不是很了解的人来说。这一点需要被列入项目设计的范畴并与招聘计划相结合。这一点也涉及义工价值的估值问题，在后面涉及义工奖励和保留问题时会做进一步的讨论。

尽管义工的动机之间存在共性，但是在不同义工活动的不同义工角色之间还是存在着显著的差异。旅游景点、目的地服务区和义工游客中的不同义工都很易于被个人利益和兴趣所驱动，例如：享受其中及个人发展。事件项目的义工则更易于被事件活动的参与感和成就感所驱动。片段化义工活动的短期属性导致了长期义工和短期义工动机导向的差异。义工游客同时受旅行目的与义工服务的动机影响，因此需要了解义工服务体验的深浅从而平衡好义工服务活动与游客目的行为的轻重。

关于在特定的旅游项目中，义工的服务动机，即义工选择一个特定组织、项目和角色的原因也是需要了解清楚的。了解这个能够帮助管理义工并且在未来吸引更多的义工参与义工活动。例如，Smith 发现尽管有许多的动机因素影响着文化遗产景区的义工，但是特定的一个动机属性则仅仅只是地理位置的问题。

社会动机是长期义工服务活动动机中最明显的，例如在景区和目的地服务机构中。这种持续性的贡献是指义工将成为团队中的一员，并可以通过义工活动获得社交机会。社会因素这一动机在片段性义工活动中并非主导因素，尤其是一些集中的赛事活动反而限制了义工的社交活动。无论如何，虽然并没有明确的动机，社会因素也是义工活动经验及获得激励的主要因素。这也意味着管理者在设计义工项目时不仅仅要思考义工的服务动机那么简单。

管理者还需要不断了解新的义工服务的动机，义工参与义工活动的原因随着时代的变化必定会有所改变。这样才能保证不断有人愿意参与义工活动，并确保短期义工愿意再回来当义工。

旅游业这一关键词强调了观光与义工服务活动之间关系的重要性。渴望与游客交流也是义工参与义工旅游业的动机之一。游客也会成为义工的重要来源。义工活动可以替代观光、旅行并给予游客更深入融入当地的机会，使得他们有机会接触特殊亚文化追求深度休闲旅游。

最后，义工项目激励的原则可归纳如下：

（1）义工服务动机具有独特性与复杂性，并且会随着时间而改变；

（2）动机会随着义工年龄段的不同有所差异，相比老年人年轻人更易被技能发展和工作经验等动机因素驱动；

（3）义工管理者不必指望义工仅仅因为最初的动机参与义工服务活动；

（4）义工管理者需要了解他们相对于各种动机而言更难去掌控激励义工；

（5）各动机因素需要与义工的角色和奖励表彰相一致；

（6）义工服务活动的动机因素通常以社交动机为主，管理者需要创造许多与义工（受薪员工）接触的社交机会，这样有利于促进双方的关系；

（7）义工管理者需要不断回顾义工的服务动机，无论是对持续性的长期义工还是季节性的短期重新回来工作的义工。

五 义工旅游

有争论指出在其他义工活动项目中，义工可能只被利他主义或是个人主义所驱动。个人发展是义工旅游项目中被研究讨论最多的一块，也是频繁出现的主要动力（Wearing，2001）。义工旅游作为旅游休闲的一部分，受到义工服务和旅游的双重影响。运用 Plog 的游客分类法，Brown 和 Lehto（2005）将义工旅游者标注为非自我中心者："即那些倾向于偏远目的地的探险家和冒险者"。动机可以由两个模式组成，不同类型的义工可能有相同的义工服务动机，然而相同的类型的义工也会有不同的义工服务动机。

在 Brown 和 Lehto 对美国大使馆旅游俱乐部成员的调查研究中还发现"前期"的义工旅游者的动机是很明显的。这些自告奋勇者同时被旅游和义工服务的双重动机驱使着。例如体验当地文化、追寻新鲜感、寻找友谊、学习以及为小孩寻找更多的机会。最后这一动机强调了义工旅游只占参与义工活动动机中的小部分，并需要与其他旅游组织合作，所以在国际义工组织合作方面势必会有很大的潜力。这种社会动机在

Broad 和 Jenkin 关于泰国长臂猿康复计划中对深度义工旅游体验的义工游客的调查中就没那么明显。他们发现四个关键动机因素：利他主义、旅行、职业发展和个人兴趣/自我完善。在为期 10 周的赞比亚自然保护远征计划中，义工们最初的服务动机是保护自然环境（Harlow & Pomfret, 2007），这与自然保护义工项目中的义工动机是相同的。赞比亚这个义工计划中的义工也有个人因素的动机，例如学习知识和自我技能发展、迎接未知挑战等。他们的服务动机受先前经验和他们对环境保护态度的双重影响。

义工旅游者对特定的义工服务计划也会有不同的动机。Broad 和 Jenkins（2008）研究发现义工们之所以被泰国长臂猿计划吸引的原因是由于可以接触大自然野生动物、低廉的花费，以及地点——泰国，一个年轻人喜爱的热门又便宜的旅游国家。人们选择做义工到目的地进行参观旅游可以更加深入有意义地了解当地的文化和居民的生活方式。一些义工游客已经因为这个良好的动机选择合适的时间和地点开始他们的义工旅游，尤其是对那些主办单位所在目的地离自己家乡并不是很远，或者是由于利他主义的驱使渴望去奉献自我的那群义工而言（Mustonen, 2005）。

在对澳大利亚国内的义工游客进行访问发现，单独个体愿意前往任何一个服务目的地，但是一旦他们成为了义工，就必须要加入一个社团当中，这就与之前随意性很大的旅行有所不同了。西澳大利亚义工旅游项目中的义工需要为义工服务攒钱，毕竟义工活动与其他传统的游览活动和跟团游相比是很花费金钱的（www. volunteeringwa. org. au/About – Us/Our – programs/Visiting – Volunteers. aspx）。研究表明在澳大利亚，义工旅游者很大程度上是被老年人取代了，退休银发旅游者以参与义工活动的形式在澳大利亚游玩。

正如前面对寻求经验为目的的景区义工的讨论，义工服务动机大多基于为了获得经验以及发展技能。年轻人和职业突破者大多会选择间来年来进行义工服务活动已充实他们的简历，这样可以展示他们的就业能力并拓展就业前景。还有一些义工可以借义工活动来获得有关社区服务方面的学术内容或是学术的国内外支持，也有一些义工项目允许参与者义工们借用这个活动进行学术研究。

第三节　义工的招募及筛选

义工的招募是给潜在的义工展现义工的经验以吸引他们加入义工活动，Green 和 Chalip（1998）认为招聘义工行为本身基本上属于一种营销行为。招聘行为需要激发，将组织的核心价值告知义工，并将满足义工的期待和需求，以此创造真实的义工角色和承诺期望。不够完善的招聘计划很容易导致招募义工的失败，因为它无法让义工感到满意，并对其他义工行为经验产生消极影响。

一个积极有效的义工招募程序是组织积极寻找新义工的主要环节，无论是由于特定的目的、计划或缺陷导致的针对性招募还是当前开展的活动需要的义工招募。相比之下，义工招募最初与义工动机的联系是义工本身的参与意愿，组织需要对义工的服务做出相应的回馈措施以激励他们参与义工服务。

有许多途径帮助人们参与义工活动，但是在义工活动的全国性调查研究中反复发现了口口相传对于潜在的新义工而言是最有效普遍的宣传方式。加拿大捐赠和义工服务现状调查发现有 89% 的义工都是由其他人的推荐从而参与义工活动的（Hall et al.，2006）。尤其重要的是在多数情况下这个被询问的人已经是义工组织中的一员。这意味着义工组织中的义工和受薪员工事实上正是招募活动的主要实施者。与口口相传方式相关的是其他与义工组织相关的个体或组织都对义工活动的招募产生一定的影响，例如在过去接受过义工组织服务的地区或个体（Low et al.，2007）。这意味着消费者、客户、供应商以及组织成员都会是义工的重要来源。这些来源也包括在各种旅游项目安排中的景区观光者，事件参与者以及有合作关系的组织成员。这些个体的意愿已与组织的方针主旨相一致，他们的意愿取决于组织通过有针对性的招募和成员发展计划来充分利用现有的积极条件（Wilson & Pimm，1996）。

在加拿大的调查中发现，只有 45% 的义工会主动接近义工组织而不是等待被义工组织询问是否愿意参与（Hall et al.，2006）。为了抓住这些潜在的义工，义工组织需要用不同方式去完善义工参与服务的机会。最普遍的方式是用传单或海报宣传义工活动，或者通过报纸、电视台、电台及当地媒体宣传，上述媒介相对于全国性的媒体平台而言宣传效果会更好。在互联网迅速发展的当下，义工组织的个性化网络平台成为了比大众传媒方式更重要的招募方式。组织还可以利用义工中心和网上义工数据库了解义工的时间安排并提高他们参与义工活动的积极性。

总而言之，大部分人倾向于自己去寻找义工活动，而不是通过传单、海报、广告的形式参与义工活动。对个人关系和现有联系的依赖意味着组织中的义工个人信息的影响与组织的多样性管理可以相契合。还有一点值得一提，在加拿大的研究调查中发现主动参与义工活动的义工比被他人介绍推荐的人数要多。因此义工的招募方法就要设计得更加符合那些想要积极参与义工服务的义工，而不是那些被动要求加入的义工们。

在了解义工如何加入义工服务活动的同时，还需要知道如何筛选义工。具有争议的观点是义工拒绝免费贡献自己的时间为他人服务是一种自我内在困境。然而，这种选择是很重要的，因为一旦做出了不合适的选择就意味着义工有可能经历不愉快的义工体验，从而对组织和被服务的客人造成不好的影响（例如不愉快的游客体验）。在招募和培训义工方面，如果他们中途离开，就造成了组织的成本损失。与其考虑义工的筛选和候选人的拒绝与否，还不如讨论一下这种筛选方式的选择。这将涉及对候选人合适度的判断，以及将他们分配到一个合适的义工岗位上，尽管这个岗位并不是他们本身应征的岗位。

McCurley 和 Lynch（1998）建议需要选拔和面试所有的潜在义工。这将涉及多种机制，包括：

（1）填写申请表；

（2）提供参考资料；

（3）对服务儿童和弱势群体、金钱或其他贵重物品有关系的义工活动中的义工进行犯罪记录调查（在一些国际的立法会可能会要求这一点，如澳大利亚儿童检查中心）；

（4）参加面试。

筛选过程的复杂性和正式性取决于参与筛选的义工信息、义工的责任感和组织或义工活动的知名度。

真正的实践也不一定要遵循以上建议。例如，在对英国帮助协会的调查中发现只有 19% 的义工表示在参与义工活动之前接受了面试或非正式的谈话。在所有的筛选方式中,对定期参与的义工要求会比短暂参与的义工要求高。参与过这些筛选程序的义工几乎都表示他们并不介意用这种方式筛选义工申请者,尽管他们不太喜欢写书面的职位描述。

一 景区义工的招募及筛选

大部分对景区义工的招募调查都来自文化景区这一块。随着组织成员的不断发展,口口相传是招募义工的一个关键方式(Davis Smith & Chanbers, 1997; Howlett et al. , 2005)。义工们经常接触博物馆(Howlett et al. , 2005)或想了解文化遗产组织工作方式并渴望参与义工服务活动(BAFM, 1998)。宣传和推广义工活动仍很有必要,否则潜在的义工不会了解到不同景区的义工岗位的差异,也不知道如何去适应。景区会在他们的官网上登出这些信息或是通过传单和海报的方式进行宣传。有效的方式是将这些传单海报放在招聘办公处、餐厅内或是公共厕所中。宣传内容一定要真实可靠,可以告知他们这些义工角色的重要性,这样人们才会有切合实际的期望。例如,珀斯动物园讲解员这一义工项目在其招募传单上就是这么写的,“如果你想经常与动物近距离接触,可以饲养动物并清洗围栏,那么讲解员一定不会让你得到满意”。动物园讲解员主要是服务游客并且只是偶尔能与动物接触(www. perthzoo. wa. gov. au)。

一些旅游景区每年会招收新义工并为其组织一个咨询分享会,而不是浪费时间地一一面试。工作人员得以评估申请义工者与现有的义工,并且与潜在的义工相互了解。其他景区有着稳定数量的义工群体,则只需要每年招募少量的义工,因此选拔新义工就可通过一对一的形式。旅游景区需要根据义工的行为来迎合他们,无论是短期义工、季节性义工,还是短期义工。季节性义工或过去的短期义工需要每年都招募一次或者是在有需要的时候才招募。

在现有的义工群体和正在执行活动的义工群体中可以招募到短期义工,他们主要是协助景区的特定计划或特殊活动。对于新景区而言,由于需要发展及完成新项目所以第一次招募义工则需要大量额外义工的协助,因此一个积极有针对性的义工招募活动就成了最有效的方式。

成功的招募计划总是与景区的背景有关联，大型的知名景区例如世界文化遗产景观或是国家博物馆很少特意去招募义工。小型的缺乏知名度的景区对于义工的选择则没有多大要求（Osborne，1999）。尽管他们很少拒绝申请的义工，但是筛选仍然很重要，特别是考虑到景区义工给游客带来高质量的体验。

二　目的地服务机构义工的招募及筛选

目的地服务机构通常涉及长期性义工和季节性义工这两个范畴。大体来看，对于目的地服务义工的研究调查相对缺乏，但其义工招募方式与景区义工招募方式相类似。大部分的目的地服务机构通过口口相传或网站宣传来进行义工的招募，却很少积极招募义工或是在媒体上刊登广告宣传。大型目的地义工服务项目需要估计年义工量。例如西澳大利亚机场旅游接待项目每年招募的义工就要与培训计划相吻合。

有研究表明由于对当地知识和高技能与培训的要求，很多目的地服务机构主要是从本地招募义工。一些目的地服务机构则从客户和游客中招募义工。例如，露营活动项目经常招募的义工是此前接受过其服务的游客。虽然知识和技能对目的地服务义工活动而言是很重要的前提，对于很多项目，兴趣、娱乐活动和学习和培训的意愿与结构化筛选义工的标准同样重要。紧急事件义工活动中的义工通常是由个别分支机构或俱乐部招募而来。例如，冲浪救生俱乐部就很受组织欢迎，其中的招募计划往往符合俱乐部中的潜在义工。该俱乐部系统的重点是关注五年后的技能发展，因此积极的招募计划通常适用于最初的成员"小孩"，即将来会成为冲浪救援人员的那批初级者。

三　特殊事件/节事活动义工的招募及筛选

不同类型项目的招募义工计划也各不相同，要看是新项目、即将结束的项目还是常规周期性项目。对于一直在相同地点举办的周期性项目，在招募上总是尽可能地招募有义工工作经验以及继续留下来的义工。这些项目通常招募本地义工，或是那些对义工活动有热情的人，以及将义工活动视作一种生活体验的人（例如：民谣爱好者每年都会旅行去民谣音乐节做义工）。这些经常重复举办的项目事件相对旅游景区而言都面临着相同的挑战，那就是旅游景区都会有一个关闭时期：该项目（景区）培养的一批愿意继续下一期义工活动的义工，在该项目不举办期间与项目举办机构的关系该如何保持。这也可以通过社会活动筹款或通信来往得以实现。根据原有的义工保留率以及随着项目的发展是否需要新的义工，周期性的项目活动也有可能会招募新的义工。这种个人主导的招募方式属于非正式性招募计划，尤其是口口相传招募方式和网络宣传方式。在短期义工活动中，参与其中的义工及相关活动的义工也可以被说服鼓励为项目事件奉献自己的时间。这些人可以是义工、体育俱乐部的成员或艺术社团及任何一个与该项目共享利益的利益共同体，例如专家团队。在有关文化节的比较研究中，Smith 和 Lockstone（2009）发现了新义工的两大主要来源：个人和团体。个体更易通过口口相传及特别兴趣小组的方式申请义工岗位，特殊项目组织会通过第三方单位类似义工中心和义工活动局等外包方式对义工进行招募。特殊项目也会与义工合作的团队发生特殊的作用，这些团队一般负责管理区工作及机票订购等。特殊项目的管理者与社区组织、教育机构及公司（包括赞助商和雇主支持义工服务项目）通过建立合作伙伴关系，来支持甚至是管理特殊项目中的义工小组。

　　Newham 义工组织阐释了地方政府对未来即将举办的大型活动所需义工的影响，即 2013 年伦敦奥林匹克运动会，产生了一批受过培训的专业义工。这样当地的特殊项目组织者就会利用这些已培训过的义工充当他们以后项目举办需要的劳动力。曼彻斯特特殊项目义工组织就是 2002 年曼彻斯特英联邦运动会中培训出来的义工组成的（www. mev. org. uk）。

　　虽然许多的短期特殊项目拥有当地的义工群体，能满足所需的所有岗位空缺，但是也有一些招募上的困难，就是很少有管理者会拒绝同一个工作岗位上的义工，这样就导致了义工岗位供大于求的问题。在义工招募中，总是有许多非正式的途径去筛选义工。对于这些特殊项目而言，应该要仔细筛选不同的义工候选人而不只是随便选一个（Smith & Lockstone，2009）。由于义工活动的短暂性，义工参与的可行性需要被考虑到。

　　周期性的巡回项目的属性需要一直改变举办地点并且都是一次性义

工岗位，就需要用不同的方式招募义工。这种项目没有资深的义工群体可以利用，虽然有证据表明有小群参加过国际大型义工活动的义工基本上会担任特殊项目的义工游客，例如，奥林匹克运动会。为了吸引新的义工，吸引义工的招募计划肯定是必要的。宣传可以提高该活动的知名度并且让义工了解是否满足他们的需求。许多的大型特殊活动运用义工计划的开展为未来即将举办的特殊活动在主办地区造势。义工招募计划是有步骤可循的；澳大利亚体育协会（2000a）建议采用两种阶段方法：首先招聘管理职位，然后再招募操作层面的义工。

招聘义工的时间是至关重要的，活动规模越大，招募的时间就越要提前。例如，2002 年盐湖城冬奥会需要 35000 名义工，在该赛事举办的前两年，义工招募计划就开始了，通过电视、电台、报纸、传单和互联网的方式进行宣传（Walker，2002）。同样重要的是避免在义工对该活动义工岗位有很大当选期望的时候给他们太多的等待时间，只要他们的申请被审批通过就及时通知他们（Ralston et al.，2004）。沟通和最初的活动总是与培训、团队建立和社交相结合，它的作用是为了保证义工在活动建立阶段能够积极参与。如果招募过多的义工则会导致招募与活动举办期间义工人员的流失（澳大利亚义工组织，2006b）。

知名度高的项目就很受义工欢迎，尽管需要大量的义工，大型活动的义工项目总是出现供大于求的现象（Baum & Lockstone，2007）。例如，2002 年曼彻斯特英联邦运动会就收到了超过 22000 份的义工申请表，远远超过了仅有的 10000 义工岗位的供应量。这些活动就很需要有结构性的筛选程序及清晰的选择标准。筛选的几个阶段如下：

（1）义工申请的兴趣与招募的宣传是有关系的——通过刊登到报纸和网络上的形式。

（2）书面申请——在线申请简化了数据的处理，但年长的申请人还是喜欢用邮寄的方式写书面申请。

（3）面试——合理的一对一了解方式，但是对于大型活动而言这将成为后勤组最大的挑战。电话访问或小组访问也是可行的方式，作为对其他义工的面试方式。例如在悉尼奥林匹克运动会中，组织者培训了500 位大学生学习人力资源管理课程来进行义工选拔面试。

与其他的项目设置相比，法律上的与道德伦理的规定就需要义工提供相关的犯罪记录历史。不同的特殊活动需要相对应合适的筛选流程，如在 2002 年曼彻斯特英联邦运动会的"相信自己"招募会中就有一套规范的筛选模式来对竞争力巨大的义工团队进行筛选：

（1）有意愿参与持续 10 天或为期 2 周的义工活动；

（2）能够参加面试及培训课程；

（3）年龄大于或等于 16 岁；

（4）能够提供自己的住处。

语言能力与签证要求也是很重要的，特别是对于高规格的特殊活动，因为这会吸引更多想要体验义工旅游的海外义工前来参与。

四　义工旅游机构

义工旅游机构参与者的招募与其他义工的招募有很大区别，不只是因为他们通常扮演付费观光者的角色。义工旅游机构利用与其他旅游供应商相同的渠道来营销他们的产品，包括宣传册、网页和旅行社机构等。专业旅游指南（Hindle，2007；Ng，2006），网络推荐门户（例如，www. goabroad. com http：//www. charityguide. org）和综合组织（例如，www. yearoutgroup. org 和 www. volunteerinternational. org）都为义工旅游组织带来许多机会，尤其是在间来年效果更加明显。替代性旅游、生态旅游和探险旅游都在英国市场占有一席之地，义工旅游机构供应商也会参加大学展会等活动来获得学生这个市场。口口相传是至关重要的宣传和招聘工具，对再次回来当义工的游客更是影响深刻，因此许多供应商会将这些义工的工作鉴定材料放入他们的营销素材中（包括网络），这样可以促进潜在的义工和参与过义工活动的义工进行有效的互动。

义工旅游的产品复杂多样。在一个关于年轻旅行者的调查研究中（Richards，2007）发现他们最有可能直接从产品供应商中购买产品。大部分旅游机构的订单都是通过学生、年轻人或是专门的组织销售出去，而不是传统的旅行社。除了这些分销渠道，网络预订是最受欢迎的。在网络上，主办单位可以直接运营它们的项目，分配活动则大部分依靠口书相传、组织的网站或网络客户端（Mustonen，2005）大型供应商例如国际义工组织（I TO I）直接通过自己的网站将义工活动推荐给潜在义工（www. i - to - i. com）或是通过相关的中介。

筛选有两种方式：首先看影响义工游客选择义工旅游服务项目和供应商的一些影响因素，其次考虑义工组织本身是如何组织义工参与者的。在这个竞争日趋激烈的义工旅游市场中，潜在的游客可以在丰富的经验、产品、供应商和目的地间做出自己的选择。Jones（2004）提出了在间来年义工参与者中面临的决策有两个方面：首先，选择在海外旅游还是停留在故乡，并且决定是否自己独立策划间来年的义工活动还是找专门的机构（包括派送义工组织和服务组织或旅游公司）来协助自己安排间来年的活动。其次是应该选什么性质的活动组合：受薪工作、义工活动、学习体验、旅行或是休闲。

对间来年义工活动组织及项目的选择是由多种复杂因素的相互作用产生的（Soderman & Snead，2008），包括：同龄人的影响，该项目组织提供的服务（项目花费时长及该义工活动提供的语言培训课程或旅行）；以及该组织表达给外界的印象和价值观。Soderman 和 Snead 对英国间来年中在南美的义工旅游者的研究中发现，慈善机构或是非营利组织供应商是足够吸引人的，许多义工游客会避免选择盈利的公司。可用资金也是义工旅游中管理活动参与者以及特定供应商和项目筛选的重要因素。虽然筹资去资助一个旅行可以当作义工体验的一部分，义工旅游产品开发所需的大量资金，意味着这仍然只是一个小众市场，特别是对于间来年的义工活动而言，仅仅是有利于较富裕的义工（Jones，2004）。

对于供应商而言，他们是否选择某位义工作为活动参与者取决于这个义工旅游项目的性质以及参与者本身。Callanan 和 Thomas 对义工旅游项目表面内容进行了深刻的调查研究（2005），该研究可以用来讨论由不同义工旅游供应商做出的一系列筛选程序。在最表层范围，对于义工旅游机构而言，没有必要去筛选这一层面的申请人，因为他们作为参与者是很容易获得假期参与义工活动的。更短期的义工假期由于其义工活动的属性和时间长短，它对义工只是少量的技能和资格要求。自我筛选的作用更像是并购方和服务方组织对该活动提出一些细节方案，任何的相关要求（身体健康等）以及参与其中的义工或组织可以根据这些信息作出符合自身条件的选择。

对于有着更长假期的义工来说，就需要一些相应的技能或符合供应商期望的目标中的其他相关要求。对于更初级或中级的项目参与者而言，他们一般通过团队的形式参与义工活动。而对于高级的项目则派送义工到单独的岗位，筛选的程序就显得更加重要，会考虑到义工的技能、经历以及对整个项目的效率起关键作用的因素。义工项目更深层次的筛选标准，如间隔年中义工的安排需要至少对目的地有积极的影响，在这个标准下可以不用考虑技能、资历和经验等要求。这是国际义工活动会经常性迁移，以及在间隔年项目中那些未经培训的年轻人与休工阶段提供专业知识的人，或提早退休的那群人都会参与这个活动的原因之一。随着义工旅游的不断发展深化，对于筛选义工的要求在不断增加。

同其他的项目相比，义工管理需要最优秀的培训以及对潜在的义工有法律方面的规范。然而，Power 的研究（2007）调查显示有一定数量的英国义工旅游组织并没有对义工的犯罪记录进行调查了解，即便是服务于儿童的那些义工。他还发现在英国有四分之一的义工组织并没有对这些招募到的义工进行面试就将他们派送到海外进行义工活动。尽管义工旅游者是扮演着义工和游客的双重角色，但是 Power 还是强调：这些没有经过面试的义工，将要代表这个义工组织为弱势群体提供服务。

五　招募及筛选义工的反思

招募行为适用于大部分的组织，不仅仅是旅游业方面，通常它也会影响到与义工相关的同类组织。这种同类性实际上是有利的，因为义工们将会分享他们的兴趣以及社会交际网（Smith & Lockstone，2009）并且有助于减少人员的流动。同质性高的义工团队更易于从事知名度高、社会影响大及大型背景的义工项目。当然，这种同质性也会带来一些限制，例如缺乏多样性和排外现象，这样会导致对新义工的排斥。

成员的发展作为招募义工的一种手段会为组织带来许多可能性，也会为景区和项目本身带来许多的好处。这些成员对组织感兴趣，为义工活动捐献资金，那么为其牺牲自己的时间也不是没有可能的。这些成员同样也是客户或观众，从其他协会中招募义工也被视为这些观众的发展进步，并且也为组织和成员之间建立了一个新型关系。

筛选程序为义工本身和组织都带来了许多益处，因为这样使得组织可以去评估义工的积极性和技能以及更好地安排这些义工到合适的义工岗位上。筛选程序取决于：

（1）义工的作用；

（2）该职位的要求；

（3）在义工的灵活性以及其先前的技能（减少培训的需求）；

（4）义工所在地点的竞争压力；

（5）潜在义工的可用性。

筛选和选择会导致申请的拒绝，这种情况很可能是由于组织和义工需求之间的不合适或是义工申请人数过多。

综上所述，义工招募及筛选的主要原则可归纳如下：

（1）招募义工是相互的行为，义工自身挑选项目组织以及组织筛选义工；

（2）积极有效的招募方式比被动的招募方式要更有效果，因为这使得组织可以定位特定的义工市场；

（3）组织需要考虑积极的招募方式来锁定人数不足的团队，这也是拓宽顾客群或观众以及使得管理更具多样性的一种方法；

（4）组织需要坦诚告知义工他们在组织中的作用，了解义工期望的是什么，并且回馈他们什么；

（5）开放日或信息发布会是与潜在义工面对面交流的好方法，这种方式可以使得组织遇到期望中的新义工或愿意再次选择义工服务的那些旧有义工；

（6）组织应该简化正式性的程序，例如个体面试或复杂的申请程序，与此同时组织也需要充分认同及专业地对待这些义工；

（7）组织也需要简化新义工的申请流程，例如申请表格、调查以及义工协议，与此同时组织也需要确保整个过程没有将义工置身于风险当中。

第四节　义工的培训及发展

一旦义工被招募，他们就需要组织的指导并接受相关培训。培训的过程应该与义工的期望相符，因为这个会影响到义工对组织的满意度、工作效率、是否继续留下来以及对自己能力是否能胜任该工作的感知。

事实上，培训这一环节对义工来说是学习组织或项目主题的十分重要的机会，对于义工而言，这也是对他们的一种奖励和激励（Stamer，Lerdall，& Guo，2008）。指导和预先的培训工作会激励义工更有效地为活动服务；而真正的发展不止这些，这些机会使得义工可以更自由地在自己选择的活动中追求自己喜欢的工作岗位（Stebbins，1992）。

　　组织培训对义工团队的发展具有重要的社会意义和贡献。这种社会角色意义对于新组织起来的义工尤其重要，例如，在一个新的义工旅游策划中的新景区或是一次性项目。在季节性强的景区以及目的地服务或是周期性事件中，一堂培训课程会重组愿意继续留下的义工并促进新义工的整合。同样重要的是培训不仅仅只是针对义工本身，它对与义工一起工作的员工、管理者和监管部门以及义工活动的主办单位都有影响。这有助于培养景区、目的地服务机构或项目团队员工以及义工旅游者与当地社区和主办单位的整合中的团队精神。

　　当然，培训也会造成义工的不满。一旦培训课程不够充分，义工就会觉得自己无法胜任自己的工作，或觉得这个培训课程质量不令人满意。例如，Nogawa（2004）在2002年世界杯足球赛中发现，活动期间有相当数量的义工后来抱怨在培训的各个课程阶段都是"无意义及浪费时间"，当义工真正参与活动中时就发现这些培训课程不合实际。

　　由组织提供的培训和上岗安排细节取决于义工活动的规模大小、义工角色岗位的复杂程度，以及义工数量。这些因素将会影响培训的时间安排。对于短期的义工活动，例如，特殊项目及义工假期等，这类培训课程就要提前展开，义工们要尽快培训完毕上岗工作。而对于进行中的义工活动，帮助义工尽快上岗对义工而言有很重要的指引作用，但是培训则需要较长时间才能安排得当，并且成为义工活动的不断发展完善的重要一环。对义工的管理正确的做法是，义工最起码能接受到组织对其岗位的安排指引，以及身体健康和安全信息方面的讲解和指导。尤其是当这些义工即将参与到游客管理和指导其他义工如何正确完成活动任务的岗位上时（McCurley & Lynch，1998）。任何的培训计划都涵盖了一系列的特定方法和风格，并旨在促进和培育义工对社区的服务意识（Green & Chalip，2004）。

　　对于那些渴望被激励或是急需通过义工活动获得工作经验的义工而

言，义工培训课程就是激励和奖励的重要一环，特别是对年轻人、学生以及渴望在事业上有所突破的人而言。因此培训的课程就需要统一化，而且往往这种形式的课程也给这些义工提供了获得某种资格认可的机会。

一　景区义工的培训

上岗安排与培训计划根据景区的不同会有所改变。季节性的景区在淡季对观光者关闭，通常在即将对观光者开放游览的时候对义工进行课程培训。这种活动举办前的培训主要在活动关闭期间举办，通常时间不长并主要集中于与先前义工活动有所不同的方面对义工进行培训，例如有了新的展品或健康卫生的提示及安全规范。它同时也具有社会功能，使得义工们能聚在一起。培训课程更多是强制性的，特别是在安全和健康主题的义工活动中，尽管实际上培训可以是强制性或自愿性的。

在上一章节中可以发现，举办大型义工活动的景区通常会每年招募一次义工或是定期的招募义工。这就意味着在同一时间会有一批新义工加入到活动中。因此，许多的景区会将培训课程与每轮的新义工上岗相结合。在澳大利亚、加拿大和美国，义工培训课程可以是大型的、长期的甚至包括正式的资格证书。泰国国家博物馆的义工接受了超过 2 个月的平均每周 2—3 小时的培训课程（Stamer et al. , 2008）。这些正式的长期的义工培训计划对于非义工而言有点冗长，但是对于某些义工而言是了解当地文化的主要机会，并且培训本身也是对义工的一种认可。

培训课程也会减少景区的费用并且确保义工的工作承诺，但是这对于一些潜在的义工而言也会是一种障碍并减少了义工计划的多样性。

在某些情况下，培训课程需要义工遵守相关的法律规范。最常见的是在安全与健康的范畴。例如，在有关保护蒸汽火车的义工活动中，义工就需要遵守相关的安全交通法规（Wallance，2006）。有些义工项目需要持续不断的培训。这为义工的发展提供了机会，尤其对那些渴望在义工道路上走得更远或提升自己技能和知识的义工而言。这对于想要在义工活动这种严肃旅游业中寻求职位发展的义工而言更加有其特殊的意义（Stebbins，1992）。

由英国博物馆相关利益协会做的一份调查（BAFM，1998）显示，管理者和义工对于培训的看法是有偏差的，74%的英国文化遗产的管理者认为义工培训课程提供的是上岗培训，而只有34%的义工认为他们接受到了这样的讯息。导致这种现象的其中一个原因应该是义工与管理者对待培训课程的期望是不同的。上岗指导是管理者对义工的一对一培训，有过义工经验的义工可以不被视作正式培训的义工。尽管存在上述这种看法，好的义工活动仍需要正规的培训，需要有相关文件，例如，上岗手册的指导。

景区的义工培训项目通常在室内开班，由管理者和有经验的义工来授课（因此也是义工自身发展的一部分）。室内组织的义工培训之所以时间不长是因为，它主要取决于员工的工作时间以及专业知识。大型的组织例如澳大利亚义工保护组织则更可能有足够的资源和数据为义工开发室内培训资格认证，为义工的技能、贡献和知识提供证书认证。其他景区的义工培训则依靠外部的相关机构，例如澳大利亚战争纪念馆、伯明翰背靠背比赛以及英国中央国民托管协会（www.nationaltrust.org.uk），在培训过程中上述组织都会为新义工提供与当地大学相关的资格认证证书。

另一种培训模式计划是义工项目由景区中分散的不同协会来运行。现有的义工与受薪员工共同合作在景区开设义工培训课程。国王公园和皇家植物园就是澳大利亚珀斯的主要景点之一。国王公园是一个独立的，完全自发性地与皇家植物园和公园管理局合作的一个景区。这个对新义工的培训项目由国王公园主办管理，但是也与 BGPA 合作。为新义工组织和举办培训计划对已经经验丰富的向导而言也是一种发展的机会（www.bgpa.wa.gov.au）。

二　目的地服务组织义工的培训

目的地服务组织作为信息传递最有影响力的一方，也需要为义工提供指导和培训，因此义工需要有关目的地详尽有效的知识，来与顾客的服务需求相匹配。对于不同的景区而言，即便是相同性质的义工，其培训课程的时长都会有很大的不同。例如，美国北加利福尼亚夏洛特道格拉斯国际机场只提供新义工接待服务一天的培训时间，内容包括为顾客提供服务、安保以及机场安排布置（www.charmeck.org/Departments/

Airport）。相反地，香港机场大使计划则要求参与者进行为期 10 天的培训。

相对其他的项目计划，培训课程的水平大部分取决于义工岗位的角色以及实际的考虑。例如冲浪救援项目，救援义工们在轮班期间完完全全地为冲浪者提供安全服务，即便这样不一定完全合法。对冲浪救援者的培训是一直持续进行的并需要遵循国家的最低标准，例如通过相关考试。在南非冲浪救援的 118 个俱乐部中，培训从 8 岁的基础班就开始了并一直持续到 18 岁他们可以获得救生资格认定。冲浪救生员这份工作可以一直保持他们的救生技能并定期确认他们熟于这项技能，俱乐部也会举办一些活动来促进他们救生的技能，例如相关竞赛（www. lifesaving. co. za）。

三 特殊赛事/大型活动义工的培训

对于特殊活动而言，培训的时间至关重要，培训可以作为义工保持联系的一种方式，与整个活动举办过程中义工服务的动机之一。Monga 和 Treuren（2001）发现通过培训课程，义工的早期服务的积极性会明显地提高他们义工工作的效率。培训课程包括对该事件活动的指导、会场场地训练以及特定岗位培训。培训课程应该将义工的角色、责任、后勤服务和实际情况交代清楚。

特殊赛事活动举办的密集性要求义工的培训课程只能随着工作一直进行，没有时间可以提供正式的岗位培训，并且培训的时间最好是活动举办之前就开始。事件的培训和指导也是取决于事件项目本身的规模和频率。定期活动的培训课程取决于招募义工的规模，培训课程会以之前讨论过的相关季节性景区开放前简略培训的方式来开班。对于新义工而言，如果赛事是新举办的并且时间很短，那么培训课程就更应该要全面详尽。而对于小型活动赛事和节庆，培训主要集中在活动举办期间。

大型活动中大量的义工意味着义工培训课程的操作更加困难并需要按活动来安排培训项目。这种长期的指导意味着义工培训是可以被分步进行的，并用来激励义工的服务热情和参与积极性。例如在 2000 年的悉尼奥运会上，义工需要参与 43 种项目测试（Lynch，2001）。通过测试或其他项目的一系列的培训和义工活动，就可以培育出一批受过专业培训及有经验的义工群体。

对于其他主办区活动，义工的作用在于需要与活动的游客进行交流，包括一些国际游客，这就对他们的培训有一定的要求，尤其是对游客的服务技能方面。在项目活动举办的过程中会有一系列的观众和竞争者，因此培训就需要与学习当地主办地点的知识和活动本身相关内容结合起来（Kemp，2002）。培训也可以提升义工解决与活动相关的公共健康、紧急事件处理以及安保方面的能力（Earl，Parker，Edwards，& Carpa，2004；Walker，2002）。

四　义工旅游者的培训

为了最大化义工旅游活动的积极影响，在义工旅游者开始旅行之前（离开的准备），对他们的协助就很重要了。

离开本国的准备和培训课程对义工的期望都是同样重要的，包括提供义工们在这有限的活动过程中可以得到些什么，是否与他们的期望相符。Raymond（2008，p. 56）强调了对待义工活动正确态度建立的重要性，只有这样义工才会以一种"愿意工作和开放的心态"来对待这个目的地。在其对国际义工活动的研究报告中，建议义工旅游组织应要求所有的义工都必须参与义工旅游活动的前期准备与培训（Power，2007）。然而，培训的数量和结构将因义工们旅游经验的类型不同而有所区别（Callanan & Thomas，2005）。对于不是很重要的短暂的义工活动项目，过多的前期培训准备就不合算了。相反地，一些大型的意义重大的活动就需要大量的前期准备。从筛选阶段就要开始准备，并一直持续到义工到达了目的地为止。例如，对于新西兰奥特亚罗瓦 VSA 的那些在发展中国家的进行两年义工活动的义工们就需要在义工活动前接受为期两天的面试，面试内容包括对 VSA、义工活动以及相关任务的了解。成功入选的候选人接下来还要参加一个为期 4 天的全面短期课程（www. vsa. org. nz）。

对于特殊活动的义工而言，义工的培训课程使得义工旅游组织得以保持与这些短期义工的互动关系，在活动举办的过程中。这种情况使得活动举办期间"既令人充满期待也使人提心吊胆"（McGehee & Santos，2005）。那些已经签署（支付）了培训课程的义工"需要组织的支持，因为他们对此付出了时间和金钱以及精力"。

有关目的地和项目的背景信息在对招募义工的培训中需要持续关注。对于那些需要在短期内发展知识和技能的义工来说，他们也需要了解目的地和项目的背景信息。这一阶段应该包括大量的技能培训课程以及促使义工有效完成其岗位工作的相关资格认证。指导的第一步应该是让同一组的义工们先互相认识，这具有重要的社交意义和团队建设意义。通过课程培训获得的个人和技能的发展是对义工们奖励的重要一部分。

虽然义工旅游是一个短期的体验，其中的参与者在活动结束之后仍然需要获得组织的协助。工作报告可以视为义工游客个人长期发展的一个重要环节。许多的参与者，即便是在短期旅途中，都发现了要脱离一个项目是很困难的（Hindle，2007）。不仅仅是因为义工在达到该目的地后感受到的文化冲击，也包括他们完成义工活动后返回自己国家后，由于文化感受差异而难以适应自己国家文化的另一种冲击（Broad，2003；Leigh，2006；McGehee & Santos，2005）。

本国义工的述职报告会一直跟随着这些义工，就算他们回到自己的国家（Raymond，2007）。尽管在旅游相关研究（Power，2007）中，有学者发现许多义工组织会提供义工的工作述职报告，但是都是多以电话、邮件甚至是邮寄的方式报告给义工们，而不是由管理者亲自告知他们。并且述职报告的形式会根据义工旅游项目的类型属性和时间长短而有所差异。这可以帮助义工反馈他们的义工活动体验，并且是组织管理和评估他们项目的重要信息来源。工作报告可以促进义工人际网络的发展以及激励参与者继续他们的义工服务。

五　对义工培训和发展的反思

这一章节主要强调了指导和培训义工在义工项目中的重要作用。如果想要义工的工作时间被充分地有效调配并更好地发挥他们的作用，就需要对义工们进行适当的介绍和培训。不仅如此，对组织和义工服务的学习和了解也是义工参与义工活动的主要动机之一。对新义工正确的指导和持续的培训也为团队的组织建设作出了主要贡献。作为团队一员去完成一项任务的义工需求会因他们自身扮演的角色和作用以及旅游项目本身的性质有所不同。例如，义工旅游的导游通常独自工作，然而一项义工旅游活动就需要许多的义工一同过去完成这个项目，例如建设一所学校。

一个义工对培训的需求也与他们的动机相关。年轻的义工在寻找义工活动时会更偏向于寻找工作经验，这对他以后的工作有帮助，例如香港机场年轻大使，可以令年轻人获得相关的经验和技能。休闲旅游义工则更偏向于有助于社交的培训，他们也会在义工活动中寻找一个工作岗位或是为了更好地发展寻找相关的机会：不管是通过获得相关知识、技能发展还是自我发展来晋升一个更好的岗位。

培训课程有许多不同的形式：一次性指导、定期讲解、在职培训或是长期的介绍课程。从内部看，这就相当于有经验的义工和新义工之间建立了一个伙伴关系，但是就小型的义工组织而言，管理者和委托人也会从专业的发展和指导的机会中得到益处（Hede & Rentschler, 2007）。管理者必须要确保培训应该，遵守相关的法律规范，例如，健康和安全讲解。很多义工游客都扮演了游客管理者的角色，他们需要对观光者的安全健康负一定的责任，包括对他们自己的安全健康也要负责任。

义工项目，是为了创造更多有价值的影响，或是以此吸引更多不同类型的义工团队，这就需要组织为义工们量身打造他们期望的义工培训课程。从义工活动中通常能够获得的是人生待定阶段需要的经验。

尽管定期的和季节性的义工活动会寻求持续性的发展机遇，短期的义工则需要在义工活动和假期结束的时候获得工作情况报告。这种工作报告能够反映义工做了些什么，也为项目组织者提供工作上的反馈。这也起到了一定的社交作用，使得义工们在工作的最后一次会议中聚在一起。这种工作报告有利于义工的保留率，无论他们是选择继续留在原来的组织中还是去参加另一个义工项目的义工活动，例如，义工旅游者会在他们的居住地当义工。

第五节　义工的报酬及维系

义工活动是基于互惠原则的，因此组织对义工的奖励和认可就是满足他们活动动机以及维系他们继续义工活动的重要因素。招募、筛选以及指导新来的义工都非常耗时。因此对参与活动义工的奖励和认可就十分重要了，这样有利于维系义工留下来继续参与义工活动。但是很重要的一点是如何让季节性和短期的义工们继续参与义工活动，或者当每次该季节性项目继续举行的时候义工们会重新回来。对义工服务时长的研究调查中发现，组织有好的激励和维系义工的机制就有希望获得义工对其多年的支持（BAFM，1998；Holmes，2003）。

组织对义工的奖励实际上是对义工们动机了解的产物，这是组织积极寻求义工们需求的结果。由于义工活动本身是自主性很强的活动，这就意味着义工们加入或离开组织都是很自由的，这样一来，义工通常会因为组织对他们工作的奖励和表扬而继续留在该组织中服务。从义工管理中的一些优秀案例中可以得知，尽管义工并不拿工资，但他们也需要适当的奖励（McCurley & Lynch，1998）。组织对义工的激励表明了组织对义工工作的认可，可以包括如下：

（1）圣诞派对或一个赛季结束的庆祝活动；

（2）景区的幕后之旅或一个活动的门票等权利；

（3）义工年奖励或月奖励或义工杰出贡献奖或是义工旅游计划；

（4）由高层管理团队颁发的服务证书；

（5）在组织的官网或其新闻通讯中展示义工的参与贡献，又或是在外界媒体的新闻报道中展示义工的贡献；

（6）奖励与本组织相关的有形产品，例如 T 恤/制服。

令义工失望的是，一些组织专注于象征性的有形奖励例如一些小礼物。然而，研究调查显示义工认为无形的奖励比有形的奖励更有价值（Goodlad & McIvor，1998）。物质上的奖励例如免费入场券和打折优惠券是义工活动奖励中最不重要的（Caldwell & Andereck，1994；Williams et al.，1995）；而其中最有价值的是口头或书面的赞扬（Low et al.，2007），例如简单的一句"谢谢"。在 1985 年的联合国大会上将 12 月 5 日定为一年一度的国际义工日。这样可以借这种形式对义工们进行公开的感谢，宣扬义工所做的重要贡献。此外，发展的机遇、更多的责任感以及晋升的机会也是对义工的重要激励。

尽管来自管理者、员工或是其他义工或游客们口头上的激励"谢谢"对于服务的义工而言有一定的作用，但诸如其他形式的激励则也不可或缺。组织对义工的奖励通常是作为义工提供服务的最低回报（通常是服务工作超过了某个规定的时间范围），这就需要组织保证其对义工培训和招募发展及奖励的投入要与获得的利益和时间效益相平衡。组织参与季节性、持续性和周期性的义工项目时，需要考虑这些义工的贡献价值。尽管组织可以为不同组别的义工提供相适应的激励体系，或者是在增量的基础上衡量对义工的回报，这仍需要组织与其对义工贡献的清晰认识相平衡。例如，只有当组织招募了长期性的义工而不是短期的或季节性的义工时才能对年度义工的服务层次的贡献有一个认知，这种做法就与更具灵活性的义工活动发展趋势不相符了。针对全体义工的参与激励机制也会激励一些短期义工更有参与的积极性。

由于每个义工的需求不同，因此需要对每个义工的动机进行评价。由于这会涉及一定的成本，那么组织可考虑建立一个鉴定义工价值的程序来持续不断地对义工的动机、激励方式和满意程度进行评估，因为这些都有可能随着时间而改变（Green & Chalip，1998；Pearce，1993）。激励体系也与义工的期望有关，并且招募、培训和协助义工，都与义工对组织的期望有关。实际上，招募的流程和培训计划都应该用来"激发义工的服务积极性"（Ralston et al.，2004）。

对义工期望值的管理是维系义工与组织之间友好关系的重要部分。这种与组织之间的精神上的联系，可以被描述为一种工作环境中的非正式互惠协议（Rousseau，1995）。研究调查表明，由于义工并非受薪员工，因此他们与组织之间精神情感上的联系就与普通职员与组织之间的关系不同（Holmes，2003；Taloyer，Darcy，& Cuskelly，2006），但是义工的这种与组织之间情感上的联系很少被调查研究过。然而，这其实很明显，义工们愿意与组织建立良好的情感关系，义工们会通过改变自身的行为方式来对其与组织的情感关系作出相应的回应，例如，减少他们的工作服务时间（Starnes，2007）。Ralston（2004）警告"违反两者之间情感联系的想法与实际的行为仅在一线之间"。

维系义工实际上就是主张"与义工之间保持良好的互动关系，保证义工能够得到自身的利益，并持续不断地将一些好处带给义工们"（Green & Chalip，1998）。对义工的维系程度也可以被看作一个特殊项目的成功标志（Williams et al.，1995）。成功的维系义工体系会带来一系列的好处：继续留下来的义工就与组织有更多的相似之处，较高的义工存留率意味着组织对招募的花费可以得到有效减少，对义工的培训费用也会有所减少。维系有经验的义工继续为组织服务有可能提高义工的工作效率并提高他们提供服务的水平。

维系义工并不只是给予适当的奖励计划。组织对义工的奖赏还需要考虑到义工可能发生的不可避免的失误，无论是否对义工的工作进行评估，总而言之，义工活动的体验都要满足他们的动机。组织不能对义工提出太多要求，这样会让义工觉得自己的任务过于繁重。这包括期望运用义工的免费劳动来缓解不断增长的成本，使得义工自掏腰包为义工活动服务，并且在义工服务时间方面对他们有更多的要求，希望他们牺牲更多。尤其是后者使得义工们对义工工作产生倦怠，因为组织的要求令他们备感压力（McCurley & Lynch，2005），这样也容易使得义工缺少工作的成就感、对工作感情的疲倦或者对参与的活动产生消极的情绪（Maslach & Jackson，1986）。Mellor 等（2008）研究发现义工如果每周的工作时间超过 15 个小时就容易产生上述的消极情绪并且会降低个人的良好表现。认识到义工为何会决定离开这个义工项目也是义工管理的重要组成部分。Sheard（1995）发现了四个有关因素：个人境遇的改变（例如：生病、搬家或换工作）；工作过度；与期望值落差太大；以及与义工组织有关的不良管理以及缺乏对义工的协助。Low 等（2007）研究发现大部分之前当过义工的人们之所以停止了义工服务活动，是由于个人生活境遇的改变，尤其是由于换工作和搬家导致的时间不足，而不是由于对组织的不满才停止义工活动。

对于那些临时性的义工，他们在参与义工活动时往往会有一个预定的工作时间段，例如，因为该事件、计划或旅行的持续时间。当义工参与的计划达成目标时他们很有可能就会离开，例如，一个义工实习生在他得到了正式工作之后，他就很有可能放弃这份只是为了获得工作经验的义工角色。义工活动中的某些缺点也不完全是消极的，义工的调动率也可以被看作提高该项目活力的一个因素。正如 Millar（1994）指出的："就算再优秀的义工也不会永远待下去。"

并不能简单地认为那些做得不愉快的不满意的义工就会选择离开义工组织；他们也许会继续留下来，但会在其他义工面前发泄自己情绪的不满，降低他们的工作标准。在关于义工组织试图去修复义工与其即将破裂的关系上有少量的讨论研究。管理者发现解雇义工是个很困难的决定，因为这需要一定的沟通技巧和敏锐度，但是为了保证团队的质量以及整个组织和计划的良好运作，这也是很重要的环节。理想状况下，对该项目和义工的评估标准应该在项目的设计阶段就要建立起来并在招募阶段明确下来。

一　景区义工的报酬和维系

旅游景区中的义工一般都是被义工活动本身所吸引的，因为他们对该景区的项目感兴趣（Smith，2003），他们喜欢这个地方或是由于活动本身，例如，当导游（Holmes，2003）。义工们因为自身的动机参与义工活动，这也部分说明了一些义工活动拥有较高维系率的原因，例如博物馆和文化遗产景区。

如果他们被激励的原因是由于他们对该景区本身项目感兴趣，那么就应该给予他们更多的参与机会来作为奖励。如果义工是被这个地点所吸引，组织就可以通过给这些义工参观该地区一般不对外开放的景区，或是提供他们机会可以更多地认识这个地区。

给予义工社交的机会也是义工们最大的动力，这些义工通过与其他义工、游客和员工、管理者的接触交流得到动力（Smith，2002）。在游客较多的繁忙时段，社交的目的很容易就能达到，但是管理者还是要考虑其他一些日子给这类义工提供社交的机会，尤其是都是单独一人的义工们在一个景点中被驻派到不同的岗位。一些社会活动例如旅行、聊天和聚餐都能帮助团队的建设，便于用相同的方式来培训他们。义工往往比受薪员工更忠诚于对方，并且在义工之间建立了共同的情谊，也利于一起定期参与义工活动的义工们产生继续留下来服务的意念。

例如，温哥华水族馆，给予义工更多机会学习、成长和获得快乐作为他们的奖励（www.vanaqua.org）。在体验水族馆义工活动的过程中也会学到很多经验。自身的成长，例如开拓自己的视野，帮助游客和学生以及义工出版物的开发等。义工活动带来的快乐包括在义工活动中心与其他义工的社交，以及在留宿的过程中与海洋生物有更多时间互动，在礼品店得到打折的优惠，或是享受其他一些特殊的活动的权利。这些奖励也强调了给予义工们适当便利以保证他们感到有归属感的重要性。这些便利可以包括停车、义工休息室以及帮助义工自我发展的相关物质条件。由于提供这些便利会对组织造成一定的支出费用，因此需要在项目计划阶段将这些因素考虑进去。

景区对义工的奖励关注点通常是为了使其一直参与到义工活动中。然而，季节性和暂时性义工则为义工组织带来了不同的挑战。许多的景区是按季节开放的，因此对义工的组织管理也是随着季节变化有所不同。这就意味着组织需要维系与义工之间的互动关系来以此保证在景区重新开放之后义工还会愿意继续留在组织中为项目服务。在关闭景区期间，义工的维系可以通过组织一些活动例如社交项目，也可以为义工提供相关的培训课程。或是增加其他的义工活动，例如在景区关闭期间，义工会参与到季节性客房清洁计划中。一方面这赋予义工可以参与其他组织活动的特殊权利，另一方面来看这也是给予义工的一种重要奖励。在关闭景区期间组织与义工之间关系的持续性互动是很重要的，且这种相似的过程也适用于短期义工活动，例如那些被坚持要求在景区特殊项目中工作的义工，如有教育需求的工作室等。

二 目的地服务组织义工的报酬和维系

随着对当地知识的获取和专业技能的发展日益成为义工活动的核心要求，以及义工课程和发展的高投入，许多目的地服务组织意识到奖励以及维系优秀义工的重要性，以及意识到发展义工的知识和技能也是对义工的奖励之一。这可以包括为义工获得相关资格证书或是与游客和社区团体的交流提供机会。在美国芝加哥奥黑尔国际机场，当地景区、商店都显示了对义工机场大使的感谢，例如为随机抽选的义工们赠送认证礼物、辅助通行证以及折扣券（www.flychicago.com/aboutus/Volunteer-Ambassadors.shtm）。

尽管有许多目的地服务组织是全年运作的，包括露营地主办单位、游客中心，同时也存在冲浪巡逻队这些季节性的项目。冲浪救援俱乐部为义工奖励和维系提供了典范作用。俱乐部为义工不断提供训练的这种系统保证了义工持续发展他们的技能，以及为那些迄今为止花费时间和努力不断训练的义工作出承诺。虽然大多数海滩的巡逻队都是季节性的，但俱乐部仍会通过组织一些社交活动来维系与成员间的关系。俱乐部之间的竞争帮助团队的建设，有助于维系成员以及有助于在救援情况下的团队工作质量。

三　特殊活动/大型赛事义工的报酬和维系

特殊活动赛事的主办单位，对义工服务的激励通常关注于有形的奖励（例如资格认证书、饰针、活动门票）。但是 Williams 等人（1995）在对惠斯勒男子滑冰世界杯赛事的研究中发现物质的奖励对于义工而言是最不重要的。激励机制需要可以清楚地标识出义工的忠诚度与该活动赛事的知名度和声望之间的联系。这些激励措施可以是有形的（纪念品和制服）也可以是无形的（在团队中的存在有价值有意义或是与同伴建立友谊以及有共同的目标）（Green & Chalip，2004；Williams et al.，1995）。对于那些一开始只是对项目的计划感兴趣的义工而言（例如运动会或艺术展），那么提供他们关于该活动的幕后工作就是对他们最大的激励。活动赛事的参与者，无论是运动员还是艺术家，都是一般普通观众很难见到的。这种激励义工的方式使得义工进入了一个特定的亚文化境地，并作为一个"局内人"去感受这场赛事活动（Green & Chalip，2004）。

为义工确立了一些激励因素，有助于义工在未来的义工服务活动当中有更好的活动体验，包括成为独特的赛事活动中的一员、欢庆的工作气氛、社交活动和人际网络关系的建立、公众的期待以及认知、获得工作技能并胜任一定水平的工作能力（Elatad，1997b；Kemp，2002；Ralston et al.，2003；Solberg，2003）。当义工管理者无法直接掌控太多的外部因素时，可以让义工们参与到义工管理当中。例如，给予义工们一定的空间和时间去社交，能令义工们感到置身活动当中，也有利于他们将专业的技能和知识传授给新义工们。

与持续性长期的义工活动的维系义工方式不同的是，短期的义工活动则面临更多不同的挑战。活动赛事和义工活动有可能突然中断结束。与义工预期状况的符合程度以及激励机制都是很重要的，但是实际的在赛事活动中的义工体验本身也是很关键的，例如对相关设施的满意度以及赛事活动的组织本身（Ralston et al.，2004；Green & Chalip，2004；

Farrell et al. , 1998)。

不同的赛事活动的义工活动维系战略在前期准备、开始以及后期结束阶段都是有必要的（Hanlon & Jago, 2004; Cuskelly, Taylor, Hoye, & Darcy, 2006)：

（一）前期准备阶段：

一旦在招募和培训义工阶段做了相关的投资，那么维系与义工间的承诺在该活动赛事的过程中就变得很重要了，特别是需要花费好几个月的大型赛事活动。义工的流失率，特指在赛事活动还没有结束之前就离开的义工，有可能是很高的，尤其是在大型主要赛事活动中，就会特地招募过多的义工来保证预期中途离开的义工不会影响活动质量（Australian Sports Commission, 2000b; Volunteering Australia, 2006b)，尽管这会被认为是一种资源的浪费。在这里需要强调的是在赛事活动的声望和时机以及在准备赛事活动阶段义工的参与度，并为其营造一种归宿感。对于短期的赛事活动项目而言，前期的准备阶段的目标应该是招募那些一开始就有义工活动意愿的义工，并使得这部分人愿意继续留下来参与义工活动。

（二）举办过程中：

尽管赛事活动本身时间很短，但是与义工之间的情感上的联系的维系还是很重要的，这也意味着一旦他们不满意这个工作就很有可能会马上离开。在活动期间，义工们需要协助和鼓励并有机会可以汇报自己岗位的情况，尤其是在多日赛事活动中就显得很重要。

（三）后期结束阶段：

在赛事活动结束后，组织应该马上向义工们致谢并给予表彰。这也是组织听取义工汇报的好机会，并收集义工的反馈来评估本次活动中的组织和义工项目。

在所有的阶段，维系义工机制也可以通过培育和保持参与到活动中的团队来加强（Green & Chalip, 1998)。

对于短暂性项目，义工对组织的承诺可以维系和鼓励义工继续留在组织当中，尤其是他们为其已经做出来许多贡献之后（Bryen & Madden, 2006)。短期的赛事活动能够建立一个忠实的愿意继续留下来的义工团队。活动结束阶段，这种维系义工的战略应该关注在组织与义工之间长期关系的维护上。对于季节性的景区，在关闭期间，义工和组织者之间可以通过书信或其他个人的交流来保持联系，组织也可以通过介绍义工其他的义工活动机会来维系这种关系。Elstad 在对康斯堡爵士音乐节的调查研究中（2003）发现维系义工机制中最需要的是对年轻义工的影响：义工们在组织中工作时间越长，贡献得越多，对未来继续留下来的意愿就更强烈。组织如何对待这些义工不仅仅是为了激励和留住现有的义工，也为更多的与项目有关的义工和社区组织建立了良好的口碑，这些都有利于招募新的义工。

对于一次性的赛事活动或是在不同目的地之间巡回举办的周期性赛事活动，虽然其中的义工贡献是一次性的，但是也可以与他们建立承诺并继续留下积极的义工。在相关的研究例如对世界冰上曲棍球锦标赛义工的调查发现（Solberg，2003），尽管许多赛事活动的义工对进一步的活动、体育赛事或其他义工活动都有继续留下来的强烈意愿，但实际上真正留下来的比率却很低，部分原因是在研究调查中发现义工缺席其他重大体育赛事。因此需要鉴别义工工作的维系因素以及促进义工参与活动的可替代性机会。

四　义工旅游的报酬和维系

对比其他性质的义工活动，义工游客很少为他们的付出获得相同的回报。作为义工，给予他们物质上的有形奖励看上去会很可笑，宁可给予义工们更多的体验来作为奖励，例如给予他们认识更多当地人的机会、参与到当地活动的机会或是与野生动物们亲密接触。Power（2007）对重新返回义工岗位的义工的调查研究中发现他们认为义工活动体验最好的奖励是可以了解学习另一种文化或是做着令自己感到快乐的事情、可以到另一个国家游玩、对他们简历有利的经验以及结识新的朋友。相反地，最糟糕的事情是义工类型的多样化以及他们参与的组织和项目的许多负面评价，例如感到不受支持，缺少组织管理，以及当地工作人员的态度问题。

对于义工服务时间的承诺也意味着更深入的义工旅游，例如间隔年或长期的义工假期，它们发生的可能性只有在参与者愿意贡献自己大量的时间（例如：学业结束后、退休后）或是慎重决定辞职从事义工活动。更短期的义工假期和义工旅游组织会为重新加入的义工提供更多的机会。每年大约有三分之一的地球观察组织的义工都是义工回头客，其中一些义工有超过 50 次的义工服务经验（www. earthwatch. org）。Coghlan（2006）将保护区的义工分为两个主要市场：更年轻的义工（18—24 岁）是一个持续增长的义工市场，他们更容易参与到长途旅行但是不会经常重复义工活动，也很少对保护区产生极大的兴趣。另一个是年长成熟义工市场（50 岁以上）是个更稳定的义工市场，他们会对义工组织作出相应的承诺，更容易成为义工回头客，重复持续参与义工活动。

对于长远的义工活动而言，例如寂寞星球指南（Hindle，2007）也宣传了其他方式来保证义工与该项目和组织的长期关系，包括设立一个慈善计划；例如 BTCV（British Trust for Conservation Volunteers 英国保护自然资源协会）的国际保护假日就属于此类。对于其他类型的义工旅游，口碑宣传方式是重要的招募义工的手段，并且大部分的咨询站点会提供一些有经验的义工来谈论相关的经历，这样新加入的义工就可以从中学习到相关的经验和组织的背景。

五　激励和维系义工的反思

本章节强调了组织为义工提供适当的奖励的重要性以及认识到维持义工参与活动的动机并有助于其继续留在组织中。然而，对于组织应该提供什么样的奖励仍存在争论。对于义工而言无形的奖励往往比有形的奖励更意义，无形的回报和奖励也需要与义工的动机相符合。由于维系义工与满足义工的动机和需求是密切相关的，因此维系义工的机制在项目设计阶段就需要考虑到，创造有吸引力的义工岗位角色以及适当的奖励和提供相关资源的义工项目策划。

奖励和表彰义工也希望提升他们对组织活动的参与度，特别是在一些涉及义工利益的决策方面。例如，改变景区开放的时间，就对义工造成十分大的影响，因此不能不与他们商量就下决策。

传统模式的奖励体系和表彰需要根据义工的不断变化而有所调整。尽管义工的微小贡献也可以保证组织的投资回报，但同一情况下如果义工的服务是短期的就不太适合进行相应的奖励表彰。组织需要在具体的活动中对义工进行奖励或是对有家庭、职员或团队的义工们进行小组性的奖励。重新返回的义工则可为其创造一些可以监督组织的机会，抑或是担任培训的工作，使其成为一个义工项目中的义工领导者。

通常情况下，义工之所以离开组织都是由于个人原因，例如家庭、开始或离开全日制学校的学习或是搬到新的住处。组织其实可以根据义工情况激励他们，为他们安排新的适合他们情况的义工工作。另一个方案就是，为义工们提供假期而不是彻底要求他们离开组织。义工管理者应该试着与义工进行简短的离职谈话，这样有利于发现该项目的一些问题，也可以作为对义工为组织做出贡献的感谢。

最后，总结一下义工项目中义工激励的主要原则：

（1）奖励和表彰与义工动机紧密相连，因此组织需要满足义工的需求；

（2）给予义工特殊的景区不对外公开的项目活动可以表现出义工与组织之间特殊的关系；

（3）组织更应该给予义工无形的奖励，这些比有形的奖更有意义；

（4）在活动结束期间、不同活动项目之间或是鼓励义工游客继续返回活动中，奖励可以保证他们与组织的长期联系；

（5）组织管理应该灵活应变，允许义工参加或是离开，而不是彻底失去；

（6）义工的离开需要组织积极灵活小心地处理应对。

第六节　多样性管理

义工代表的少数团体中包括少数民族、移民人士、具有不同文化和语言背景的人（CALD），或是那些身体长期有疾病和残疾的人士（Finalay & Murray，2005；Low et al.，2007；Zappala & Burrell，2001）。这些团体总是面临着来自经济、社会和政治生活的"社会排斥"。然而义工活动对这些特殊个体和团体具有一定的优势，它通过赋权、发展技能、停止个体孤立、提高就业能力以及培养满足感、通过帮助他人使自己感到快乐等方式来弥补自身不足（IVR，2004）。

管理多样化是一种重视个体差异，不考虑年龄、种族、残疾、性别、人种和性取向的一种战略方针（Mavin & Girling，2000），并使得个体可以寻找到潜在的能力（McDougall，1996）。管理多样性中的平等机遇在受薪员工的管理中已经有很长一段历史，但是它在义工管理中的运用是最近几年才出现的新方式。促使义工管理多样化的四个关键论点如下：

1. 从道德角度主张管理多样化在道德上是正确的，义工活动的机会对每个人而言都是平等的。

2. 从经济角度看特别是从公司管理的多样化角度看（Cassell，2001），一个公司的劳动力多样性可以体现这个公司市场的成功性。

3. 从法律角度看，组织应该要保证他们是遵守反歧视法规。

4. 社会案例则主张了多元社会的利益，即不同性质的文化小组能够"共存并不会因个体的差异而有冲突"（Holton，2004）。社会角度着重强调它可以吸引社会资本，使整个社会受益于更广泛范围内的个体义工活动。

许多西方国家着重强调社会的角度，发现义工活动是促进义工参与公共生活和获得公民视角的一种方式，通过义工活动为社会作贡献（Putman，2000）。相似的情况是英国义工活动组织支持难民参与义工活动，寻找避难者和移民者；也包括有犯罪记录的人、囚犯以及女同性恋、男同性恋或是跨性别者。在每一个情况下，组织者都需要考虑到组织和个人的每个细节，来保证组织广泛接受每种人，并对潜在的义工群体保持欢迎积极接受的态度。

管理的多样化不仅对个人和社会有许多的好处，为组织、客户以及社区也带来了许多益处。这包括了组织可以吸引更多的义工群体，不同背景的义工为组织带来不同的体验和视角；促进组织与更多社区的关系。管理的多样性不仅仅是通过组织一场无障碍包容性很强的活动表现出来，不断增长的客户和社区的需求意识以及强化的服务意识也可以体现出管理的多样性（澳大利亚义工活动中心，2006a）。义工活动研究提出义工组织实现多样化管理的策略如下：

1. 有针对性的招募，并使得招募和筛选过程更"人性化"（例如：最小化填写表格的项目）；

2. 增强义工活动的能力，尤其是对那些缺少自信和不敢参与活动的义工而言（例如：开放日和提前培训义工）；

3. 工作分配的灵活性并使得义工的能力与工作角色相匹配，而不是让义工去配合这个被选定的任务角色；

4. 创造一个包容度强的环境（例如：通过培训员工和当前的义工，增加义工们实际的获得）；

5. 一旦义工们加入到组织中就要支持他们（例如：通过同辈之间的支持鼓励、培训和表彰）。

在不同的组织之间，义工的类型确实有一些实质性的区别，这主要是与活动本身和他们的兴趣相关，对于义工个体的项目而言，就有许多的相似性。例如：

1. 在西赛摩萨特铁路工程中的义工大部分都是年长的白人，他们大多都已退休（Rhoden, Ineson, & Ralston, 2009），这反映了蒸汽铁路工程中的义工类型是大体相似的（Holmes, 1999）。

2. 在以色列沙漠中义工解救游客的有关研究中发现，这些义工大多是男性、年龄主要在 45 岁以下，接受过高等教育并在军队中服过兵役。

3. 昆士兰州 500V8 超级赛中的义工大多是男性、蓝领工人、受教育程度在高中水平（Harrington, Cuskelly, & Auld, 2000）。

4. 在对南非仁人家园组织中服务的义工游客的研究中（Stoddart & Rogerson, 2004），将其通过年龄区分，尽管最大的部分是提早退休者和年轻人。但大部分都是专业人士并有管理专业的背景，他们大部分来自美国。仁人家园组织是一个草根性大众化的基督教组织，并且大部分的受访者都信仰基督教。

相同的背景类型是由于口碑宣传和成员发展的招募策略而导致的。相似类型的义工团体不仅仅是因为他们分享彼此相同的兴趣爱好，也因为他们彼此之间社交联系团队发展会相对更容易，这对管理者和义工本身都是有吸引力的。

一 景区义工的多样性管理

在一些国家，在景区中管理的多样化是由社会传统和企业经济性质决定的。传统上，在英国，博物馆的劳动力和观众大多都是白人、中产阶级并受过高等教育（DEMOS，2003；MORI，2001）。这种相似性在义工上同样明显（Howlett et al.，2005），他们大多都是中产阶级或已退休人士（IVR，2005）。

对那些从事自然活动的义工而言，管理多样化会面临一些挑战，包括自然景区的义工，他们缺少明显的人种和年龄的多样性（例如：对身体残疾和性别取向的数据不足）（Ockenden，2007）。还有一些相关的案例很好地解释了这一点，例如，BTCV 保护组织（British Trust for Conservation Volunteers，英国保护自然资源协会）在 1999 年建立了"一起关心环境保护"计划并发现"许多黑人、少数民族和边缘化群体并没有参与到该活动中，因为他们感到自己是受排挤的"（www. btcv. org. uk/）。该项目计划旨在从多样化的社区中招募到更多的义工并且让他们参与到保护环境的活动当中，这种多样化的管理方式已经是 BTVC 全部方案的一部分了。

二　目的地服务组织义工的多样性管理

作为旅游目的地，这不仅是一个资源问题也是客户服务问题。因此，很少有目的地服务组织去主动试图提高管理的多样性，他们通常更热衷于招募那些对活动本身感兴趣并且有能力的义工。例如，南非冲浪救生项目主张的就是"对所有具有救援资格认证的人开放该项目，与年龄、性别、人种文化背景无关，你不需要是游泳冠军，你只需要知道如何游泳"（www. lifesaving. co. za）。

三　特殊活动/赛事义工的多样性管理

对一个项目策划多样性至关重要的是招募阶段要面向全社会包括被排斥的群体，并为义工活动的参与者提供培训课程（Warrior，2007）。为了筹备 2002 年的曼彻斯特英联邦运动会，PVP（预备义工计划）旨在通过从最贫穷的地区招募义工参与体育赛事或其他项目，并接受培训获得相关经验，建立自信，来发展他们的工作技能，并化解社会排斥现象。缺少纵向时间的数据意味着很难去评定一个项目成功与否，尽管如此，鼓励持续性的义工行为是许多大型活动的维系义工战略的一个重要意图。在 2002 年的英联邦运动会赛事上，其中一个维系义工策略是让曼彻斯特的义工参与到曼彻斯特地区新义工的招募、培训和组织中去（www. mev. org. uk）。

四　义工旅游的多样性管理

从需求的角度，Sherraden 等人（2008）列出了长期的义工旅游项目中管理缺乏多样性的原因：

（一）方案的成本过高以至于不适用于低成本的项目组织；

（二）年长的成年人和那些低收入人士难以从工作中脱身花时间去参与这个项目；

（三）年长的成年人也许会更关注税收和健康问题，他们会考虑这是否值得他们从工作中脱离开来花时间参与义工活动。

对于残疾人而言，就更有挑战性，他们作为游客到一些国家旅行体验这种生活，但国际间的旅行对他们而言则会有一些问题出现（Yau, McKercher, & Packer, 2004）。

五　管理多样化的反思

义工项目的管理多样化是复杂的一个过程，最简单的方式是在项目的设计阶段就要分化好不同类型的义工团队。管理者需要考虑到可以持续吸引和激励不同类型义工的激励方式，这就意味着为不同的个体提供的激励方式取决于他们的动机。

第 六 章

义工旅游目的地概况

第一节　亚洲目的地概况

一　泰国普吉

（一）背景介绍

泰国占地面积超过 514000 平方公里。大部分的国际游客往往集中在首都曼谷和海滨度假胜地如芭提雅和普吉。在一个备受欢迎的旅游手册《孤独星球》上讲泰国当地居民众所周知非常热情好客。普吉岛是泰国最大的一个岛屿，占地约 540 平方公里并且拥有人口大约 23 万。岛屿通过桥梁连接到大陆，因此交通还是便利的。野生动物植被的范围仍然存在于普吉岛及其周围，类似海豚、鲸鱼、鲸鲨、海龟和各种珊瑚及鱼类物质都有在周边海域被发现过。

一些哺乳动物（猕猴和鹿），蛇类（如眼镜王蛇）和许多鸟类栖息在普吉的森林保护区，特别是在普吉的考普拉太宇野生动物和森林保护区。该保护区是普吉主要的热带雨林的最后残余，也是生态旅游的热门目的地。它也是泰国第一个 GRP 项目的实施地。长臂猿属于东南亚地带小猩猩物种之一，所有的 11 个种类都面临着灭绝的危险。在泰国，长臂猿从森林被偷猎作为宠物饲养或者被利用来当作旅游景点的吸引物。

（二）当地长臂猿保护计划的义工旅游研究

义工假期供应者（中介）通过宣传他们的以往经验，来吸引义工旅游者前来免费提供服务：

有趣——义工旅游者们可以跟游客一样看到一些特别的景观景物——例如动物和野生动物。

体验——他们能够真实参与到大自然中并且有机会可以遇到知己朋友一起工作学习。

价值——他们能够参与一个有目的的旅行。

影响和结果——他们提供了资源，例如劳动力和资金。以此来帮助保护区的活动顺利开展，与此同时，他们也能交到新的朋友，学习新的技能。

每个义工旅游者的动机都是不止一个的，将其主要分为四大类别："利他主义"、"旅行"、"职业发展需要"和"个人兴趣/发展"。

1."利他主义"

有三分之二的义工都是基于这个利他主义的动机目的来进行义工服务的。这里调查到的义工出于利他主义的这种动机来提供志愿服务的研究结果跟其他国家和不同环境下的研究结果都是一致的。义工假期这种模式旨在吸引许多想要支持保护野生动物栖息地和生态系统的游客。并且事实上，越来越多的游客也愿意做义工来帮助保护野生动物以此造福社会。

2."旅行"

有三分之二的义工表示在一定程度上是因为可以借此旅行所以在GRP做义工。

3."职业发展"

有二分之一的义工表示他们希望通过这个活动获得与他们学习和未来职业计划的相关经验。至少在一定程度上，这些义工进行志愿活动的动机是为了能够获得与他们相关专业有关的新的技能并且提升他们的职业前景。

4."个人兴趣/发展"

实现个人利益例如发展友谊、归属感、个人成长进步、体验社会交往以及与志同道合者发展友谊都是他们参与其中的动机。

（三）结论

理解义工旅游者的动机是成功保护设计和运行依靠义工作为他们的主要劳动力来源计划的重要方面。这些义工旅游者在保护活动的规定方面往往做出了很多的贡献，他们因此被要求受到培训和锻炼来服务这个项目。此外，义工旅游者们长途跋涉，并投入大量的时间和金钱。他们经常要为自己的义工活动埋单。如果不能够仔细地去考虑他们义工活动的动机，项目计划将很难招聘到这些"假期工人"并且留下他们。

二 台湾澎湖

步道义工（行政院农委会林务局）

1. 缘起

政府资源受限情况下，通过步道义工的投入，以维护永续森林、步道资源并提供优质的娱乐场所，让步道系统与森林资源可以永续经营。

透过义工由小做起，负责平时简易的步道维护工作，并由政府负责大型整建工程如：风灾整修、桥梁架设等，共同结合公私资源强化公众参与及公私协力的管道，以一种合作模式共同推广环境教育与维护山林环境。

2. 时间

每年不定期的举办，根据森林步道的需求，举办步道工作假期招募义工共同参与。

表 6 - 1 步道义工举办日期与名称

日期	步道义工名称
2011. 4. 28	拳头姆步道工作假期
2011. 1. 20	里龙山步道工作假期
2010. 12. 8	土匪山步道义工培训工作假期
2010. 12. 8	哈盆步道义工领队培训工作假期
2010. 11. 30	花莲鲤鱼山步道工作假期
2009. 9. 29	斯可巴步道义工领队培训工作假期

3. 工作内容

每次举办的步道义工的工作内容，依所在地点不同而有异，唯义工参与的内容仍在步道，因此有相同之处，例如：让义工对于该地的地方人文自然环境有更进一步的了解。步道相关维护事项如：水沟清淤、截水沟、护木漆擦拭等步道维护简易工作。引导步道义工基础概念课程。与当地相关节日、环境景点进行串联，增加当地社区游憩及农场体验活动如：展览馆参访、当地特产制作、夜间观察、寻访古迹等。

4. 操作方式

（1）工作假期（Working Holiday）

以工作假期（Working Holiday）方式进行推广，是一种新型态的生态环境维护义工服务活动，步道义工需自付交通与食宿的个人旅宿费用。步道工作假期主要是利用假日举办，进入山林执行小规模的步道修护、清理等工作，同时认识步道历史和自然生态，学习简易步道维护工项的施作，借由实际动手修缮步道、整理环境的劳动工作来服务社会，并从中获得身心的休憩与满足。

（2）开放式征选

在征选义工方面，无须有工程经验或技术，需要的是从简易环境清理工作，如除杂草、净山、步道踏面清整、既有设施维护等，到排水沟的清理、修缮、设置，阶梯的修缮、边坡砌石的修砌等皆需要通过义工团体合作的工作类型。

（3）手册编制

步道的维护施作专业技术跟技巧，参考国内外相关步道工程施作技术的经验汇整如：美国阿巴拉契亚山径协会、美国林务署等相关单位编印之手册数据，再依台湾步道特性编订台湾步道义工施作工法参考手册，提供义工实务操作维护工作使用。步道义工实务手册系列主要规划共三册，第一册以"观念与施作概论"为引导，作为工项实务篇的前文，第二册、第三册主要为步道维护工项的施作说明（逐步编订中）。另针对有意愿参与办理步道维护工作的民间社团，策划"步道维护工作办理手册"，提供社团、社区作为开展步道维护工作的参考数据。

（4）合作与推广平台

邀请自然教育中心、无痕山林训练、全国登山研讨会、慢走更乐活、台湾步道义工共同参与活动之外并通过相关组织、计划将活动宣传出去，也将步道义工相关信息与讯息发布到网络以利于有兴趣参与义工民众浏览。

三　日本里山

（一）缘由

"里山精神" Satoyama 是日本生态保育重要的观念与文化，为追求人与自然和谐共存的生活方式，也是一种追求环境永续的乐活文化，通过义工帮助与社区共同进行森林保育工作；在早期里山的生活中，社区从森林收集落叶作为肥料运用于稻田里，村民也用木材烹调与生火取暖，近年里山不单单只是一座混合森林，更丰富了当地的农业景观，因此里山富有混合林、稻田、旱地稻田、草地、溪流、池塘、灌溉设施等作为调节稻田和养殖鱼，作为当地食物的重要来源，另外当地农民也利用草原喂养马和牛。

（二）日期

自 20 世纪 80 年代至 20 世纪 90 年代间开始了里山保护活动，至今已超过 500 多个保育工作环保团体于里山举办保护运动，因为这些人的努力让里山的美丽风光在日本可算数一数二，国际义工营已有 12 年历史，举办过十余次的工作营。

（三）工作内容

在工作中他们除了协助当地森林生态保育工作并学习与大自然共存概念，还砍伐外来树种，以恢复原始森林保育工作，与专业生态人士协力进行规划性植种工作，且将树材竹叶回收再利用，协助生态园区之步道修筑、长椅制作、手工艺等与当地义工一同为社区努力维护。因此目标为：（1）义工能学习日本"里山精神"文化，并传达森林生态多样性知识；（2）社区组织共同进行森林保育工作，里山概念实际操作，从中获得不同的感受；（3）义工与社区居民交流活动认识彼此文化。

（四）操作方式

1. 维护当地生态保育为目标

追求生态保育与文化依靠义工结合社区共同进行保育工作。

2. 征选方式

招募对森林保育、永续生活有兴趣的高中以上的学生族、社会青年族，以及精力旺盛的长青族。

3. 合作与推广平台

与当地组织 Association to protect nature in Tondabayashi 和 Hamuro club 合作。

4. 自主生活

参与义工轮流负责每日三餐与打扫项目，住所为当地居民搭建的小木屋并于社区公共澡堂盥洗。

第二节　北美洲目的地概况

一　美国西弗吉尼亚麦克道尔县

麦克道尔县位于美国西弗吉尼亚郡的西南部，坐落于美国阿巴拉契亚山脉。该地拥有丰富的煤炭资源和茂密的阔叶林，然而，对于当地居民而言，麦克道尔也同样存在着一些问题和困难。较低的人均收入、有限的受教育机会以及地理上的隔阂。2000 年的美国人口普查显示出麦克道尔的失业率超过了 10%，而全国平均失业率为 4.7%。并且其家庭收入中位数为 US＄16931，相比于全国的家庭收入中位数 US＄43318，麦克道尔县经济落后不少。

这些年来，各种私人或政府团体都在试图提高改变该地区居民的现状。在 20 世纪 30 年代，罗斯福和他的妻子埃莉诺就花费了大量的时间在麦克道尔地区宣传他的"新政"计划。在 20 世纪 60 年代，约翰·肯尼迪总统再次认定阿巴拉契亚地区为极度贫困地带。在过度的萃取技术的开发之下，煤炭热潮逐渐变成了煤炭萧条。塑料的出现也逐渐替代了木材和森林资源的市场，越来越多的年轻人也在持续地离开这个地方向外去寻找工作机会。义工服务在美国（VISTA），一个国内和平组织，在 1965 年开始进入该地区。想必他们也没有想到他们自己行为的重要性，但是他们确实是带来了西弗吉尼亚麦克道尔地区的第一次义工游客浪潮。

紧随其后的是遍布全美的义工军团，他们主要来自一些高龄教会的使命团体，大学服务计划的学生或者是一些想回馈一些技能充实自己人生阅历的早退休人员。

二 墨西哥蒂华纳

(一) 背景

墨西哥蒂华纳与美国西弗吉尼亚麦克道尔县有着极大的不同，墨西哥蒂华纳的发展是由下属的八个不同部落合在一起的。蒂华纳作为全世界最忙的边界城市，许多墨西哥移民希望在当地可以找到更好的工作机会。这些移民们不起眼的小型的住宅大部分是由一些建筑地盘丢弃的木质材料或是车库门上的可回收材料建造而成。这些房屋一夜之间不知怎么地都在这个城市的山坡旁冒了出来，但它们往往也缺乏基本的公共服务。乍一看，这些蒂华纳社区（殖民地）是由一些简单的房屋组成来以此提供一种微弱的存在感。但是，如果你花点时间仔细去观察，你会发现那里充满着家庭的生存希望以及他们对美好生活的向往。

由于多种的因素，包括该地靠近美国，蒂华纳也是一个"义工"极多的地区。跟西弗吉尼亚麦克道尔县的情况一样，这里没有政府性质的义工旅游组织，也无法去调查跟踪到底有多少义工组织在蒂华纳。一旦房屋建造计划变成了首要的任务，义工们和有关人员便会肩并肩地去联合不同的部落从头开始并亲手建造这些房屋。

(二) 宗教组织和义工旅游

宗教在义工旅游中的作用往往就像是"房间里的大象"，明明存在着却没有人愿意去谈论它。当然也有许多世俗的义工旅游组织与宗教组织并无关联，或者是那些与宗教密切相关的义工们在从事大量的义工活动。但是如果我们想要追溯义工旅游的根源，我们很可能会发现义工旅游是以天主教和新教基督教早期的救灾工作来实现的。

第三节　欧洲目的地概况

罗马尼亚

(一) 背景

在 20 世纪 90 年代初，旅游可持续发展的观念开始普及，使可持续旅游迅速被大多数国家和国际组织接受。因此，在 1991 年，旅游业可持续发展的概念由国际自然保护联盟提出，世界自然保护联盟进一步完善了它的定义："各种形式的旅游业的发展，旅游市场营销和管理须尊重自然、社会和经济环境的完整性，为后人确保自然和文化资源的合理开发。"（Istrate & Bran，1996；Bran，Simion and Nistoreanu，2000）从这个定义中，任何形式的旅游都应该尊重可持续发展的原则，无论是关于生态旅游、绿色旅游、乡村旅游还是商务旅游。

根据世界旅游组织提出的"可持续旅游的发展符合当前旅游者和区域的需求，同时保护和增加未来的需求获满足的机会"。可持续旅游被看作一种科学管理所有的资源，使当今的经济、社会和审美需求得到充分满足的，同时保持文化的完整性、原生态性，及生物多样性的旅游方式。可持续旅游涵盖了旅游业的传统大众旅游、文化旅游、山地、海滨、温泉、商务、乡村旅游等活动。

（二）生态旅游：可持续旅游的主要类型

近年来，旅游产业的发展主要集中在自然和真实的文化价值。生态旅游是旅游可持续发展的最有价值的表现形式。生态旅游的重点是环境保护，以及针对旅游者对环境保护意识的培养。

根据罗马尼亚的生态旅游协会提出的定义（AER，2003），生态旅游是一种旅游的形式，其主要动机是在自然区域自然和当地传统的观察和欣赏并必须满足以下条件：（1）有助于自然保护；（2）支持当地人民的福祉，强调地方所有权，以及为当地居民（特别是农村地区）提供商业机会；（3）为游客和当地社区提供关于自然保护意识的教育；（4）降低对环境和社会文化方面的负面影响。

生态旅游有利于保护自然环境和当地传统文化，帮助游客和当地社区更好地理解，欣赏和享受宝贵资源。从生态旅游的角度，为自然保护和可持续发展提供了最佳的旅游实践。生态旅游有利于这些自然环境资源丰富的本地社区的发展。当地社区可以从旅游活动中通过服务出口来获得经济的增长。

生态旅游必须清楚地认识到旅游活动对当地社区的负面影响，并减少外来游客对当地文化和传统的冲击。生态旅游必须符合游客的期望，潜在的生态旅游者一般具备较高的期望值，所以必须重视生态旅游产品的满意度。因此，生态旅游市场营销必须为游客提供完整的、负责任的信息，以提升该地区的自然和文化环境的形象，增加到访游客的满意度。在欧洲，人与自然融入当地社区，发展接近生态的乡村旅游，利用自然资源的同时，重视生物多样性和生态的保护。

生态旅游是一种基于自然的体验性活动，其中包括以下活动：（1）探险活动（如漂流，皮划艇，预定路线上滑雪旅游，在安排路线自行车旅行，骑马等旅游）；（2）组织指导散步/徒步；（3）为观察自然（植物，动物）；（4）对旅行的自然保护活动的体验；（5）前往当地社区（参观文化遗址，传统农场参观，观看传统文化活动，品尝传统食品，购买传统的手工艺品等）。

世界旅游组织提出"典型"的生态旅游者为年龄介于30岁到60岁的人，具有高学历和高收入水平，客源地通常西欧地区，如瑞典、德国、英国和法国等。

（三）罗马尼亚开发区在生态旅游领域的潜力

罗马尼亚有独特的自然资源和地理条件，包括山区、平原、河流、湿地和广袤的三角洲体系（多瑙河三角洲）。罗马尼亚地形多样，平源、山地、丘陵各占国土面积三分之一。该国在生态系统和物种水平方面都表现出了高度的生物多样性。此外，林业部门缺乏机械化和经济发展的薄弱导致了资源的不合理开发。

由于罗马尼亚的地理位置特殊，动植物属性受自北亚、地中海南部和西北欧洲大陆的影响。在罗马尼亚已经确定3700种植物，其中23种被声明为天然纪念物种，39种濒危物种，171是脆弱物种和1253种是罕见的物种。为了保存生物多样性，众多的保护区（超过7%的国家面积）已经建立。

罗马尼亚生态旅游已经历了十年发展，现在每年吸引超过20000人次，年龄层次处于30岁至60岁的外国游客，具有较高的受教育水平和欣赏大自然美景的动机。他们往往有特定的需求（例如研究鸟类或某些类型的动物），其中一些游客只是想感受大自然良好氛围，远离太拥挤的城市。

大多数游客来自英国、德国、比利时、荷兰、奥地利和瑞士，他们选择的路线很长，旅行时间至少一周。对罗马尼亚生态旅游感兴趣的游客占总数的20%左右，他们大多数在五月至十月间来到罗马尼亚，因为当时天气适宜适合徒步。或者，安排在寒冷的冬季，主要旅游动机是雪橇滑行或滑雪、马拉雪橇或参加在圣诞节的传统庆祝活动。游客每天支付 70 欧元到 100 欧元，包括住宿、餐饮、旅游和导游服务。

（四）结论

旅游往往对经济、社会和生态造成负面的影响，通过专业的管理组织可能会减少负面影响。在自然领域的发展娱乐活动会给当地社区管理部门带来显著的收入。这些地区通过旅游业这几个为数不多的经济部门实现可持续发展，对一个国家或地区的世界来说，生态旅游是最普遍的可持续旅游形式。

罗马尼亚具有发展生态旅游的巨大潜力，由于其物理和地理条件特殊，它的生物多样性较强。当地管理者开展了保护"区域生态"的活动和项目，城市和农村地区都极为重视。如"绿色之都——罗马尼亚""2015 生态布加勒斯特"等项目是城市与区域旅游业可持续发展的必要的绿色项目实例。生态旅游作为罗马尼亚区域的发展战略，每年招募大量的义工旅游者前往当地，体验生态环境的同时为环境保护工作出一份力。

第四节　大洋洲目的地概况

新西兰

（一）背景

在新西兰，有些人呼吁增加开发基于毛利原住民文化产品，以促进毛利社区经济发展。为了满足游客的需求，使他们能够真正地体验毛利文化，获得游客对毛利人文化的认同，毛利人社区正在尝试开发新的另类文化体验，使旅游活动更有吸引力。在这样的背景下，毛利人的原住民社区开始发展义工旅游，从而给这些旅游者带来不一样的文化体验。

（二）义工旅游：一种另类旅游的体验

在新西兰非政府组织的项目中，提供各种机会给来自澳大利亚和新西兰的青年义工，鼓励他们参加世界各地的义工项目。这些义工项目为义工旅游者和旅游目的地社区建立联系，并帮助当地社区更好地发展和建设。这些项目的目标是让义工到当地社区去参与活动，例如在普伦蒂湾的项目包括组织义工旅游者在毛利人社区逗留，向他们讲解当地的毛利人集会地点的历史及如何在族堂一起清洗，请义工们动手帮助族堂进行翻新等。再如，2004 年 7 月后，遭受洪水严重破坏的位于卡塔尼郊区的一个经济低迷社区，是义工们前往的另一个目的地。卡塔尼郊区人口约半数为毛利族人，水灾过后，需要大量的人手从事家园的重建，于是来自其他国家和地区的义工旅游者在当地展开相应的灾后重建工作，甚至他们还带来戏剧、音乐和运动活动，抚慰受灾居民。

新西兰义工旅游重视深层探索义工旅游者的体验，当地义工旅游研究组织采访了部分义工旅游者，要求义工们在参与当地义工活动的过程中，把自己观察到的、感受深刻的部分记录下来，还包括在义工旅游项目中他们学到的东西以及对当地毛利文化的感受。这一研究的目的是记录义工旅游者的体验过程，尽可能在他们参与义工项目的同时，准确地检测基于义工视角的义工旅游体验满意度。

（三）义工旅游体验

义工旅游者可以体验独特的毛利文化，他们可以住在毛利人家里，在活动项目中与毛利人直接互动，彼此了解。使义工旅游者获得的不同的体验或深入了解当地的文化，同时，义工可以感受当地传统毛利人的文化价值观，了解毛利人的生活方式、文化规则和社区精神。

义工与东道主地区居民的关系互动，在义工活动中，东道主地区的反映大多都是积极的。例如，毛利人社区会为前来进行义工旅游的人们举行令人印象深刻的的欢迎仪式，他们唱着土著毛利歌曲，载歌载舞。作为毛利人来说，他们的对传统歌曲的演绎也表明他们希望外来的义工们能够欣赏他们的传统文化。

一般来说，东道主地区的居民认为义工旅游者们对当地社区的发展有积极的影响。他们看到不同肤色的年轻人前来从事义工活动，这些义工旅游者放弃了他们自己的时间，他们付出努力帮助当地社区改变。

（四）结论

文化体验是义工旅游者进行义工活动的重要组成部分，通过文化旅游的体验作为一种可持续的旅游形式。义工旅游者通过旅游获得文化体验，并在义工活动中感受更加真实的当地文化。

第五节　非洲义工项目概况

非洲既是世界第二大洲，也是人口第二大洲，前往非洲从事义工旅游活动的旅游者可以亲身体验非洲文化，并利用自由活动的时间到各地探索观光，游览非洲不同的城市，例如，到北非的阿特拉斯山脉（Atlas Mountains）远足健行，或是在南非享受温暖的阳光与海滩。

非洲的义工项目种类非常多，义工们可以前往埃塞俄比亚或摩洛哥义务教英语，帮助减少全球文盲人口；参与南非或马达加斯加、多哥或塞内加尔，用爱心陪伴需要关怀的孩子们，跟他们做好朋友；也可以在加纳和坦桑尼亚帮忙建设学校。

无论义工到非洲哪一个国家，参与哪一个项目，他们的帮忙对当地社群来说十分重要，当地社区也非常需要国际义工的支持和贡献。孩子们能够从义工旅游者身上学到不同方面的知识，野生生态也因为义工的保育工作受惠。同时，义工旅游者可以通过义工项目认识非洲文化的面貌，他们会住在当地的寄宿家庭，这些家庭通常非常热情好客，并且十分好奇，踊跃发问，很想深入了解义工旅游者自身的国家文化。

一　农业及耕种项目

社区农业耕作项目在 Akuapem 山区——加纳最偏远的地区开展。该项目正处于发展的初期阶段，目前这个项目应当结合其他一些例如教学项目、关爱项目和建设项目的工作一起开展。

该项目在距离 Akuapem 地区的办公室仅仅 10 分钟路程的地方拥有一个小型的农场和花园。义工负责协助农场和花园所有的维护工作，包括照顾动物、种植农作物、花卉生产、草药栽培和土地管理。当地的学校还会安排一些参观农场的活动来教育当地的儿童。

在花园里种植并产出的有少量的橘子、芭蕉、木瓜、胡萝卜、洋葱、山药和可以入药的草药。这个花园还是兔子、豚鼠和鹅的家，一旦池塘完工建成，这儿也将是鱼儿的家。

义工会为当地的学校安排参观农场的活动。随后，孩子们会接受有关在一个可持续性的环境中种植农作物的过程方面的教育。孩子们还会学习如何照顾动物，如何识别种子和制作草药。义工会接受当地的专家的有关培训学习各种和工作有关的技术。义工会得到一本有关农艺的教科书，这本教科书是给学校的孩子们授课用的教材。

当地希望在今后能够把这个花园发展成为一个可持续发展的有机农场。通过义工继续和当地的社区紧密地合作，把保护自然环境的重要意识传递给下一代的非洲儿童。

二　建设项目

这个项目在离加纳首都阿克拉（Accra）以北约一小时车程的阿夸培姆山（Akuapem Hills）进行，义工团队和当地人一起努力，为社区做一些简单的建设和翻新的工作。

很多加纳的家庭现在仍住在简陋的房屋，而他们的孩子也只能在破旧的教室里读书。设立建设这个项目的目标之一，就是为这些家庭建设一些环境较好的新房子，同时为当地儿童提供安全的新教室去上课。

当地的房子通常是由泥砖砌成。这些建房用的泥砖由泥土和水轧制而成，然后在阳光下晒干变硬。义工就是需要在这个过程里帮忙，为房子和学校做砖头、建墙壁、粉饰和油漆屋子等。每个房子大概需要一个月的时间来建造。

除了基本的项目以外，义工还可以帮助美化房屋周边的环境，为学校内设施上油漆、翻新教室等。以前甚至有义工为卡瓦莫索村（Kwamoso）的学校建了一个学校图书馆。

义工们在项目里所作出的贡献将会令当地的居民受惠，同时他们也会得到宝贵的机会去体验非洲的乡村生活，和当地居民融合在一起。为了避免在中午的酷热阳光下工作，这些建设项目会安排在早上和午后晚一点的时间里进行。因此在这段时间中间，义工将有很多的机会体验加纳的生活和文化。有很多的义工都在幼儿园里帮忙，又或是在项目里的学校建好的时候和学生们踢足球等。

如果义工旅游者没有足够的时间参加一个月或以上的项目，当地的社区还提供短期义工旅游项目，让义工可以在浓缩的时间表里尝试各种不同的活动，并且对当地的文化有宝贵的领悟。

三 关爱项目

义工可以通过参与埃塞俄比亚的关爱项目的方式来作为义工在修学年、职业间歇期、假期或是退休后生活的一部分去体验义工服务工作。对于义工工作这个领域，义工可以是受过训练的专业人士，也可以是对此完全陌生的人。义工旅游项目所要求的只是义工对义工工作以及在那儿需要帮助的人们的热情和责任。

仅仅在 20 年前，埃塞俄比亚遭受了大饥荒的和残酷的冲突的蹂躏，导致了几十万儿童变为了孤儿。现在，艾滋病和艾滋病病毒肆虐以及极度贫困的情况意味着许多作为家庭里最小的一代的孩子们正在被抛弃，他们不得不独立生活并照顾自己。由此可见，当地对于关爱项目义工的需要非常迫切。

虽然埃塞俄比亚首都亚的斯亚贝巴发展迅速并出现了一些小规模的中产阶级，但是四分之三的埃塞俄比亚人仍然过着每天不足 1 美元的生活。埃塞俄比亚的关爱项目的义工将在首都以及周边地区的孤儿院、日托关爱中心、幼儿园和护理院里工作。护理院为那些孤儿或是被遗弃的孩子们提供全天候的照料，使孩子们在等待被收养期间可以获得友谊和照顾。日托关爱中心和幼儿园为孩子们提供了一个可以远离家庭重压或是流浪生活的安全的避风港，让孩子们可以自由地玩耍和学习，减轻他们的家或街道生活的压力了。这些护理院和关爱中心的孩子们渴望得到别人的关爱，而义工有时间和精力能够给予孩子们这种关爱。这里是最需要义工们帮助的地方。

参与埃塞俄比亚的关爱义工项目的旅游者，除了照料孩子们的饮食以及包扎等基本的儿童关爱工作之外，义工还将参与其他的非常重要的活动。不管义工是帮助孩子们学习数数，还是组织一个传接球的游戏，又或是让孩子们帮义工编头发，义工在埃塞俄比亚的义工工作对于提高他们日常生活的质量将会是很重要的。

义工通过给孩子们教授非正式的英语课的方式来拓宽孩子们的知识。随着埃塞俄比亚正日益成为来自发达国家游客的旅游目的地，英语对于那些尝试着找工作的年轻人来说是一项非常有价值的技能。义工还会偶尔组织一些旅游活动，有时还会协助一些筹款活动。

四　环境保护项目

非洲稀树草原环境保护项目的目标就是保存和保护肯尼亚让人惊叹的野生生态环境，还有当地丰富的生物多样性。肯尼亚环保义工会住在东非大裂谷其中一个占地 48000 英亩的野生保护区里，为重要的生态保育和研究工作尽一点力量。保护区孕育出多元丰富的野生物种，并且是无数动植物的繁衍摇篮。目前，保护区存有 450 种鸟类和 50 多种哺乳动物。超过 100 头濒危的罗氏长颈鹿（Rothschild's giraffe）活跃于保护区内，数目占现今全球野生罗氏长颈鹿总数的 10%。

肯尼亚环保项目设立在索山布自然保护区（Soysambu Conservancy），位于首都内罗毕（Nairobi）以北，大约三个小时车程的距离。义工的工作主要通过日常对物种的研究和考察，保存当地自然栖息地的生物多样性。不仅是过百种的鸟类，义工在保护区还有机会看到水牛、狮、斑马、水羚、高角羚、汤氏瞪羚、伊兰羚羊、鬣狗、豹和河马。

项目的重点研究对象是罗氏长颈鹿。相比其他环保工作，他们的确投放更多时间和资源保育罗氏长颈鹿。而且当地和其他有相同目标的环保组织和团体携手合作，共享研究成果，希望把非洲最原始自然的一面保存下来，完美无缺地留给人们的下一代，希望他们也有机会看见这美丽的非洲生态圈。

肯尼亚的环境保护义工项目，能够让义工有机会发现和近距离观察一些令人着迷的非洲野生动物。所以项目非常适合热爱大自然和户外活动的义工旅游者参加，无论义工是在间隔年或放暑假的学生，或是其他年纪想借此体验与众不同的生活方式，用自己的力量回报大自然也好，都非常适合参加这个义工项目。

在项目里，义工能够参与多方面的环保活动：

研究濒危物种：罗氏长颈鹿和其相关的微生态系统；

通过日常观察和追踪技巧，研究哺乳类、鸟类和植物的数目和分布；

移除外来的植物；

维护天然的水洼给动物有充足的水源；

道路维护；

利用动态传感功能的野外相机观察捕捉装置，编制哺乳类物种清单；

反偷猎巡逻；

社区工作（例如：讲解幼树苗圃的工作意义）。

众所周知，肯尼亚是全世界最适合野生动物观赏的国家，义工在巡游车里，能够近距离见到野生动物到处走动的画面。可是，人口倍速增长却带来偷猎和污染的威胁，楼房和商业发展破坏原有的大自然面貌。于是，像可吉欧这样的保育区成了野生物种的天堂，不受人为干扰，原野的自然生态得以繁衍滋长。

人们在索山布一直进行不同种类的生态研究和实质的环保工作，义工将能够学会更多方面的新工作技能。义工尽责地完成每天的环境保护义务工作，除了丰富自己的保育工作经验之外，还会进一步关注非洲丛林的生态价值，深入认识其赖以生存的动物品种和生态系统。

跟前面所述的其他义工项目一样，义工组织努力把肯尼亚的环保项目和附近社区联系起来。在索山布，义工和当地社群一起合作培养树苗，也让大众参与活动了解树木的重要性。环保员工和义工也会到访社区学校，通过工作坊和其他教学活动，唤醒学生要有自然保育的意识。

第 七 章

义工旅游的社会支持与持续参与管理

第一节 义工社会支持、参与动机与参与 满意度和持续参与的关系

一 社会支持与参与动机的关系

由于义工参与的特殊性，本书的概念把义工参与等同于义工服务。关于义工持续服务的定义，国内外学者并未有确切的定论。蔡启源（1995）指出持续服务应该从义工对其继续参与志愿服务的意愿、态度及时数等方面来考虑。由于参与义务工作的时数在实际研究过程中较难以获得具体的资料和结果，为此，本书更偏于认为义工的持续参与更主要地表现为一种态度和意愿。

义工不再继续参与义工服务，是现时社会中出现的一个普遍现象。从澳门近年来开展的澳门青年系列调查中就可以看见其端倪。尽管目前在义工的持续参与问题上，研究成果的数量不多，但也体现出了相关研究的多元化视角。在相关问题的研究方面，有学者从组织承诺的角度进行了研究，并指出，当组织士气与运作受到影响，造成义工工作情绪低落，进而影响其继续投入志愿服务的工作意愿，最后则会影响义工对机构的承诺程度，而承诺的高低会影响工作表现程度，工作表现的结果又再决定参与或是离去（吴许暄，2007）。

有学者从影响持续参与的内部和外部因素两个方面着手，探讨影响义工持续参与的机制。如靳利飞（2009）在调查北京1752位义工的基础上，通过资料分析得出，义工参与志愿服务的持续性受多方面因素的影响和制约，这些因素基本上可以归结为两个方面：观念和经验因素、

体制因素。其中观念和经验因素主要体现在年龄、身份上，体制因素体现在提供签订协议、人身保险上。

还有学者从义工工作的特点出发，认为义工持续参与程度较低，是该项工作的特点之一。如吴永安（2007）与蔡明宏（2008）在整理以往研究文献时就指出，义工参与志愿服务工作是出自本身的自由意志来决定，而且不求回报，所以在没有任何经济诱因的情况下，义工流动率高与服务效果不易持续是一个明显的问题。其据此提出了提升义工持续参与意愿的条件，即（1）义工服务要实现个人成长与自我满足感；（2）义工服务要考虑到个人休闲时间的规划；（3）义工服务的内容应该能促进社会福利的发展；（4）义工服务中要注重考虑及测评义工个人对义工组织的感受。

在义工持续参与的衡量方面，较为主要的衡量方式是从态度和行为两个方面进行。如蔡启源（1995）将义工服务持续参与分为参与意愿、参与态度及参与频率三个衡量构面。王金敦（2004）在研究服务志愿人员自我效能、工作压力与持续服务承诺的研究中，提出义工持续参与服务的三个构面分为价值承诺、努力承诺、持续承诺等三个构面。

通过对相关文献的回顾和分析可见，对于义工持续参与的态度和意愿产生影响的因素，相对较多，但是从共同的研究发现和结果来看，义工参与义务工作的满意度是所有研究者都提及的一个变量。为此，本书将借用现有研究成果中的结论，利用实证研究的方式将义工持续参与分为参与意愿与参与程度两个构面进行衡量。

动机是由个人内心想满足某项需求，而产生个人在心生理的一种驱动力，其过程受到内在需求与外在因素的影响。陈静萱（2008）在研究义工参与动机、社会支持和工作满意度的研究中发现，社会支持对义工参与动机的强度之间有显著正相关影响。也就是义工的社会支持越高，则参与动机越强。陈光明（2011）研究福智义工的参与动机、社会支持与投入程度的关系中，得出福智职工的社会支持对其参与动机有显著的正向影响。王素兰（2006）探讨退休人员担任义工的社会支持在参与志愿服务动机上的差异情形。研究结果发现，社会支持在参与志愿服务动机上显著相关。社会支持的高低决定退休人员退出工作职场、生活情境改变时，担任义工的意愿与面向，也因为这些面向可使退休人员降低生活压力。此外,从动机的类型来看,不同参与动机的义工对于外部资源和支持的需求也不尽相同。

综合学者的实证研究,大多数都从动机的强弱出发认为两个变量之间存在显著的关系,只有少量学者关注不同动机类型与社会支持之间的关系。

二   社会支持与参与满意度关系研究

有学者在针对非义工群体的研究中,对社会支持和参与满意度的关系进行过研究和讨论。如余辉,马燕萍(2010)在大学生西部计划实施效果调查分析这篇文章中指出,服务动机,社会支持对服务满意度有显著影响。李益鸿(2007)以杭州 IT 行业员工进行调查研究,分析讨论社会支持度、工作压力和工作满意度的构成维度和三者之间的相互关系,得出的结论是社会支持度对工作压力有缓解作用,社会支持对工作满意度有促进作用。

李强(1998)认为,社会支持应该被界定为一个人通过社会联系所获得的能减轻心理应激反应、缓解精神紧张状态、提高社会适应能力的影响。义工参与动机,大致上可分为利他和利己两个方面。结合前述相关非义工领域内的研究结果,可以推断,义工活动中的社会支持,同样会对义工的参与满意度产生影响。综合学者的实证研究,大多数都认为两个变量之间存在显著的关系。

三   参与动机、参与满意度与持续参与

参与满意度为个体在参与时或参与后的内在主观情感的认知与反应。义工持续参与指义工对其继续参与志愿服务的意愿、态度及时数。针对义工参与动机与持续参与意愿的相关实证研究,如钟立君(2009)在研究义工参与动机、工作特性、工作满意度与离职倾向研究中得出参与动机与工作满意度有正相关。游正民(2009)在研究社区义工参与动机与持续服务中得出义工参与动机及社区意识越高,则其持续服务的意愿越高。虽然由于义工的成长环境、家庭背景、社会化过程不尽相同,及志愿服务性质与服务内容有所差异,尽管义工参与动机呈现多元化之不同,但义工参与动机越强,他的工作满意度也越高。

李法琳（2003）在研究大学服务社团学生的论文中得出，学习成长与社会关怀对工作学习成长满意度有显著预测力。针对义工参与动机和持续参与意愿的相关实证研究中，参与动机对持续参与意愿有预测力。张月芬（2004）以家庭教育中心义工为研究对象，研究指出他们动机与组织承诺直接关系，得出整体参与动机中意愿实现这个变量对组织承诺中留职倾向具有相当的解释力的结论。黄琦茹（2010）在研究义工动机、工作满意度与持续参与意愿时得到结论，义工的参与动机与工作满意度对持续服务意愿以及持续服务有显著预测力。

第二节　实证研究：澳门青年义工服务中的社会支持感知与持续参与调查

本节在前人实证研究的成果基础上，提出究假设，并使用相应的研究方法，结合澳门当地实际情况，对澳门青年群体义工旅游的社会支持与持续参与情况进行调研，从而使读者对义工旅游的社会支持与持续参与有更深入地了解。

一　研究假设与研究流程

本书在前期文献整理和分析的基础上，构建了研究的基本假设，如下：

H1：参与动机正向影响参与满意度；

H2：参与满意度会显著影响义工的持续参与意愿；

H3：参与义工工作的动机会对社会支持与参与满意度感知之间的关系产生调节作用；

H4：满意度在义工感受的社会支持与持续参与意愿关系中起中介作用；

H5：义工的个人特征会显著影响其参与动机、社会支持感知以及持续参与意愿；

所以根据本研究的基本假设，总结出本研究之研究图，如图 7 - 1 所示：

根据研究假设，本研究共涉及以下五个变量：高校青年义工的参与

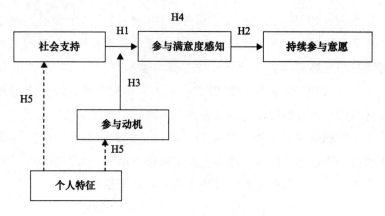

图 7-1 研究理论及假设示意图

动机、高校青年义工所获得的社会支持、高校青年义工对义工参与的满意度感知、高校青年义工持续参与的意愿、高校青年义工的个人特征。

其中高校青年义工的参与动机可以进一步细分为以下指标：了解社会、帮助他人、承担社会责任、提升自我素养、拓展人际关系、积累社会经验等。

高校青年义工所获的社会支持，则可以进一步分为两个大的指标方向，其一是社会支持的来源，其二是社会支持的内涵。社会支持的来源将主要涉及以下来源：家庭、朋友、义工伙伴，以及义工团体。社会支持的内容则主要包括物质支持（如经济支持、信息支持、技术指导支持）、情感支持等。上述两个方向的指针通过组合，最终构成社会支持变量下的系列指针。

高校青年义工对义工参与的满意度感知，结合义工参与的动机以及相关文献的分析，可以细分为以下变量：对环境氛围的满意、对自我成长的满意、对福利和奖赏机制的满意，以及对社会支持的满意等。

高校青年义工持续参与的意愿，可以进一步划分为持续参与的价值承诺、努力承诺，以及持续承诺等指标。

高校青年义工的个人特征，则由两大系列的指针组成：其一是高校青年义工的人口特征，如性别、年龄等。其二是高校青年义工的参与义工行为特征，如参与义工的年资、参与义工活动的频率、每周平均用于义工活动的时间等。

此次研究的对象主要为澳门高校的青年义工，为此，本书在研究流程设计方面，决定通过设置访谈环节，来进一步了解澳门青年义工的发展现状，以及发掘文献研究中可能遗漏的变量和内容。

在成功访谈的基础上，项目组再行结合文献分析的结论，以及研究假设进行调查问卷的设计，问卷的发放和回收。

然后借助统计分析软件 SPSS 对所获数据进行分析，对实证研究所提出之假设加以验证。最终在参考国内外义工发展策略的基础上，针对澳门高校青年义工的发展提出未来的发展战略方向和具体策略建议。

二　研究方法及抽样过程

（一）研究方法

本实证研究过程中将综合采用文献分析、访谈以及问卷调查分析等研究方法，对澳门高校青年参与义工服务的动机、社会支持感知和持续参与等问题进行分析。

文献分析——主要指通过收集和整理以往有关研究成果，对拟研究的内容进行系统回顾与分析，从而在研究方法、研究方向、研究工具设计等方面，为研究人员提供指引和理论支持。该研究中，研究小组将以义工服务参与动机、社会支持、持续参与等作为核心关键词，对国内外的相关文献进行搜集和分析，探讨相关概念和研究的发展脉络。并以相关研究成果为基础，构建本研究的思路与框架。

访谈法——访谈是较为深入地了解研究对象，获取更为丰富资料的一种方法。通过与受访者单个进行深度访谈，或与受访者代表的群体进行焦点访谈的方式，除了可以获得更为翔实和具体的信息外，还能为项目研究提供新的视角或补充新的元素。为此，在本研究中，项目组将采用半结构化的访谈方式，邀请澳门参与义工服务的高校青年代表进行焦点访谈。同时，也会针对澳门的主要义工社团的领导人就义工社会支持和持续参与等问题，展开深度访谈。通过相关访谈来获得高校青年义工在动机、社会支持、满意度，以及持续参与情况的要求和态度，从而为本研究中的问卷设计提供更具参考性的信息。

问卷调查——抽样调查是社会科学研究中较为常见的研究方法，主要借助抽样调查的方法，从研究对象的主体中，抽取一定数量的样本，并对其进行信息或数据的采集工作。在此基础上，对所获数据和信息加以汇总和分析的方法。本研究将在上述研究方法所获成果的基础上，采用问卷抽样调查的方式，对曾经参与过义工服务的澳门高校青年进行调查，以了解其在参与相关服务时的动机、对参与义工服务中的社会支持感知，以及在持续参与相关活动过程中的态度、行为等内容。并通过对所获数据开展统计分析来得到研究所期望的结果。

本实证研究的研究路径以及过程中所使用的研究方法，如图7-2所示：

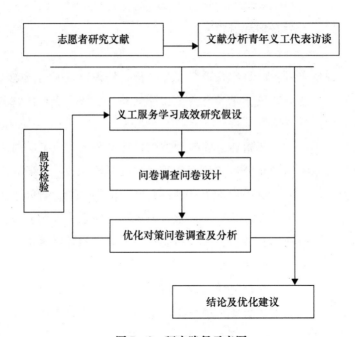

图7-2 研究路径示意图

本研究将首先针对国内外有关义工的文献进行收集、整理和回顾。界定及明确本研究拟解决的问题，并在此基础上开展针对青年义工代表和义工社团代表的访谈。以访谈信息、相关文献分析为依据，构建本研究的研究假设。同时，以上述信息为基础，设计抽样调查之问卷，并针对澳门高校中的青年义工群体展开抽样调查。最终通过数据分析的方式，对研究最初提出的假设进行验证。最终提出澳门高校青年义工持续参与的优化对策与建议。

（二）抽样过程

1. 研究主体的确定

由于目前澳门青年义工方面的研究相对较少，因此，对于此次研究的主体规模——从事义工活动的澳门高校青年之数量，只能采取推算的方式进行。本研究关注的对象为曾参与义工服务的澳门在校大学生，年龄介乎 18—29 岁。根据澳门特别行政区政府高等教育辅助办公室的相关统计数据，澳门各高校 2007/2008 学年至 2009/2010 学年注册的本地学生人数共达到 44609 人。由于无法获知澳门在校大学生参与义工服务的基本情况，为此，本书拟将所有在校澳门高校学生作为研究对象。在实际操作中，通过询问其是否在一年内参与过义工服务来判断其是否符合调查条件。

2. 样本数量及抽样设计

本次研究共发放问卷 550 份，成功回收有效问卷 500 份。在抽样方案方面，项目组将总体上以分层抽样的方式，决定各院校的调研人数。在抽样比例分配时将以澳门各高等院校的在校学生人数作为基准。主要涉及的高校包括：澳门大学、澳门理工学院、旅游学院、澳门保安部队高等学校、澳门城市大学、圣若瑟大学、澳门镜湖护理学院、澳门科技大学、澳门管理学院，以及中西创新学院。在选择受访对象方面，则采取方便抽样和判断抽样的方式进行，即要求受访者是在过去一年中曾参与义工工作的澳门居民。调查的时间主要是平日，中午及下午放学的时间段。

此次调研从 2012 年 5 月开始，7 月初结束。具体问卷发放情况，详见表 7 - 1：

表 7 - 1　　　　　　　　问卷发放情况一览表

院校名称	本地生人数	所占比例（%）	派发问卷数量
澳门大学	5232	30.25	151
澳门理工学院	2257	13.05	65
澳门旅游学院	1165	6.74	34

院校名称	本地生人数	所占比例（%）	派发问卷数量
澳门保安部队高等学校	72	0.41	2
澳门城市大学	573	3.31	17
圣若瑟大学	1586	9.17	46
澳门镜湖护理学院	223	1.29	6
澳门科技大学	5401	31.23	156
澳门管理学院	368	2.13	11
中西创新学院	418	2.42	12

三　澳门高校青年参与义工服务的现状分析

（一）资料的信度和效度分析

1. 问卷的信度分析

问卷回收后，为了验证相关问卷信息的可信度，项目组利用 SPSS 中的量表信度分析工具，采取折半信度系数对问卷所获数据进行信度测量。测量的结果如下表 7－2 所示：

表 7－2　　　　　　　　问卷量表的信度分析一览表

内容	题目数量	Cronbach's Alpha 克朗巴赫系数
青年义工的参与动机	11	0.875
青年义工的社会支持感知	36	0.940
青年义工的满意度及持续参与意愿	9	0.881
总体问卷	56	0.947

通常 Cronbach α 系数的值在 0—1 之间。如果该系数不超过 0.6，一般认为内部一致信度不足；达到 0.7—0.8 时表示量表具有相当的信度，达 0.8—0.9 时说明量表信度非常好。通过本项目组对问卷数据的信度分析，可以看出，此次问卷调研的数据，无论是分部分还是在整体上，都具有非常理想的信度水平。这也从一定程度上保证了分析结果的可信度。

2. 问卷的效度分析

所谓效度是指衡量的工具是否能真正衡量到研究者想要衡量的问题。一般可以分为内容效度以及建构效度等。内容效度主要指以研究者的专业知识来主观判断所选择的尺度是否能正确地衡量研究所欲衡量的东西。如果衡量工具能代表欲研究的观念，即代表此衡量工具有内容效度。本研究设计之量表是以国内外相关研究成果为基础，同时，参考了深度访谈中的相关信息，为此，能够在内容效度上保证达到较高的水平。

建构效度是衡量工具能衡量某种特质或构念的程度。此处，项目组采取因子分析的方法对量表的建构效度进行测量。

在对第一部分，青年义工参与义工服务的动机部分进行效度检验时，由于有三个项目公因子方差小于 0.5，为此，项目组删除了此三个项目后，对剩下的八个项目进行建构效度检验。通过检验可知，第一部分题目的 KMO 值为 0.854，巴特利球形度检验的显著性水平为 0.000，为此，该部分量表能够进一步进行因子分析。

在删除了更深入的了解社会、帮助他人、得到社会认同三项目后，分析结果显示，在公因子方差方面，所有的参与动机项目均符合公因子方差大于 0.5，旋转后的因子矩阵中可以看到，没有出现两个以上的因素负荷量有是大于 0.5 者，同时，也没有出现某一项目自成一个因素者。具体资料参见表 7-3 及表 7-4。

表 7-3　　　　　　　义工参与动机的因子分析共同性检验表

	初始值	提取值
回馈社会	1.000	0.794
承担社会责任	1.000	0.775
获得知识和能力	1.000	0.644
获得锻炼的机会	1.000	0.645
充实生活	1.000	0.614
扩展人际关系	1.000	0.535
实现自我价值	1.000	0.531
积累社会经验	1.000	0.514

提取方法：主成分。

表 7 - 4　　　　　义工参与动机因子分析旋转成分矩阵 a

	成分	
	1	2
回馈社会	0.172	0.874
承担社会责任	0.199	0.857
获得知识和能力	0.792	0.127
获得锻炼的机会	0.766	0.240
充实生活	0.776	0.107
扩展人际关系	0.727	0.084
实现自我价值	0.669	0.290
积累社会经验	0.677	0.236

a. 旋转在 3 次迭代后收敛。

对于第二部分，青年义工社会支持感知的效度方面，由于涉及四个不同的来源，因此，效度分析也分别针对家庭成员、身边朋友、义工伙伴，以及义工组织进行。

在家庭成员部分，所有的参与动机项目均符合公因子方差大于0.5，旋转后的因子矩阵中，没有出现二个以上的因素负荷量有是大于0.5者，同时，也没有出现某一项目自成一个因素者。且最终旋转矩阵显示，家庭成员的社会支持可以分为两种类型，一种为物质型，另一种为情感型。可见，该部分具有较好的效度。详见表 7 - 5：

表 7 - 5　　　　义工获得家庭支持的因子分析共同性检验表

	初始值	提取值
家庭—经济支持	1.000	0.680
家庭—物质支持	1.000	0.780
家庭—工作信息指导	1.000	0.677
家庭—倾听困难	1.000	0.636
家庭—忘记烦恼	1.000	0.692
家庭—工作沟通	1.000	0.646
家庭—提供建议	1.000	0.703
家庭—做出评价	1.000	0.597
家庭—鼓励参与	1.000	0.619

提取方法：主成分。

表 7 - 6　　　　　义工获得家庭支持因子分析旋转成分矩阵 a

	成分	
	1	2
家庭—经济支持	0.274	0.778
家庭—物质支持	0.264	0.842
家庭—工作信息指导	0.204	0.797
家庭—倾听困难	0.765	0.226
家庭—忘记烦恼	0.819	0.142
家庭—工作沟通	0.731	0.334
家庭—提供建议	0.796	0.263
家庭—做出评价	0.712	0.300
家庭—鼓励参与	0.755	0.220

a. 旋转在 3 次迭代后收敛。

在来自朋友的社会支持方面，与家庭部分的量表一样，检验结果显示，该部分的问卷具有较高的效度（具体数据由于篇幅问题略去）。

在来自义工伙伴的社会支持方面，"义工伙伴能够肯定我，鼓励我参与义工服务"项目在公因子方差上小于 0.5，为此，删除该项目。做出了上述调整后，义工伙伴的社会支持量表在效度上表现良好。

在义工组织的社会支持方面，"义工组织能够提供经济上的支持与援助"项目在公因子方差上小于 0.5，为此，删除该项目。此外，"义工组织能够帮我分析问题、提供建议"在旋转矩阵中出现了二个因素负荷量大于 0.5，同样将该项目做删除处理。做出了上述调整后，义工组织的社会支持量表在效度上表现良好。

同样按照上述判定标准，即在公因子方差方面，所有的参与动机项目均符合公因子方差大于 0.5，旋转后的因子矩阵中，没有出现两个以上的因素负荷量有是大于 0.5 者，同时，也没有出现某一项目自成一个因素者。本次量表中的第三部分，效度能够得到检验。详细结果见表 7 - 7：

表 7 - 7   义工满意度及持续参与意愿的因子分析共同性检验表

	初始值	提取值
环境氛围感到满意	1.000	0.672
自我成长感到满意	1.000	0.607
福利和奖赏机制感到满意	1.000	0.530
义工服务的支持感到满意	1.000	0.534
会一如既往地参与义工服务	1.000	0.596
义工服务付出是值得的	1.000	0.561
投入更多时间和精力到义工服务	1.000	0.729
推荐亲友一同参与义工服务	1.000	0.725
继续寻找相关资源来协助推动义工服务	1.000	0.718

提取方法：主成分。

表 7 - 8   义工满意度及持续参与意愿的因子分析旋转成分矩阵 a

	成分	
	1	2
环境氛围感到满意	0.128	0.810
自我成长感到满意	0.235	0.743
福利和奖赏机制感到满意	0.252	0.683
义工服务的支持感到满意	0.352	0.640
会一如既往地参与义工服务	0.641	0.429
义工服务付出是值得的	0.483	0.573
投入更多时间和精力到义工服务	0.822	0.230
推荐亲友一同参与义工服务	0.831	0.187
继续寻找相关资源来协助推动义工服务	0.799	0.282

a. 旋转在 3 次迭代后收敛。

通过上述分析，可见，此份量表无论在信度，或者是效度方面都达到了较为理想的状态，这为后续数据分析及其结论的可信度提供了保障。

（二）问卷样本的特征构成

1. 受访者的人口特征分析

从此次受访的 500 名在过去一年中有参与义工服务的澳门学生的性

别特征来看，男性受访者占 35.2%，女性受访者占 64.8%。

从年龄结构来看，受访者中 16—20 周岁，以及 21—25 周岁的受访者数量大体相当，分别占受访者的 50.2% 和 48%。26—29 周岁的受访者比例相对较低，仅占 1.8%。

从在校生所在的年级来看，就读于副学士学位的学生中，三年级的人数比例最大，其次为一年级。就读于学术学位课程的受访者中，一年级的学生所占比例最高，其次为三年级，最后为二年级。就读于硕士课程的受访者中，一年级学生人数比例相对较多，其次为二年级。在就读于博士学位课程的受访者中，占受访者比例最高的是一年级的学生。详见图 7-3。

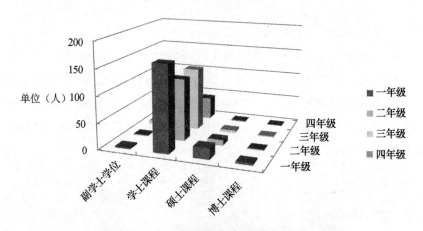

图 7-3 受访者就读学位课程类型及年级构成

从受访者修读的课程类型来看，修读副学士学位课程的人数约占受访者的 2%，就读于学士学位课程的受访者占 89.4%，就读于硕士学位课程的受访者占 7.4%，就读于博士学位课程的受访者最少，仅为 1.2%。这也符合一般社会上的实际情况，即本科学生为大部分，硕士、博士学位的学生逐步减少。

从受访者就读课程所属的学科性质来看，经济管理类课程的受访者最多，约占 51.8%，其次是社会科学类，占受访者的 11.2%。再次为人文艺术类，该专业的学生约占受访者人数的 8%。受访者的结构大体上与澳门的社会经济产业结构具有较高的相似性。详细资料参见图7-4。

从受访者的宗教信仰情况来看，76% 的受访者并无宗教信仰，信仰

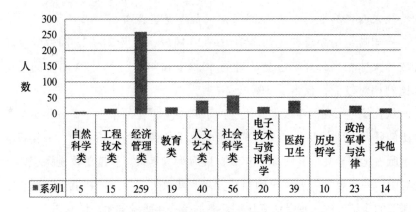

图 7-4 受访者就读专业所属学科性质构成

佛教、基督新教和天主教的受访者分列第二、三、四位。

从受访者的经济来源来看，44%的受访者表示其经济来源大部分依靠家庭提供，自己承担少量。另有23%的受访者表示，学习期间的经济来源全部依靠家庭提供。大部分靠自己，少量依靠家庭的，约占19%。全部由自己承担的，约占13%。经济来源及每月的消费情况，详见图7-5及图7-6。

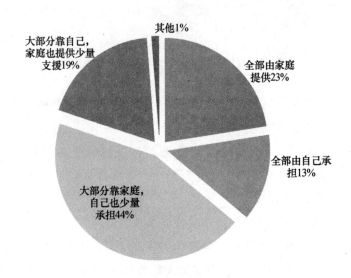

图 7-5 受访者经济来源的比例构成

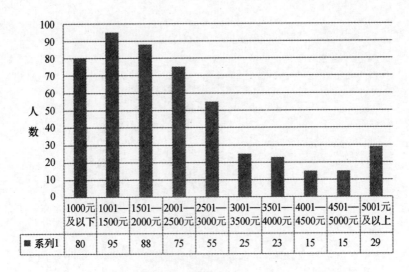

系列1	1000元及以下	1001—1500元	1501—2000元	2001—2500元	2501—3000元	3001—3500元	3501—4000元	4001—4500元	4501—5000元	5001元及以上
系列1	80	95	88	75	55	25	23	15	15	29

图7-6 受访者每月消费金额之构成

2. 受访者的行为特征分析

从受访者加入义工社团的情况来看，绝大部分受访者会参与1—3个义工社团，此部分群体占受访者的80%。此外，还有5%的受访者表示未有参加任何义工社团，详见图7-7。可见，通过社团的形式参与义工活动，是受访青年在义工工作中较为主要的途径和形式。这与此次访谈中所获信息具有较高的一致性。

从受访者参与义工服务的年资来看，1年以内年资的占了一半，此外，2—5年年资的受访者约占43%，6年及以上义工经验的人数相对较少。详见图7-8。可见，长期持续参与义工活动的人数比例，有待提升。

从受访者每周用于义工服务的时间来看，大部分的受访者表示会在一天以内，该部分群体约占73%，每周花在义工服务方面的时间在2—3天的约占21%，4—5天及6天以上的人数相对较少，分别占4%及2%。详见图7-9。此调查结果也较为符合访谈中的受访者的观点，即青年在参与义工过程中，会受到各种因素的制约，因此，不可能有很大量的时间和精力投入义工工作。

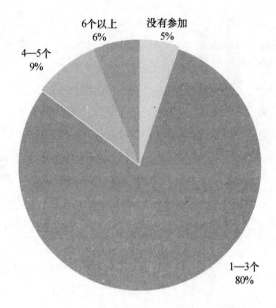

图 7 - 7 受访者加入义工组织的数量

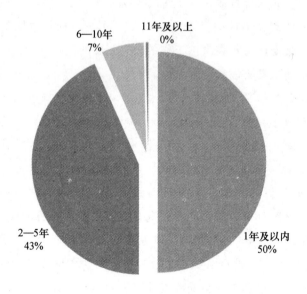

图 7 - 8 受访者参与义工活动的年资

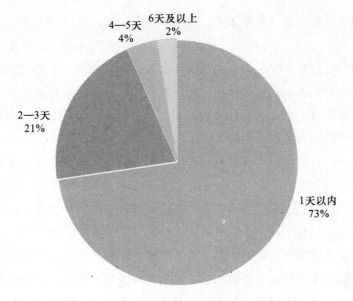

图 7 - 9　受访者每周用于参与义工活动的时间

通过上述分析可知，此次调查的受访者在人口特征方面，以 16—25 周岁的女性为主，在受教育程度上，以本科学位课程的学生为主。受访者的专业背景及学科性质的结构，均与澳门社会经济产业结构具有较高的相似性，为此，可以看出，此次问卷调查的对象具有一定的代表性。

四　澳门高校青年参与义工的动机分析

（一）澳门青年义工以在校学生为主，追求新鲜和拓展关系是其主要的动机

借助与义工组织代表和青年义工代表的访谈，项目组分别澳门参与义工工作的主体构成，以及参与义工的动机构成等方面，对澳门青年义工的总体参与情况进行了调查和了解。

从澳门青年义工的参与状况来看，澳门青年义工以在校学生为主，在职人士相对较少。

在访谈当中，澳门义务工作者协会受访者表示目前澳门的在职人士参与义工活动的人群相对比较少，应该说参与自己公司里面的义工活动会相对多一点。因为有些公司自己会成立义工队，这些义工队向自己的

公司职员进行招募。总体来看，澳门参与义工比较多的是青少年，然后是长者义工。

澳门社区青年义工发展协会的受访者也同样表示，在职人士会考虑到工作和时间上的问题，因此，相对而言，还是以在校的学生为主。

从高校青年义工参与的动机来看，学生义工以新鲜感为初始动机，认识社会和拓展关系网络是主要的动力来源。

从受访者的回馈意见来看，学生义工的参与动机可以分为内在和外在两个方面。

从内在动机来看，学生义工一般比较关注新鲜感，会因为追求新鲜而参与义工工作，如不少青少年从未参与过义工工作，对于这个领域的事情比较感兴趣。另外一个参与义工工作的动机就是认识一些新的朋友和人。第三个动机就是将参与义工当作一种游玩，因为在家庭和学校之外，可以让自己心情愉快。在游玩的同时，可以学习到如何做人和如何做事。

从外在的动机来看，也有不少学生义工，可能最初参加义工工作是因为学校方面的要求，如为了让学生提高技能，增长见闻而组织学生参与义工工作。

不少学生青年义工也希望利用业余时间做一些有意义的事情，例如，交朋友，扩大交际圈，有不同层面、不同学校、不同职业单位的人等。但无论最初这些义工的参与动机为何，其最终都是希望学习不同的东西，提升自身技能并服务社会。

在此次访谈中，有不少受访青年代表也表示了相同的观点。如澳门科技大学的青年代表表示，其参与青年义工服务的主要原因就是希望能够通过自己的付出，帮助其他人，认识更多的朋友。此外，该青年代表还认为参与义工工作能够在一定程度上提升自己的能力，如语言表达等，因此，他才参与了义工工作。

来自澳门理工护理学院的青年代表表示，其在高中二年级就参与了学校的义工社团。当时，参与义工工作的主要原因就是希望能够通过参与义工工作，接触更多的人和事，能够对社会形成更加准确的认知，同时，形成自己对世界和社会的看法。同时，通过参与义工工作还能够获得帮助其他人的满足感。

　　此次受访的青年义工代表表示其参与义工工作的动机，也主要是出于兴趣和好奇、打发闲暇时间和了解社会等目的。

　　澳门大学的代表则表示，参与义工工作主要是与朋友一起，通过义工活动更好地了解社会，在帮助自己提升能力和开阔眼界的同时，也能够较好地帮助其他有需要的人。加深自己与社会的接触。

　　教业中学高中毕业生代表则表示，最初参与义工的主要原因就是有相对较多的闲暇时间，因此，希望通过某种形式来打发时间，因此，接触到了义工工作。其次，她认为能够通过义工活动帮助有需要的人。这种满足感是其参与义工活动的重要动力和原因。

　　澳门旅游学院的青年代表则表示，最初她参与义工工作主要是通过卖旗的形式。刚开始的时候，对义工工作并不十分了解，因此有较强的好奇心，随着参与次数的增加，她认为通过提供义工服务能够认识很多朋友，学到其他平时无法学习的知识和技能，这个是她参与义工活动的原因。

　　由此可见，兴趣和好奇心，以及渴望通过义工工作了解社会和结识更多的朋友是高校青年参与义工的主要动机。

　　（二）受访青年义工的动机具有多元化的特点，主要动机与访谈结果基本相同

　　项目组对此次问卷调查中，参与义工动机部分的数据进行描述性分析，可知，受访者对于项目组提出之系列动机的认可程度较高，体现了义工参与者的多元化动机特征。

表7-9　　　　　　　　　　受访者对参与动机的认可程度

序号	动机	平均值	标准偏差
1	帮助他人	4.35	0.738
2	充实生活	4.12	0.865
3	获得锻炼的机会	4.12	0.852
4	积累社会经验	4.05	0.891
5	扩展人际关系	4.04	0.884
6	实现自我价值	3.92	0.903

续表

序号	动机	平均值	标准偏差
7	获得知识和能力	3.91	0.919
8	回馈社会	3.90	0.896
9	更深入地了解社会	3.86	0.807
10	承担社会责任	3.84	0.891
11	得到社会认同	3.50	0.957

从表7-9中可以看到,受访者对于项目组提出的11项参与义工的动机类型均表示了较高的认可度,其中排名第11位的动机因素也能达到3.5分。而其中排名靠前,且得分超过四分的项目有:帮助他人;充实生活;获得锻炼的机会;积累社会经验;扩展人际关系等。这与前面与澳门义工社团和高校青年义工代表访谈时,所提及的主要动机具有高度的相似性。

(三)高校青年义工的参与动机,可以大体划分为自我发展导向和社会责任导向动机两类

表7-10   方差解释表

成分	初始值			提取值平方和		
	合计	方差的%	累积%	合计	方差的%	累积%
1	3.886	48.575	48.575	3.886	48.575	48.575
2	1.166	14.577	63.152	1.166	14.577	63.152
3	0.676	8.445	71.598			
4	0.580	7.246	78.843			
5	0.536	6.699	85.542			
6	0.451	5.633	91.175			
7	0.389	4.868	96.042			
8	0.317	3.958	100.000			

为了进一步概括受访者参与义工服务的动机,并进而将受访者按照其参与动机进行分类,项目组借助因子分析的方法,对调研所获得的数

据进行降维处理。

在因子分析的过程中，由于帮助他人、回馈社会，以及得到社会认同三项的公因子方差提取值小于 0.5，为此，用剩余的八个项目进行因子分析。

其中，通过检验，KMO 值为 0.854，巴特利球形度检验显著性水平达到 0.000，可见，该数据适合进行因子分析。

方差解释表的数据表明，上述八个动机项目，可以最终归纳为两个因子，这两个动机因子能够代表原始数据中 63.152% 的信息。

专案组进一步借助旋转因子矩阵，得到上述两个动机因子所对应的动机项目，详见表 7 – 11：

表 7 – 11　　　　　　　　　　因子旋转矩阵

	成分	
	1	2
回馈社会		0.874
承担社会责任		0.857
获得锻炼的机会	0.766	
获得知识和能力	0.792	
充实生活	0.776	
扩展人际关系	0.727	
实现自我价值	0.669	
积累社会经验	0.677	

通过上述旋转矩阵可知，问卷中的八个动机项目可以被归纳为两个动机因子。

其中动机因子 1 主要包括：获得锻炼的机会；获得知识和能力；充实生活；扩展人际关系；实现自我价值；积累社会经验。这些动机项目均是以受访者自身的发展为导向，因此，可以被称为自我发展导向动机。

动机因子 2 包括的内容则是：回馈社会和承担社会责任，为此，项目组将动机因子 2 归纳成为社会责任导向动机。

（四）受访义工代表可按动机划分为四种类型

在因子分析的基础上，项目组以自我发展导向动机和社会责任导向动机为依据，对受访高校青年义工代表进行分类。经过多次强制分类，最终项目组认为将受访者分为四类是最为合理的，即能够较好地对不同类型的义工代表进行描述，同时，也能够在统计学上具有显著性。最终按照四类进行聚类得到的最终聚类中心如表 7－12 及表 7－13 所示：

表 7－12   最终聚类中心

	类型			
	1	2	3	4
自我发展导向动机	0.34700	－2.11521	0.80558	－0.69330
社会责任导向动机	－1.02577	－0.87684	0.67029	0.53526

表 7－13   聚类分析单因素方差分析表 ANOVA

	类型		误差		F	显著性水平
	均方	df	均方	df		
自我发展导向动机	114.120	3	0.316	496	361.362	0.000
社会责任导向动机	101.029	3	0.395	496	255.778	0.000

可见，第一类受访者群体在自我发展导向动机方面表现较强，因此，可以将第一类青年义工称为自我发展型义工。第二类义工无论在自我发展导向动机还是在社会责任导向动机方面，均表现较弱，为此，项目组将其称为无明确目的型义工。第三类义工在上述两个动机维度方面都有较为正面的表现，其中自我发展动机更强的，项目组将其称为多元目标型义工。第四类义工在社会责任导向动机方面表现最为明显，因此，可以被称为回报社会型义工。

从表 7－14 中可见，无明确目的型义工数量相对较少，仅为 33 人，其余类型的义工人数大体相当，均在 155 人左右。

表 7 - 14　　　　　　　　　**各类型义工的数量分布**

类型	人数
自我发展型义工	155
无明确目的型义工	33
多元目标型义工	155
回报社会型义工	157

（五）参与义工动机在不同性别、年龄和专业性质等方面的群体间具有显著差异

在获得上述义工参与动机因子的基础上，项目组进一步借助均值检验来探讨不同群体间在参与义工动机上的差异性。

数据分析的结果显示，不同性别的受访者在自我发展导向动机和社会责任导向动机方面的表现存在显著差异。不同年龄段的受访者群体，在自我发展导向动机方面存在显著差异。修读不同专业的群体，在社会责任型动机方面的表现存在显著差异。不同经济来源的受访者群体在自我发展导向动机方面存在显著差异。每周参与义工天数不同的群体，在自我发展导向动机方面存在显著差异。

具体来看，16—20 岁年龄段的受访者在自我发展导向动机方面，显著高于 21—25 岁年龄段的群体。

经济管理类专业的受访者在社会责任型动机上的表现要显著高于医药卫生类专业的受访者。人文艺术专业和社会科学类专业的受访者在此动机上也高于医药卫生类专业的受访者。电子技术与信息科学专业的受访者在社会责任型动机方面，显著性的低于历史哲学，以及政治军事与法律等专业的受访者。历史哲学专业的受访者在社会责任动机方面显著高于电子技术与信息科学，以及医药卫生类专业的受访者。政治军事与法律专业的受访者在此动机上的表现也显著高于电子技术与信息科学，以及医药卫生专业的受访者。可见，人文社会科学类专业的受访者在社会责任导向动机方面，普遍性地要高于自然科学专业的受访者。

数据结果还显示，经济来源全部由家庭承担的受访者群体在自我发展型动机上，显著高于全部由自己承担的受访者。全部由自己承担经济来源的受访者在自我发展型动机的表现上，为最低。可见，受访者在经

济来源方面承担得越多，则其在自我发展型动机上的表现就相对越弱。

每周参与义工的天数在 1 天以内的受访者，其自我发展型动机显著低于每周参与 2—3 天及每周参与 6 天及以上的群体。

五 澳门高校青年对社会支持的感知分析

（一）受访者对社会情感支持感知较为明显，义工组织、义工伙伴是社会支持的重要来源

表 7 – 15 　　　　　　对不同类型社会支持的感知情况汇总表

序号	社会支持	均值	标准偏差	偏度	峰度
1	肯定鼓励我参与服务	3.6435	1.12842	1.092	17.128
2	帮助分析问题	3.3011	0.95999	- 0.548	0.681
3	对表现提出评价建议	3.2715	0.9909	- 0.771	0.923
4	沟通义工工作	3.223	1.0357	- 0.755	1.025
5	倾诉对象	3.106	1.12897	0.778	11.713
6	帮助忘记烦恼	3.0325	1.06234	- 0.61	0.525
7	工作上指导	2.977	0.92313	- 0.361	0.344
8	物质支持	2.837	1.10278	- 0.329	- 0.163
9	经济支持	2.741	1.26545	- 0.314	- 0.526

本实证研究在调研时，参考及访谈国内外相关研究的成果，将社会支持划分为经济支持、物质支持、工作上的指导、倾诉的对象、说明忘记烦恼、沟通义工工作、帮助分析问题、对表现提出评价建议、肯定及鼓励参与义工服务等项目。并按照社会支持的来源分为家庭成员、身边朋友、义工伙伴，以及义工组织等方面。为了从总体上对受访者的社会支持感知进行关注，本研究分别从上述角度对受访者获得的社会支持进行了均值计算。

从表 7 – 15 中可见，在不同类型的社会支持中，受访者感知最为强烈的是肯定及鼓励受访者参与义工服务，其次是说明分析问题，和对其表现提出评价建议。对社会支持感知相对较少的是工作上的指导、物质上的支持，以及经济上的支持等。从上述数据的偏度来看，除了肯定鼓

励受访者参与义工服务，以及成为受访者的倾诉对象两个项目的偏度为正偏外，其余的项目均呈现出负偏的特征。由此可见，受访者对于其在参与义工工作中的鼓励和倾听倾诉感受较为强烈。

从受访者的回馈信息来看，受访者感受的社会支持最主要来自义工组织，其次为义工伙伴，身边朋友，以及家庭成员，详见表7－16。此外，从该组资料的偏度来看，均呈现出负偏的特征，即对于来自于上述管道的社会支持感知相对偏低。

表7－16　　　　　　　对不同来源社会支持的感知情况汇总表

序号	社会支持来源	均值	标准偏差	偏度	峰度
1	义工组织	3.2902	1.05586	－0.951	1.042
2	义工伙伴	3.2156	0.99672	－0.69	1.672
3	身边朋友	3.1076	0.94325	－0.495	1.254
4	家庭成员	2.8822	1.10325	－0.606	0.144

（二）不同群体对社会支持来源的感知差异

从不同群体对社会支持来源的感知差异情况来看，不同性别的受访者对于社会支持的来源感知存在差异，其中，女性比男性更能感受到来自家庭成员和身边朋友的支持。

在参与义工团体数量不同的群体间，对于来自身边朋友的社会支持感知存在显著差异。具体而言，项目组通过相关分析可知，对来自身边朋友支持的强弱与参与义工社团的数量呈弱正相关关系，该相关性在0.01的水平上具有显著性。

经济来源不同的群体间，在上述社会支持的来源方面感知均存在显著性差异。具体来看，事后检验的数据表明，家庭提供经济来源的比例越高，则相应受访者对来自家庭的社会支持感知就越强烈。特别是经济来源全部由受访者自己承担时，其感知到的来自上述四个方面的社会支持均显著低于家庭提供经济来源的受访者。可见，此项研究结果也验证了在访谈中，相关业界人士所提及的，义工在参与义工工作时会受到经济上压力的局限。详见表7－17：

表 7 – 17　　　　不同经济来源的群体对家庭成员支持感知的
多重比较 Multiple Comparisons

(I) 经济来源	(J) 经济来源	均值差 (I－J)	标准误	显著性水平
全部由 家庭提供	全部由自己承担	0.77647 *	0.16628	0.000
	大部分靠家庭，自己也少量 承担	0.07656	0.12481	0.540
	大部分靠自己，家庭也提供 少量支持	0.29201	0.15054	0.053
	其他	0.56309	0.45178	0.213
全部由 自己承担	全部由家庭提供	－ 0.77647 *	0.16628	0.000
	大部分靠家庭，自己也少量 承担	－ 0.69991 *	0.15047	0.000
	大部分靠自己，家庭也提供 少量支持	－ 0.48446 *	0.17242	0.005
	其他	－ 0.21338	0.45954	0.643
大部分靠家庭， 自己也少量承担	全部由家庭提供	－ 0.07656	0.12481	0.540
	全部由自己承担	0.69991 *	0.15047	0.000
	大部分靠自己，家庭也提供 少量支持	0.21545	0.13288	0.106
	其他	0.48653	0.44621	0.276
大部分靠自己， 家庭也提供 少量支持	全部由家庭提供	－ 0.29201	0.15054	0.053
	全部由自己承担	0.48446 *	0.17242	0.005
	大部分靠家庭，自己也少量 承担	－ 0.21545	0.13288	0.106
	其他	0.27108	0.45408	0.551
其他	全部由家庭提供	－ 0.56309	0.45178	0.213
	全部由自己承担	0.21338	0.45954	0.643
	大部分靠家庭，自己也少量 承担	－ 0.48653	0.44621	0.276
	大部分靠自己，家庭也提供 少量支持	－ 0.27108	0.45408	0.551

* 均值差在 0.05 水平上显著。

　　义工服务年资不同的受访者，在对来自家庭成员、义工伙伴，以及义工组织的支持感知方面，存在显著性的差异。具体而言，事后检验的结果表明，义工服务年资在1年及以内以及2—5年间的受访者比长期从事义工服务的受访者更能感受到来自家庭成员的支持。详见表7–18：

表7–18　服务年资不同的义工对家庭成员支持感知的多重比较

（I）义工服务年资	（J）义工服务年资	均值差（I–J）	标准误	显著性水平
1年及以内	2—5年	−0.14997	0.10198	0.142
	6—10年	0.17886	0.20611	0.386
	11年及以上	1.55733*	0.77935	0.046
2—5年	1年及以内	0.14997	0.10198	0.142
	6—10年	0.32883	0.20794	0.114
	11年及以上	1.70730*	0.77983	0.029
6—10年	1年及以内	−0.17886	0.20611	0.386
	2—5年	−0.32883	0.20794	0.114
	11年及以上	1.37847	0.80014	0.086
11年及以上	1年及以内	−1.55733*	0.77935	0.046
	2—5年	−1.70730*	0.77983	0.029
	6—10年	−1.37847	0.80014	0.086

*均值差在0.05水平上显著。

　　而在对来自义工伙伴的支持感知方面，义工服务年资在1年及以内的受访者，比具有2—5年服务年资的受访者要弱。这也似乎在说明，义工伙伴之间的相互支持与配合也需要有一定的时间和精力付出。详见表7–19：

表7–19　不同年资的义工对义工伙伴支持感知的多重比较

（I）义工服务年资	（J）义工服务年资	均值差（I–J）	标准误	显著性水平
1年及以内	2—5年	−0.30880*	0.09174	0.001
	6—10年	−0.30494	0.18542	0.101
	11年及以上	0.11867	0.70111	0.866

续表

（I）义工服务年资	（J）义工服务年资	均值差（I－J）	标准误	显著性水平
2—5 年	1 年及以内	0.30880 *	0.09174	0.001
	6—10 年	0.00386	0.18707	0.984
	11 年及以上	0.42747	0.70155	0.543
6—10 年	1 年及以内	0.30494	0.18542	0.101
	2—5 年	－0.00386	0.18707	0.984
	11 年及以上	0.42361	0.71981	0.556
11 年及以上	1 年及以内	－0.11867	0.70111	0.866
	2—5 年	－0.42747	0.70155	0.543
	6—10 年	－0.42361	0.71981	0.556

＊均值差在 0.05 水平上显著。

　　在对来自义工组织的支持感知方面，义工服务年资在 1 年及以内的受访者，感知程度最弱。详见表 7 - 20：

表 7 - 20　　　不同年资的义工对义工组织的支持感知多重比较

（I）义工服务年资	（J）义工服务年资	均值差（I－J）	标准误	显著性水平
1 年及以内	2—5 年	－0.35952 *	0.09682	0.000
	6—10 年	－0.44106 *	0.19567	0.025
	11 年及以上	0.21867	0.73989	0.768
2—5 年	1 年及以内	0.35952 *	0.09682	0.000
	6—10 年	－0.08153	0.19741	0.680
	11 年及以上	0.57819	0.74035	0.435
6—10 年	1 年及以内	0.44106 *	0.19567	0.025
	2—5 年	0.08153	0.19741	0.680
	11 年及以上	0.65972	0.75963	0.386
11 年及以上	1 年及以内	－0.21867	0.73989	0.768
	2—5 年	－0.57819	0.74035	0.435
	6—10 年	－0.65972	0.75963	0.386

＊均值差在 0.05 水平上显著。

（三）不同群体对社会支持内容的感知差异

从不同群体对社会支持内容的感知差异来看，不同性别的受访者对：帮助忘记烦恼、沟通义工工作、帮助分析问题、对表现提出评价和建议、能够鼓励受访者参与义工服务等方面的支持，存在感知上的差异。具体而言，在上述社会支持的感知方面，男性受访者的感知显著低于女性受访者。可见，男性义工可能因为性别个性特征或其他原因，未能得到其所期望的社会支持，特别是情感上的支持。

修读不同课程的受访者在：帮助分析问题、对表现提出评价和建议，以及肯定鼓励受访者参与义工服务等方面的感知上，存在显著性的差异。事后检验的数据显示，修读副学士的受访者在上述社会支持感知方面，显著低于修读学士以及硕士课程的受访者。

参与义工社团数量不同的受访者，在对物质支持、帮助忘记烦恼、沟通义工工作，以及肯定鼓励受访者参与义工服务等方面的感知，存在显著性的差异。由于受访者在回答参与义工社团数量时，采取的是连续变量，因此，项目组对参与义工社团数量和上述社会支持感知之间进行相关分析。分析结果显示，受访者对上述社会支持的感知强弱与参与义工社团数量，在 0.01 的显著性水平上，呈现出正相关关系。可见，适当地多参与一些义工社团对于青年义工的社会支持感知提升具有一定的帮助。

经济来源情况不同的受访者对于上述各项社会支持的感知均存在显著性的差异。从事后检验的结果来看，具有显著性差异的群体主要是需要自己独自承担经济来源的受访者与自己部分承担或由家庭承担经济来源的受访者。自己独立承担经济来源的受访者对于上述社会支持感知的项目，显著性地弱于有家庭协助承担经济压力的群体。

义工服务年资不同的受访者对于物质支持、工作上的指导、沟通义工工作、对表现提出评价建议，以及肯定鼓励受访者参与义工服务等方面的感知上，存在显著性的差异。从事后检验的资料来看，主要是服务年资在 1 年及以内的群体与年资在 2—5 年的受访者之间存在显著性差异，其中 1 年及以内年资的受访者对于上述社会支持感知均弱于年资在 2—5 年的受访者。

六 高校青年义工社会支持感知的主要内涵

在本实证研究中，几个重要的概念是：义工参与动机、社会支持感知、义工参与满意度、持续参与意愿。其中，义工参与动机已经被精简为两个动机。对于社会支持感知需要针对不同来源以及不同内容进行精简。义工参与满意度和持续参与意愿为既定的变量。

（一）对家庭成员的社会支持内容之因子分析

家庭成员的社会支持部分数据分析显示，KMO 值为 0.899，巴特利球形度检验显著性水平为 0.000，可见，该部分数据比较适合进行因子分析。

通过方差解释表可见，来自家庭成员的社会支持项目可以被归纳为两个方面的支持，这两个方面的社会支持可以代表原始数据中 66.98%的信息。详见表 7 - 21。

表 7 - 21 家庭成员社会支持的方差解释表

成分	初始值		
	合计	方差的%	累积 %
1	4.862	54.024	54.024
2	1.166	12.960	66.984
3	0.653	7.260	74.244
4	0.511	5.677	79.921
5	0.442	4.913	84.834
6	0.399	4.433	89.267
7	0.346	3.847	93.114
8	0.319	3.545	96.659
9	0.301	3.341	100.000

提取方法：主成分。

旋转成分矩阵（表 7 - 22）表明，家庭成员的第一个社会支持项目包括：倾听困难、忘记烦恼、工作沟通、提供建议、做出评价、鼓励参与等。结合有关社会支持的文献，项目组认为可将其归纳为家庭对义工的情感支持。

表 7 - 22　　　　　　　　家庭成员社会支持的旋转成分矩阵 a

	成分	
	1	2
家庭—经济支持		0.778
家庭—物质支持		0.842
家庭—工作信息指导		0.797
家庭—倾听困难	0.765	
家庭—忘记烦恼	0.819	
家庭—工作沟通	0.731	
家庭—提供建议	0.796	
家庭—做出评价	0.712	
家庭—鼓励参与	0.755	

a. 旋转在 3 次迭代后收敛。

　　家庭成员的第二个社会支持项目包括：经济支持、物质支持、工作信息指导等，可将其归纳为家庭对义工的物质支持。

　　（二）对身边朋友的社会支持内容之因子分析

　　身边朋友的社会支持部分数据分析显示，KMO 值为 0.868，巴特利球形度检验显著性水平为 0.000，可见，该部分数据比较适合进行因子分析。

　　通过方差解释表可见，来自身边朋友的社会支持项目可以被归纳为两个方面的支持，这两个方面的社会支持可以代表原始数据中 57.52% 的信息。详见表 7 - 23。

表7-23 　　　　　　　　　身边朋友社会支持的方差解释表

成分	初始值		
	合计	方差的%	累积 %
1	4.036	44.849	44.849
2	1.141	12.674	57.523
3	0.876	9.734	67.257
4	0.641	7.126	74.383
5	0.583	6.483	80.866
6	0.541	6.014	86.880
7	0.431	4.787	91.667
8	0.385	4.280	95.947
9	0.365	4.053	100.000

提取方法：主成分。

旋转成分矩阵（表7-24）表明，身边朋友的第一个社会支持项目包括：倾听困难、忘记烦恼、工作沟通、提供建议、做出评价、鼓励参与，结合有关社会支持的文献，可将其归纳为朋友提供的情感支持。

表7-24 　　　　　　　　　身边朋友社会支持的旋转成分矩阵 a

	成分	
	1	2
朋友—经济支持		0.783
朋友—物质支持		0.806
朋友—工作信息指导		0.735
朋友—倾听困难	0.599	
朋友—忘记烦恼	0.774	
朋友—工作沟通	0.609	
朋友—提供建议	0.769	
朋友—做出评价	0.596	
朋友—鼓励参与	0.590	

a. 旋转在 3 次迭代后收敛。

身边朋友的第二个社会支持项目包括：经济支持、物质支持、工作信息指导等，可将其归纳为朋友提供的物质支持。

（三）对义工伙伴的社会支持内容之因子分析

来自义工伙伴的社会支持部分数据分析显示，KMO 值为 0.891，巴特利球形度检验显著性水平为 0.000，可见，该部分数据比较适合进行因子分析。

通过方差解释表可见，来自义工伙伴的社会支持项目可以被归纳为两个方面的支持，这两个方面的社会支持可以代表原始数据中 61.31% 的信息。详见表 7-25。

表 7-25　　　　　　　义工伙伴社会支持的方差解释表

成分	初始值		
	合计	方差的%	累积 %
1	4.469	49.655	49.655
2	1.048	11.649	61.305
3	0.810	9.005	70.310
4	0.681	7.571	77.881
5	0.507	5.632	83.512
6	0.434	4.821	88.333
7	0.362	4.026	92.358
8	0.353	3.923	96.281
9	0.335	3.719	100.000

提取方法：主成分。

旋转成分矩阵（表 7-26）表明，义工伙伴的第一个社会支持项目包括：倾听困难、忘记烦恼、工作沟通、提供建议、做出评价、鼓励参与，结合有关社会支持的文献，可将其归纳为义工伙伴提供的情感支持。

义工伙伴的第二个社会支持项目包括：经济支持、物质支持、工作信息指导等，可将其归纳为义工伙伴提供的物质支持。

表 7 - 26　　　　　　　义工伙伴社会支持的旋转成分矩阵 a

	成分	
	1	2
义工—经济支持		0.856
义工—物质支持		0.827
义工—工作信息指导		0.637
义工—倾听困难	0.696	
义工—忘记烦恼	0.672	
义工—工作沟通	0.738	
义工—提供建议	0.736	
义工—做出评价	0.738	
义工—鼓励参与	0.606	

a. 旋转在 3 次迭代后收敛。

（四）对义工组织的社会支持内容之因子分析

来自义工组织的社会支持部分数据分析显示，KMO 值为 0.881，巴特利球形度检验显著性水平为 0.000，可见，该部分数据比较适合进行因子分析。

通过方差解释表可见，来自义工组织的社会支持项目可以被归纳为两个方面的支持，这两个方面的社会支持可以代表原始数据中 69.21% 的信息。详见表 7 - 27。

表 7 - 27　　　　　　义工组织社会支持的方差解释表

成分	初始值		
	合计	方差的 %	累积 %
1	4.451	55.643	55.643
2	1.086	13.571	69.214
3	0.625	7.807	77.021
4	0.463	5.793	82.814
5	0.396	4.955	87.769
6	0.372	4.645	92.415
7	0.351	4.382	96.797
8	0.256	3.203	100.000

提取方法：主成分。

旋转成分矩阵（表7-28）表明，义工组织的第一个社会支持项目包括：物质支持、工作信息指导、工作沟通、提供建议、做出评价、鼓励参与。结合有关社会支持的文献，可将其归纳为义工组织提供的专业支持。

义工组织的第二个社会支持项目包括：倾听困难、忘记烦恼等，可将其归纳为义工组织提供的情感支持。

表7-28　　　　　　　　　义工组织社会支持的旋转成分矩阵 a

	成分	
	1	2
组织—物质支持	0.663	
组织—工作信息指导	0.786	
组织—倾听困难		0.903
组织—忘记烦恼		0.877
组织—工作沟通	0.676	
组织—提供建议	0.570	
组织—做出评价	0.797	
组织—鼓励参与	0.842	

a. 旋转在 3 次迭代后收敛。

通过上述分析可见，上述社会支持，无论其来源如何，都大体上可以分为情感支持和物质支持。其中来自义工组织的物质支持主要为专业支持，即为参与者提供必需之义工知识和技能等方面的支持。

七　澳门高校青年参与义工的满意度及持续参与意愿分析

通过描述性分析可见，受访者总体上满意度较为理想，得分最低的项目为对义工工作中的福利和奖赏机制感到满意，该项目得分也达到了3.52分。得分最高的是受访者对自我成长的满意度，得分为3.96分。详见表7-29：

表 7 - 29 受访者对义工参与满意度项目的评价

满意度专案	均值	标准偏差
自我成长感到满意	3.96	0.772
环境氛围感到满意	3.80	0.766
义工服务的支持感到满意	3.70	0.873
福利和奖赏机制感到满意	3.52	0.898

从上述资料中可见，尽管受访者对参与义工的总体满意度较高，对于社会支持的感知满意度仍然有待提升。

从受访者对持续参与义工工作的态度及意愿评价来看，持续参与的意愿也较为理想。得分最低的项目为"继续寻找相关资源来协助推动义工服务"，该项目得分也有 3.67 分。得分最高的为"义工服务付出是值得的"，分数为 4.16。详见表 7 - 30：

表 7 - 30 受访者对持续参与义工工作的意愿评价

持续参与意愿	均值	标准偏差
义工服务付出是值得的	4.16	0.804
会一如既往地参与义工服务	3.79	0.967
投入更多时间和精力到义工服务	3.76	0.882
推荐亲友一同参与义工服务	3.73	0.957
继续寻找相关资源来协助推动义工服务	3.67	0.937

从上述资料中可见，在持续参与的系列承诺中，价值承诺是得到受访者认可度最高的项目，其次是持续承诺部分，而相对得分较低的是努力承诺，如"投入更多时间和精力到义工服务"，"推荐亲友一同参与义工服务"，以及"继续寻找相关资源来协助推动义工服务"等。由此可见，受访者在主观上对于参与义工工作具有较高的认知，对其价值认知度较高，同时也有一定的持续参与意愿。但是，在实际生活中，可能受到各方面条件的限制，使得努力承诺部分相对较弱。

研究者将上述满意度和持续参与意愿等项目进行汇总，并通过平均值计算，分别得到义工参与满意度和义工持续参与意愿的平均得分，并以此与受访者的个人特征进行单因素方差分析和事后两两比较。

从就读不同课程的青年义工之持续参与意愿来看，副学士学位的受访者在持续参与意愿方面显著低于学士学位课程及硕士学位课程的受访者。就读于学士学位、硕士学位以及博士学位课程的受访者之间并无显著性的差异。详见表7-31所示。

表7-31   就读不同课程的受访者之参与意愿多重比较

因变数	(I) 修读课程	(J) 修读课程	均值差 (I-J)	标准误	显著性水平	95% 置信区间 下限	上限
参与意愿	副学士学位	学士课程	-0.48416*	0.23128	0.037	-0.9386	-0.0298
		硕士课程	-0.67081*	0.25780	0.010	-1.1773	-0.1643
		博士课程	-0.06000	0.37352	0.872	-0.7939	0.6739
	学士课程	副学士学位	0.48416*	0.23128	0.037	0.0298	0.9386
		硕士课程	-0.18665	0.12374	0.132	-0.4298	0.0565
		博士课程	0.42416	0.29727	0.154	-0.1599	1.0082
	硕士课程	副学士学位	0.67081*	0.25780	0.010	0.1643	1.1773
		学士课程	0.18665	0.12374	0.132	-0.0565	0.4298
		博士课程	0.61081	0.31834	0.056	-0.0146	1.2363
	博士课程	副学士学位	0.06000	0.37352	0.872	-0.6739	0.7939
		学士课程	-0.42416	0.29727	0.154	-1.0082	0.1599
		硕士课程	-0.61081	0.31834	0.056	-1.2363	0.0146

*均值差在0.05水平上显著。

从参与义工社团数量不同的群体间在持续参与意愿的差异上来看，没有参与义工社团的受访者持续参与意愿最低，参与3个义工社团的受访者在持续参与义工服务意愿方面，显著性地高于低于3个社团的受访者。而参加的义工社团数量高于3个的受访者在持续参与意愿方面并未见明显之增长。由于篇幅之关系，此处略去相关分析之数据表格，如有需要可以详见附件。可见，参与义工社团的数量也并非越多就越好。

从不同经济来源的受访者之满意度和持续参与意愿来看，全部由家庭提供经济来源的受访者在对参与义工服务的满意度感知，以及持续参与义工服务的意愿方面，要显著性地高于全部由自己承担的青年学生。而全部依靠自己来获得经济来源的受访者，在参与义工服务满意度感知和持续参与义工服务意愿方面，也显著性地低于全部由家庭提供，大部分靠家庭、自己也少量承担，以及大部分靠自己、家庭也提供少量支持的受访者群体。

从服务年资不同的受访者对义工服务参与的满意度感知和持续参与意愿之差异来看，服务年资在 1 年及以内的受访者，其对义工参与的满意度评价要显著低于 2—5 年服务年资的受访者，以及年资在 11 年及以上的受访者。参与义工服务年资在 2—5 年的受访者之满意度又显著性地低于拥有 11 年服务年资的受访者。而在持续参与意愿方面，服务年资在 1 年及以内的受访者持续参与意愿显著性地低于 2—5 年年资的受访者。

从每周参与义工服务天数不同的群体间在满意度及持续参与意愿方面的差异来看，每周平均参与天数在 2—3 天的受访者相对来说满意度较高。而从义工持续参与的意愿来看，每周参与义工服务天数在 2—3 天的受访者比每周参与天数在 1 天以内，以及每周参与天数在 4—5 天的受访者都要高。由此项目组推测，用于义工服务的时间也不能过多，否则可能会影响正常的工作和学习，反而会降低持续参与的意愿。

八　社会支持对澳门高校青年义工参与满意度的影响

对不同来源的社会支持对义工工作满意度的影响，采用多元回归分析之强迫输入法进行分析。

首先，从来自家庭成员的社会支持对义工满意度影响来看。

通过因子分析对核心变量的提取和精简，家庭成员社会支持项目精简为家庭情感支持、家庭物质支持两个方面。采用多元回归方法，以义工满意度为因变量，家庭情感支持及家庭物质支持为自变量进行显著性检验。从模式摘要表中可见 $P = 0.000 < 0.05$，存在显著性差异。两个预测变量共联合解释变异量为 0.108，亦即家庭情感支持及家庭物质支持能联合预测解释义工满意度 10.8% 的变异量（详见表 7 - 32）。

表7-32　　家庭支持对义工满意度的影响模型 Model Summaryb

Model	R	R方	R方调整	标准误估计	统计量变化				
					R方改变	F改变	df1	df2	显著性水平 F改变
1	0.328a	0.108	0.104	0.827	0.108	30.057	2	497	0.000

a. 自变量：（常数），家庭情感支持、家庭物质支持。

b. 因变数：义工满意度。

系数表中，各预测变量的容忍度值 VIF 为 1，表示没有共性问题存在的可能性。路径分析之路径系数为标准化回归系数（Beta 值），以义工满意度为校标变量，家庭情感支持及家庭物质支持为预测变量。两个预测变量的标准化回归系数分别为 0.315、0.093（详见表7-33）。

表7-33　　家庭支持对义工满意度的影响模型系数表 Coefficientsa

Model		非标准化系数		标准化系数	t	显著性水平	95.0%置信区间		相关性			共线性	
		B	标准误	Beta			下限	上限	零级相关	偏相关	Part	容忍值	VIF
1	（常数）	3.702	0.037		100.152	0.000	3.629	3.775					
	家庭情感支持	0.275	0.037	0.315	7.436	0.000	0.202	0.348	0.315	0.316	0.315	1.000	1.000
	家庭物质支持	0.081	0.037	0.093	2.196	0.029	0.009	0.154	0.093	0.098	0.093	1.000	1.000

从模式摘要表和系数表中整理来自家庭成员的社会支持对义工满意度变量解释力 = 0.108，显著性 P = 0.000，家庭成员的情感支持及物质支持的路径系数分别为 0.315 和 0.093，整理后如图7-10所示：

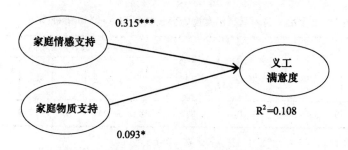

说明：*代表显著性，构面之间为路径系数，R²代表解释力

图 7 - 10 家庭支持对义工满意度的回归分析

其次，从来自周边朋友的社会支持对义工满意度影响来看。

通过因子分析对核心变量的提取和精简，周边朋友的社会支持归为情感支持、物质支持两个方面。采用多元回归方法，以义工满意度为因变量，朋友情感支持及物质支持为自变量进行显著性检验。从模式摘要表中可见 p = 0.000 < 0.05，存在显著性差异。两个预测变量共联合解释变异量为 0.086，亦即朋友情感支持及朋友物质支持能联合预测解释义工满意度 8.6% 的变异量（详见表 7 - 34）。

表 7 - 34 朋友支持对义工满意度的影响模型 Model Summaryb

Model	R	R 方	R 方调整	标准误估计	统计量变化				
					R 方改变	F 改变	df1	df2	显著性水平 F 改变
1	0.293a	0.086	0.082	0.837	0.086	23.375	2	497	0.000

a. 自变量：（常数）：周边朋友情感支持，周边朋友物质支持。

b. 因变数：义工满意度。

在系数表中，各预测变量的容忍度值 VIF 为 1，表示没有共性问题存在的可能性。路径分析之路径系数为标准化回归系数（Beta 值），以义工满意度为校标变量，朋友情感支持及朋友物质支持为预测变量。两个预测变量的标准化回归系数分别为 0.247、0.159（详见表 7 - 35）。

表 7 - 35　　朋友支持对义工满意度的影响模型系数表 Coefficientsa

Model		非标准化系数		标准化系数	t	显著性水平	95.0%置信区间		相关性			共线性	
		B	标准误	Beta			下限	上限	零级相关	偏相关	Part	容忍值	VIF
1	（常数）	3.702	0.037		98.944	0.000	3.628	3.776					
	朋友情感支持	0.215	0.037	0.247	5.750	0.000	0.142	0.289	0.247	0.250	0.247	1.000	1.000
	朋友物质支持	0.139	0.037	0.159	3.700	0.000	0.065	0.212	0.159	0.164	0.159	1.000	1.000

a. 因变量：义工满意度。

从模式摘要表和系数表中整理来自周边朋友的社会支持对义工满意度变量解释力 = 0.086，显著性 P = 0.000，朋友情感支持及物质支持的路径系数分别为 0.247、0.159，整理后图示如下：

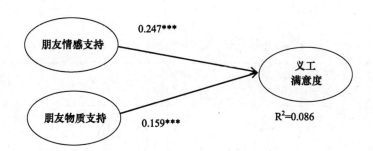

说明：* 代表显著性，构面之间为路径系数，R^2 代表解释力。

图 7 - 11　朋友支持对义工满意度的回归分析

第三，从来自义工伙伴的社会支持对义工满意度的影响来看。

通过因子分析对核心变量的提取和精简，义工伙伴的社会支持归为情感支持、物质支持两个方面。采用多元回归方法，以义工满意度为因变量，义工伙伴情感支持及物质支持为自变量进行显著性检验。从模式摘要表中可见 p = 0.000 < 0.05，存在显著性差异。两个预测变量共联合解释变异量为 0.092，亦即义工伙伴情感支持及物质支持能联合预测

解释义工满意度 9.2% 的变异量（详见表 7 - 36）。

表 7 - 36　　义工伙伴支持对义工满意度的影响模型 Model Summaryb

Model	R	R 方	R 方调整	标准误估计	统计量变化				
					R 方改变	F 改变	df1	df2	显著性水平 F 改变
1	0.303a	0.092	0.088	0.834	0.092	25.207	2	497	0.000

a. 自变量：（常数），义工伙伴情感支持，义工伙伴物质支持。

b. 因变数：义工满意度。

系数表中，各预测变量的容忍度值 VIF 为 1，表示没有共性问题存在的可能性。路径分析之路径系数为标准化回归系数（Beta 值），以义工满意度为校标变量，义工伙伴情感支持及义工伙伴物质支持为预测变量。两个预测变量的标准化回归系数分别为 0.275、0.129（详见表 7 - 37）。

表 7 - 37　　义工伙伴支持对义工满意度的影响模型系数表 Coefficientsa

Model		非标准化系数		标准化系数	t	显著性水平	95.0% 置信区间		相关性			共线性	
		B	标准误	Beta			下限	上限	零级相关	偏相关	Part	容忍值	VIF
1	（常数）	3.702	0.037		99.276	0.000	3.629	3.775					
	义工伙伴情感支持	0.240	0.037	0.275	6.428	0.000	0.167	0.313	0.275	0.277	0.275	1.000	1.000
	义工伙伴物质支持	0.113	0.037	0.129	3.016	0.003	0.039	0.186	0.129	0.134	0.129	1.000	1.000

a. 因变数：义工满意度。

从模式摘要表和系数表中整理来自义工伙伴的社会支持对义工满意度变量解释力 = 0.092，显著性 P = 0.000，义工伙伴情感支持及物质支持的路径系数分别为 0.275、0.129，整理后如图 7 - 12 所示：

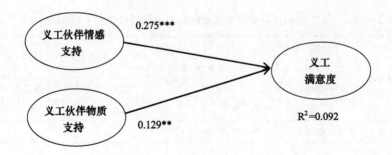

说明：*代表显著性，构面之间为路径系数，R^2代表解释力。

图 7 – 12 义工伙伴支持对义工满意度的回归分析

第四，从来自义工组织的社会支持对义工满意度的影响来看。

通过因子分析对核心变量的提取和精简，义工组织的社会支持归为专业支持、情感支持两个方面。采用多元回归方法，以义工满意度为因变量，义工组织专业支持及情感支持为自变量进行显著性检验。从模式摘要表中可见 $p = 0.000 < 0.05$，存在显著性差异。两个预测变量共联合解释变异量为 0.102，亦即义工组织专业支持及义工组织情感支持能联合预测解释义工满意度 10.2% 的变异量（详见表 7 – 38）。

表 7 – 38 义工组织支持对义工满意度的影响模型 Model Summaryb

Model	R	R 方	R 方调整	标准误估计	统计量变化				
					R 方改变	F 改变	df1	df2	显著性水平 F 改变
1	0.319a	0.102	0.098	0.829	0.102	28.093	2	497	0.000

a. 自变量：（常数），义工组织专业支持，义工组织物质支持。

b. 因变数：义工满意度。

系数表中，各预测变量的容忍度值 VIF 为 1，表示没有共性问题存在的可能性。路径分析之路径系数为标准化回归系数（Beta 值），以义工满意度为校标变量，义工组织专业支持及情感支持为预测变量。两个预测变量的标准化回归系数分别为 0.276、0.160（详见表 7 – 39）。

表 7-39 义工组织支持对义工满意度的影响模型系数表 Coefficientsa

Model		非标准化系数		标准化系数	t	显著性水平	95.0%置信区间		相关性			共线性	
		B	标准误	Beta			下限	上限	零级相关	偏相关	Part	容忍值	VIF
1	（常数）	3.702	0.037		99.799	0.000	3.629	3.775					
	义工组织专业支持	0.241	0.037	0.276	6.482	0.000	0.168	0.314	0.276	0.279	0.276	1.000	1.000
	义工组织情感支持	0.140	0.037	0.160	3.764	0.000	0.067	0.213	0.160	0.166	0.160	1.000	1.000

a. 因变数：义工满意度。

从模式摘要表和系数表中整理来自义工组织的社会支持对义工满意度变量解释力＝0.102，显著性 P＝0.000，义工组织专业支持及情感支持的路径系数分别为 0.276、0.160，整理后如图 7-13 所示：

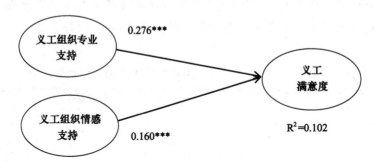

说明：＊代表显著性，构面之间为路径系数，R^2 代表解释力。

图 7-13 义工组织支持对义工满意度的回归分析

综上所述，从社会支持的不同来源来看，家庭成员、周边朋友、义工伙伴以及义工组织，均对义工满意度存在显著性的影响。其中，家庭成员支持以及义工组织支持对于受访者满意度的影响相对较大。就支持的内容来看，家庭情感支持以及义工组织的专业支持对于义工的满意度具有较为重要的影响。来自于身边朋友的支持以及来自义工伙伴的支持中，同样也是情感支持对满意度影响较大。具体资料汇总详见表 7-40。

表 7 - 40　　不同来源之社会支持与义工参与满意度之分析数据汇总表

社会支持来源		R2	标准化回归系数	显著性
家庭成员	情感支持	0.108	0.315	0.000
	物质支持		0.093	0.029
周边朋友	情感支持	0.086	0.247	0.000
	物质支持		0.159	0.000
义工伙伴	情感支持	0.092	0.275	0.000
	物质支持		0.129	0.003
义工组织	专业支持	0.102	0.276	0.000
	情感支持		0.160	0.000

九　参与满意度对社会支持感知和持续参与意愿的中介作用验证

检验社会支持对于义工持续参与意愿的影响中义工满意度的中介效果。在社会支持的分析中，笔者按社会支持不同来源分为了家庭成员的支持、身边朋友的支持、义工伙伴的支持及义工组织支持四类。故在检验社会支持对义工持续参与影响中，义工满意度的中介效果时，分别进行验证。对不同来源的社会支持对义工工作满意度的影响，采用多元回归分析之强迫输入法进行分析。

（一）对来自家庭成员的社会支持在对义工持续参与意愿的影响中，义工满意度的中介效果检验

首先，预测来自家庭成员的社会支持对义工持续参与意愿的影响。采用多元回归分析之强迫输入法进行分析。以义工持续参与意愿为因变量，以义工家庭支持为自变量进行显著性检验。从系数表中可见 $p = 0.000 < 0.05$（详见表 7 - 41），存在显著性差异。路径分析之路径系数为标准化回归系数（Beta 值），以义工持续参与意愿为校标变量，义工家庭支持为预测变量。预测变量的标准化回归系数为 0.249（详见表 7 - 42）。

表 7 – 41　家庭成员支持对义工持续参与意愿的影响模型 Model Summaryb

Model	R	R 方	R 方调整	标准误估计	统计量变化				
					R 方改变	F 改变	df1	df2	显著性水平 F 改变
1	0.249a	0.062	0.060	0.938	0.062	32.992	1	498	0.000

a. 自变量：（常数），家庭支持。

b. 因变数：义工持续参与意愿。

表 7 – 42　家庭成员支持对义工持续参与意愿的影响模型系数表 Coefficientsa

Model	非标准化系数		标准化系数	t	显著性水平	95.0% 置信区间		相关性			共线性	
	B	标准误	Beta			下限	上限	零级相关	偏相关	Part	容忍值	VIF
1 （常数）	3.160	0.117		26.913	0.000	2.929	3.391					
家庭支持	0.219	0.038	0.249	5.744	0.000	0.144	0.293	0.249	0.249	0.249	1.000	1.000

a. 因变数：义工持续参与意愿。

接着，预测来自家庭的社会支持对义工满意度的影响。采用多元回归分析之强迫输入法进行分析。以义工满意度为因变量，义工家庭支持为自变量进行显著性检验。从系数表中可见 $p = 0.000 < 0.05$（详见表 7 – 43），存在显著性差异。路径分析之路径系数为标准化回归系数（Beta 值），以义工满意度为校标变量，家庭支持为预测变量。预测变量的标准化回归系数为 0.306（详见表 7 – 44）。

表 7 – 43　家庭成员支持对义工满意度的影响模型 Model Summaryb

Model	R	R 方	R 方调整	标准误估计	统计量变化				
					R 方改变	F 改变	df1	df2	显著性水平 F 改变
1	0.306a	0.093	0.092	0.832	0.093	51.359	1	498	0.000

a. 自变量：（常数），家庭支持。

b. 因变数：义工满意度。

表 7 - 44　　家庭成员支持对义工满意度的影响模型系数表 Coefficientsa

Model		非标准化系数		标准化系数	t	显著性水平	95.0%置信区间		相关性			共线性	
		B	标准误	Beta			下限	上限	零级相关	偏相关	Part	容忍值	VIF
1	（常数）	3.004	0.104		28.828	0.000	2.800	3.209					
	家庭支持	0.242	0.034	0.306	7.167	0.000	0.176	0.308	0.306	0.306	0.306	1.000	1.000

a. 因变数：义工满意度。

第三步，预测来自家庭的社会支持和义工满意度对义工持续参与意愿的影响。采用多元回归分析之强迫输入法进行分析。以义工持续参与意愿为因变量，家庭支持和义工满意度为自变量进行显著性检验。从系数表 7 - 43 中可见 p = 0.000 < 0.05，存在显著性差异。路径分析之路径系数为标准化回归系数（Beta 值），以义工持续参与意愿为校标变量，家庭支持和义工满意度为预测变量。预测变量的标准化回归系数分别为 0.127 和 0.399（详见表 7 - 40）。

表 7 - 45　　　家庭成员支持及义工满意度对持续参与意愿的
影响模型 Model Summaryb

Model	R	R 方	R 方调整	标准误估计	统计量变化				
					R 方改变	F 改变	df1	df2	显著性水平 F 改变
1	0.455a	0.207	0.203	0.863	0.207	64.724	2	497	0.000

a. 自变量：（常数），义工满意度，家庭支持。

b. 因变数：义工持续参与意愿。

比较家庭支持对义工持续参与意愿的两个系数发现，系数 0.127 小于之前的系数 0.249，故部分中介效果显著，从而检验得出，在家庭支持对于义工持续参与意愿的影响中，义工满意度为部分中介效果。整理后的部分中介效果如图 7 - 14 所示：

表 7 - 46　　　　　家庭成员支持及义工满意度对持续参与意愿的

影响模型系数表 Coefficientsa

Model		非标准化系数		标准化系数	t	显著性水平	95.0%置信区间		相关性			共线性	
		B	标准误	Beta			下限	上限	零级相关	偏相关	Part	容忍值	VIF
1	（常数）	1.831	0.177		10.370	0.000	1.484	2.178					
	家庭支持	0.112	0.037	0.127	3.031	0.003	0.039	0.184	0.249	0.135	0.121	0.907	1.103
	义工满意度	0.442	0.046	0.399	9.515	0.000	0.351	0.534	0.438	0.393	0.380	0.907	1.103

a. 因变数：义工持续参与。

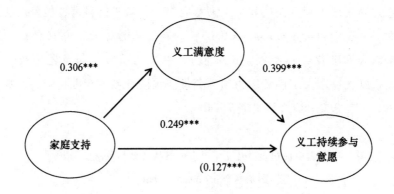

图 7 - 14　义工满意度在家庭支持与持续参与意愿间的部分中介效果示意图

（二）来自身边朋友的社会支持在对义工持续参与意愿的影响中，义工满意度的中介效果检验

研究者仍然采用上述方法来验证来自身边朋友的社会支持在对义工持续参与意愿的影响中，义工满意度的中介效果。首先预测来自身边朋友的社会支持对义工持续参与意愿的影响。即采用多元回归分析之强迫输入法进行分析，以义工持续参与意愿为因变量，以义工朋友支持为自变量进行显著性检验。从系数表中可见 $p = 0.000 < 0.05$，存在显著性差异。路径分析之路径系数为标准化回归系数（Beta 值），以义工持续参与意愿为校标变量，身边朋友支持为预测变量。预测变量的标准化回归系数为 0.270。

　　然后预测来自身边朋友的社会支持对义工满意度的影响。采用多元回归分析之强迫输入法进行分析。以义工满意度为因变量，义工朋友支持为自变量进行显著性检验。从系数表中可见 p = 0.000 < 0.05，存在显著性差异。路径分析之路径系数为标准化回归系数（Beta 值），以义工满意度为校标变量，朋友支持为预测变量。预测变量的标准化回归系数为 0.271。

　　随后，预测来自身边朋友的社会支持和义工满意度对义工持续参与意愿的影响。采用多元回归分析之强迫输入法进行分析。以义工持续参与意愿为因变量，朋友支持和义工满意度为自变量进行显著性检验。从系数表中可见 p = 0.000 < 0.05，存在显著性差异。路径分析之路径系数为标准化回归系数（Beta 值），以义工持续参与意愿为校标变量，朋友支持和义工满意度为预测变量。预测变量的标准化回归系数分别为 0.163 和 0.394。

　　通过比较身边朋友支持对义工持续参与意愿的两个系数，可以发现，系数 0.163 小于之前的系数 0.270，故满意度在来自身边朋友的社会支持在对义工持续参与意愿的影响中部分中介效果显著，从而检验得出，在身边朋友支持对于义工持续参与意愿的影响中，义工满意度为部分中介效果。整理后的部分中介效果如图 7 - 15 所示：

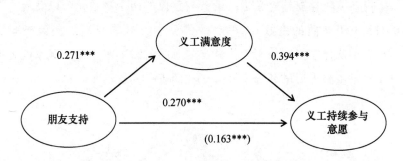

图 7 - 15　义工满意度在朋友支持与持续参与意愿间的部分中介效果示意图

　　（三）来自义工伙伴的社会支持在对义工持续参与意愿的影响中，义工满意度的中介效果检验

　　首先，预测来自义工伙伴的社会支持对义工持续参与意愿的影响。

采用多元回归分析之强迫输入法进行分析，以义工持续参与意愿为因变量，以义工伙伴支持为自变量进行显著性检验。从系数表中可见 p = 0.000 < 0.05，存在显著性差异。路径分析之路径系数为标准化回归系数（Beta 值），以义工持续参与意愿为校标变量，义工伙伴支持为预测变量。预测变量的标准化回归系数为 0.299。

接着，预测来自义工伙伴的社会支持对义工满意度的影响。采用多元回归分析之强迫输入法进行分析。以义工满意度为因变量，义工伙伴支持为自变量进行显著性检验。从系数表中可见 p = 0.000 < 0.05，存在显著性差异。路径分析之路径系数为标准化回归系数（Beta 值），以义工满意度为校标变量，义工伙伴支持为预测变量。预测变量的标准化回归系数为 0.304。

第三步，预测来自义工伙伴的社会支持和义工满意度对义工持续参与意愿的影响。采用多元回归分析之强迫输入法进行分析。以义工持续参与意愿为因变量，义工伙伴支持和义工满意度为自变量进行显著性检验。从系数表中可见 p = 0.000 < 0.05，存在显著性差异。路径分析之路径系数为标准化回归系数（Beta 值），以义工持续参与意愿为校标变量，义工伙伴支持和义工满意度为预测变量。预测变量的标准化回归系数分别为 0.183 和 0.383。

比较义工伙伴支持对义工持续参与意愿的两个系数，可以发现，系数 0.183 小于之前的系数 0.299，故部分中介效果显著，从而检验得出，在义工伙伴支持对于义工持续参与意愿的影响中，义工满意度为部分中介效果。整理后的部分中介效果如图 7-16 所示：

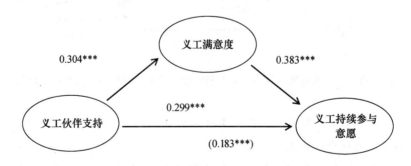

图 7-16 义工满意度在义工伙伴支持与持续参与意愿间的部分中介效果示意图

（四）来自义工组织的社会支持在对义工持续参与意愿的影响中，义工满意度的中介效果检验

采用多元回归分析之强迫输入法进行分析，以义工持续参与意愿为因变量，以义工组织支持为自变量进行显著性检验。从系数表中可见 $p = 0.000 < 0.05$，存在显著性差异。路径分析之路径系数为标准化回归系数（Beta 值），以义工持续参与意愿为校标变量，义工组织支持为预测变量。预测变量的标准化回归系数为 0.312。

然后，项目组对来自义工组织的社会支持对义工满意度的影响进行分析。同样采用多元回归分析之强迫输入法，以义工满意度为因变量，义工组织支持为自变量进行显著性检验。从系数表中可见 $p = 0.000 < 0.05$，存在显著性差异。路径分析之路径系数为标准化回归系数（Beta 值），以义工满意度为校标变量，义工组织支持为预测变量。预测变量的标准化回归系数为 0.303。

最后，预测来自义工组织的社会支持和义工满意度对义工持续参与意愿的影响。以义工持续参与意愿为因变量，义工组织支持和义工满意度为自变量进行显著性检验。从系数表中可见 $p = 0.000 < 0.05$，存在显著性差异。路径分析之路径系数为标准化回归系数（Beta 值），以义工持续参与意愿为校标变量，义工组织支持和义工满意度为预测变量。预测变量的标准化回归系数分别为 0.197 和 0.378。

比较义工组织支持对义工持续参与意愿的两个系数发现，系数 0.197 小于之前的系数 0.312，故部分中介效果显著，从而检验得出，在义工组织支持对于义工持续参与意愿的影响中，义工满意度为部分中介效果。整理后的部分中介效果，如图 7 - 17 所示：

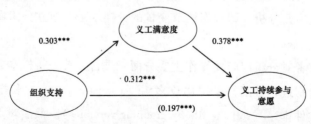

图 7 - 17　义工满意度在义工组织支持与持续参与意愿间的部分中介效果示意图

根据上述的分析，项目组可以得出结论：在不同来源的社会支持对义工持续参与的影响研究中，义工满意度都起到了部分中介的效果，为此，义工满意度在义工的社会支持感知与最终的持续参与义工服务的意愿方面存在显著的部分中介效果，相关中介作用如图 7 – 18 所示：

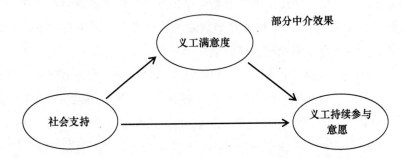

图 7 –18　义工满意度在社会支持与持续参与意愿间的部分中介效果示意图

由此可见，社会支持会对义工持续参与的意愿产生影响，同时，也会影响到义工满意度进而对义工的持续参与意愿产生影响。

十　参与动机对参与满意度和持续参与意愿的调节效果分析

按照此前对高校青年义工受访者参与动机的研究和分类，研究者组将受访者大体分为了三类不同动机的群体。其中第一类义工群体以自我发展动机为主，第二类义工群体并无明显动机，第三类的义工群体则以社会责任动机为主。项目组以此研究结果为基础，在社会支持对义工参与满意度的影响中，验证参与动机对其的调节效果。其中，自变量社会支持感知为连续变量，调节变量动机为类别变量。这种类型的调节效应采用分组回归分析。即根据调节变量的分类水平，建立分组回归方程进行分析。

研究者对分组回归的操作主要分两步进行，首先将样本数据按调节变量的类别进行分割，采用比较多组（compare groups）和按分组变量对数据文件排序（sort the file by grouping variables）。然后对上述数据进行回归分析。回归分析的资料分析结果如表 7 – 47 所示：

表 7 - 47　动机对社会支持与义工满意度感知的调节效应回归模型摘要

类别	Model	R	R 方	R 方调整	标准误估计	R 方改变	F 改变	df1	df2	显著性水平 F 改变
						统计量变化				
1	1	0.353a	0.124	0.120	0.770	0.124	26.159	1	184	0.000
2	1	0.274a	0.075	0.068	0.750	0.075	9.981	1	123	0.000
3	1	0.269a	0.072	0.067	0.827	0.072	14.471	1	186	0.000

　a. 自变量：（常数），社会支持。

　　通过上表查看回归模型的总体情况可见，三个不同动机的群体回归方程都具有显著效应（$p < .001$），表明动机这一变量具有显著的调节效应。从上述数据中也可以看出，以自我发展为导向的动机群体的回归方程解释了因变量 12.4% 的方差变异量，无明显动机的群体的回归方程解释了因变量 7.5% 的方差变异量，以社会责任为导向的动机群体的回归方程解释了因变量 7.2% 的方差变异量。

　　表 7 - 48 则给出了自变量的标准化回归系数 Beta 值。在自我发展为导向群体组中，标准化 Beta 值为 0.353；在无明显动机组中标准化 Beta 值为 0.274；在以社会责任为导向的动机群体组中标准化 Beta 值为 0.269，且都达到了显著性水平 $p < 0.001$。为此，可以判定，在社会支持对满意度的影响中，动机具有显著的调节效果。

表 7 - 48　动机对社会支持与义工满意度感知的调节效应回归系数

类别	Model		非标准化系数		标准化系数	t	显著性水平
			B	标准误	Beta		
1	1	（常数）	2.690	0.206		13.041	0.000
		社会支持	0.334	0.065	0.353	5.115	0.000
2	1	（常数）	2.487	0.248		10.044	0.000
		社会支持	0.265	0.084	0.274	3.159	0.000
3	1	（常数）	2.970	0.279		10.650	0.000
		社会支持	0.305	0.080	0.269	3.804	0.000

　a. 因变量：义工满意度。

十一　研究的主要结论

通过实证研究，主要得到以下结论：

（一）在校学生是澳门青年义工的主体，其持续参与比例小，而受访者持续参与的意愿高

通过访谈，研究者了解到，澳门青年义工以在校学生为主，在职人士相对较少。如澳门义务工作者协会受访者表示目前澳门的在职人士参与义工活动的人群相对比较少，应该说参与自己公司里面的义工活动会相对多一点。因为有些公司自己会成立义工队，这些义工队向自己的公司职员进行招募。总体来看，澳门参与义工比较多的是青少年，然后是长者义工。

澳门社区青年义工发展协会的受访者也同样表示，在职人士会考虑到工作和时间上的问题，因此，相对而言，还是以在校的学生为主。

从青年持续参与义工服务的情况来看，访谈中受访者表示，现有的义工能够做到持续参与义工工作的比例相对较低。如澳门社区青年义工发展协会的受访代表就表示，从目前的实际情况来看，澳门义工中能够坚持持续参与的义工数量较为有限，就其比例来看，不超过1/50。从导致义工未能持续参与义工工作的原因来看，主要包括社会环境因素、时间上的冲突、经济上的压力，以及义工活动的吸引力等。本研究的调研数据也显示，受访者参与义工服务的年资，1年以内年资的占了近一半，此外，2—5年年资的受访者约占43%，6年及以上义工经验的人数相对较少。由此可见，受访者当中长期持续参与义工活动的人数比例还有进一步提升的空间。

同时，在此次的问卷调查中，项目组发现，从受访者对持续参与义工工作的态度及意愿评价来看，持续参与的意愿得分还较为理想。其中得分最低的项目为"继续寻找相关资源来协助推动义工服务"，该项目得分也有3.67分。得分最高的为"义工服务付出是值得的"，分数为4.16。"会一如既往地参与义工服务"一项得分也在3.79分，属于相对较高的水平。可见，实证研究的受访者对于未来持续参与义工服务的意愿较理想。

（二）义工参与动机体现多元化，受访者可按其参与动机分为四类，没有明确目的的群体数量较少

在研究过程中，研究者通过与澳门的义工组织代表以及高校青年义工代表进行访谈，了解到兴趣和好奇心，以及渴望通过义工工作了解社会和结识更多的朋友可能是高校青年参与义工的主要动机。研究者并以访谈和相关文献为基础构建了青年参与义工动机的调查问项。在对数据进行处理和分析后，项目组认为受访青年义工的动机具有多元化的特点，主要动机与访谈结果基本相同。通过进一步分析，可将高校青年义工的参与动机，大体划分为自我发展导向和社会责任导向动机两类。并以上述两类动机为依据，将此次受访者大体分为四类群体。其中，第一类受访者群体在自我发展导向动机方面表现较强，因此，被称为自我发展型义工。第二类义工无论在自我发展导向动机还是在社会责任导向动机方面，均表现较弱，为此，研究者将其称为无明确目的型义工。第三类义工在上述两个动机维度方面都有较为正面的表现，其中自我发展动机更强的，此处将其称为多元目标型义工。第四类义工在社会责任导向动机方面表现最为明显，因此，可以被称为回报社会型义工。从各类义工的人数来看，无明确目的型义工数量相对较少，仅为 33 人，其余各类型的义工人数则大体相当。

（三）社会支持对于高校青年的义工参与满意度有显著影响，家庭支持和义工组织支持相对较重要

从受访者对社会支持的感知来看，受访者对社会支持的感知满意度仍然有提升的空间。在不同类型的社会支持中，受访者感知最为强烈的是肯定及鼓励受访者参与义工服务，其次是说明分析问题，和对其表现提出评价建议。对社会支持感知相对较少的是工作上的指导、物质上的支持，以及经济上的支持等。由此可见，受访者对于其在参与义工工作中的鼓励和倾听倾诉感受较为强烈。从社会支持的来源分析上，受访者感受的社会支持最主要来自义工组织，其次为义工伙伴、身边朋友，以及家庭成员。可见，受访者对社会情感支持感知较为明显，义工组织、义工伙伴是受访者可感知社会支持的重要来源。

在社会支持对受访高校青年参与义工服务满意度感知的影响方面。从社会支持的不同来源来看，家庭成员、周边朋友、义工伙伴以及义工

组织，均对义工满意度存在显著性的影响。其中，家庭成员支持以及义工组织支持对于受访者满意度的影响相对较大。就支持的内容来看，家庭情感支持以及义工组织的专业支持对于义工的满意度具有较为重要的影响。来自于身边朋友的支持以及来自义工伙伴的支持中，同样也是情感支持对满意度影响较大。

（四）受访者对社会支持的感知存在显著性差异，经济来源、参与义工社团数量等因素对社会支持感知有影响

研究中发现，不同受访者群体在对部分社会支持的感知方面存在显著性差异。具体而言，从不同群体对社会支持来源的感知差异情况来看。

不同性别的受访者对于社会支持的来源感知存在差异，其中，女性比男性更能感受到来自家庭成员和身边朋友的支持。

在参与义工团体数量不同的群体间，对于来自身边朋友的社会支持感知存在显著差异。其中，对来自身边朋友支持的强弱与参与义工社团的数量呈弱正相关关系。

经济来源不同的群体间，在上述社会支持的来源方面感知均存在显著性差异。其中，家庭提供经济来源的比例越高，则相应受访者对来自家庭的社会支持感知就越强烈。

义工服务年资不同的受访者，在对来自家庭成员、义工伙伴，以及义工组织的支持感知方面，存在显著性的差异。其中，义工服务年资在1年以内以及2—5年间的受访者比长期从事义工服务的受访者更能感受到来自家庭成员的支持。

此外，从不同群体对社会支持内容的感知差异来看，不同性别的受访者对帮助忘记烦恼、沟通义工工作、帮助分析问题、对表现提出评价和建议、能够鼓励受访者参与义工服务等方面的支持，存在感知上的差异。

修读不同课程的受访者在：帮助分析问题、对表现提出评价和建议，以及肯定鼓励受访者参与义工服务等方面的感知上，存在显著性的差异。

参与义工社团数量不同的受访者，在对物质支持、帮助忘记烦恼、沟通义工工作，以及肯定鼓励受访者参与义工服务等方面的感知，存在

显著性的差异。

经济来源情况不同的受访者对于上述各项社会支持的感知均存在显著性的差异。

义工服务年资不同的受访者对于：物质支持、工作上的指导、沟通义工工作、对表现提出评价建议，以及肯定鼓励受访者参与义工服务等方面的感知上，存在显著性的差异。

相关研究发现与相关访谈对象提及之，"经济压力是影响澳门高校青年持续参与义工服务的因素之一"具有相同的结论。

（五）义工服务参与满意度评价在社会支持对持续参与意愿的影响中起部分中介作用，提升参与满意度与强化社会支持需同时关注

本研究以上述调查数据为基础，分别对来自家庭、朋友、义工伙伴、义工组织等领域内的社会支持对满意度评价，社会支持对持续参与意愿，满意度对持续参与意愿，以及社会支持与满意度共同对持续参与意愿的影响进行了分析。数据分析结果显示，无论哪种来源的社会支持感知，满意度都会在社会支持感知与持续参与意愿中起到部分中介作用的效果。也即满意度在一定程度上能够表达出社会支持感知的程度，并对持续参与意愿产生影响；同时，青年对社会支持的感知也会直接对未来持续参与义工服务的意愿产生影响。由此可见，为了进一步保留义工群体，并鼓励更多的在校青年持续不断地参与义工服务，提升参与满意度与强化社会支持需同时关注。

（六）义工服务参与动机在社会支持与满意度评价之间产生调节效应，应针对不同类型之义工提供社会支持

从义工参与动机来看，部分受访者群体在参与义工动机方面存在显著性差异。不同性别的受访者在自我发展导向动机和社会责任导向动机方面的表现存在显著差异。不同年龄段的受访者群体，在自我发展导向动机方面存在显著差异。修读不同专业的群体，在社会责任型动机方面的表现存在显著差异。不同经济来源的受访者群体在自我发展导向动机方面存在显著差异。每周参与义工天数不同的群体，在自我发展导向动机方面存在显著差异。

与此同时，研究者通过数据分析验证了义工服务参与动机会在社会支持与满意度评价之间产生调节效应。为此，在社会支持的提供方面，

还应针对不同参与动机的群体，提供不同的社会支持。

十二　澳门高校义工社会支持优化的对策与建议

以上述研究发现为基础，研究者为澳门高校义工的社会支持优化提出以下建议：

（一）宣扬义工精神，提升全社会对义工服务的关注与支持

由于社会支持的来源十分广泛，为此，要提升义工的社会支持，需要在全社会中形成对义工群体的广泛关注与支持的氛围。其中，澳门特区政府应该起到绝对的主导作用。应该通过大张旗鼓地奖励杰出的义工代表以及义工组织、大力宣扬义工精神、制定鼓励义工发展的政策与法规等，提升学校、家庭、社会大众对义工精神的正确理解。从而，在社会中形成人人为我，我为人人的环境和氛围，为澳门高校青年参与义工发展营造良好的氛围。

在此方面，不少国家和地区都走在前面。如香港特区政府在推动义工运动发展的过程中对自身角色及肩负的职责作了明确界定，即政府负责宣传和推广义务工作，对义工组织和团体进行支持和激励（郭嫄，2009）。再如中国台湾还将每年的 5 月 20 日定为"义工日"，政府也专门设立了一个最高的奖项"金驼奖"，对有成就、有贡献的义工予以奖励。在对社会大众进行宣传时，加强倡导义工服务新理念及方向，促使社会大众了解义工服务的真谛，能够由关心义工服务进而参与公共事务，共同推动社会进步（艾明江，2009）。

（二）加强高校青年义工参与服务满意度的评价调查和提升之研究

通过研究发现，青年义工在参与义工服务过程中的满意度评价对于未来的持续参与具有一定的影响。为此，相关的义工组织或学术研究机构可以针对义工服务满意度展开专项研究，并建立一套义工服务满意度的评价指标体系。此指针体系可以义工组织作为关注的对象，也可以义工的感知作为核心，通过多元化的视角将青年参与义工服务过程中的体验维度予以解构。并以此，协助相关机构和协会不断提升义工参与过程中的满意度评价，进而提升义工的持续参与意愿。例如，在美国几乎每个义工组织都有一个共同理念，就是以义工为中心。在这个理念的指导下，义工组织特别注重在志愿服务效果评估中义工本身的感受，义工的参与满意度是效果评估的必需内容。

（三）加强对高校青年参与义工动机调查和识别的研究

高校青年参与义工的动机决定了其对义工服务活动的期望，同时，也决定了对其具有重要意义的社会支持之内涵。为此，项目组建议，澳门应该针对义工建立完善的登记和识别体系，即采取统一的登记注册流程，建立澳门义工数据库，并对每位义工的参与动机进行识别。从而构建具有针对性的义工社会支持服务体系。如为推动义工组织的发展，香港特区政府就创设了一系列的配套制度，包括义工组织注册制度、培训考核和保障制度以及义工嘉奖制度等。

（四）推动义工组织的专业化发展，提供更多义工培训资源

义工组织的支持是对义工参与满意度和持续参与意愿影响最为显著的一个来源，为此，强化义工组织对义工的支持是优化义工社会支持的主要内容之一。由于义工更加关注从义工组织中获得技术性的支持，为此，一方面提升义工组织的专业化，另一方面，为义工提供更多的专业培训资源显得较为重要。在提升义工组织的专业化方面，首先就需要政府对其有系统化的管理。如香港特区政府社会福利署在 1997 年成立了推广义工服务委员会，同时设立义务工作统筹课作为秘书处，统筹管理义务工作。义务工作统筹科通过建立义工服务数据计算机系统、设立义工服务专线电话咨询系统、建立互联网网站等方式对香港义工组织进行统筹管理。这种统筹化的管理有利于义工组织更为专业的发展。此外，政府在推动义工组织专业化管理方面，还应建立针对义工组织的评价体系和机制，通过对义工组织的评级来指引和推动义工组织不断提升专业化水平。

而在提供更多的义工培训资源方面，则可以拓展各种义工培训资源，如高等院校、社工体系等。最终应该建立一套完善的义工培训与评级体系。如香港特区政府对义工的培训、考核与保障就有一套完整的制度。香港义工一般在注册前后接受初级培训，然后再参加需要服务的专项培训，还有义工领袖培训。香港义工发展局于 2003 年成立了"义工培训及拓展中心"，配合不同需要提供各种服务培训，并制定了一套成熟的培训教材。在接受培训后，义工才可根据自己的专业、兴趣和所在义工组织的安排，由专职社工或义工骨干带领参加义工服务活动。

（五）为高校青年义工建立一套经济方面的激励机制

对于高校青年而言，经济方面的压力对于其持续参与义工服务是主要的限制性因素之一。本研究也发现，需要自己承担经济来源的高校青年在社会支持感知以及满意度和持续参与意愿等方面的感知水平都比有家庭提供经济支持的群体要低。为此，项目组认为，完全可以为高校青年义工设立一定的经济方面的激励机制，从而为有志于从事义工服务的在校青年提供资金上的支持。尽管人们对于义工的理解是不求回报，但为其提供一定的经济激励并不会影响到义工的基本属性。实际上，不少国家都在义工激励机制中加入了经济方面的元素，如美国的各级政府设有专门机构，对义工进行绩效评估，参与义工服务的经历可以加学分，对升学、就业、晋级都有利，杰出的义工还能得到政府的表彰和奖励。例如，参加"为美国服务的义工"，服役期为一年，服役期满后可得到两个学期的奖学金 9450 美元（不能以现金形式支取，仅用于缴纳学费），而且选择联邦职业时可免除考试。参加"全国民事社区服务队"的义工，年龄在 18—24 岁，10 个月的服役期满后可得到 6000 美元的津贴及 2362.5 美元的一次性奖学金。这些激励措施鼓励了大量的青年人尤其是高校青年参与到志愿服务中来。

澳门特区政府或相关协会，应该建立与奖学金挂钩的义工激励机制，让真正付出的在校学生获得一定的经济上的减压。

（六）加强信息和技术支持，鼓励高校青年参与志愿服务

随着时代发展，信息技术对义工服务活动的支持作用日益明显。许多国家和地区非常注重对志愿组织、义工信息的收集和运用，如香港特区的义工注册制度能让政府掌握义工服务事业发展的第一手资料。但目前澳门特区政府在信息收集和技术运用方面还非常薄弱，没有建立专门的义工数据库，也很少将互联网等信息手段运用到义工宣传、组织的活动中来。在这方面，澳门特区政府可以参考德国的做法，因为注重收集有用信息和广泛应用新技术在德国志愿服务中表现得非常突出。德国获取认证的机构每年都会向社会发出上千封信函与传真，提出合作意向，征求合作意见，收集整理社会各界及义工本人对志愿服务项目的回馈信息。德国青年部经常组织权威机构对各社会组织开展志愿服务工作的情况进行调查评估，内容涉及志愿服务的规模与结构、义工群体组成及其

服务效果。这些权威机构除了调查已经完成的志愿服务行动，也评估那些未参加过志愿服务的青年的服务潜力，并在此基础上提出激发这些青年服务潜力的建议。各社会组织均建有较完备的义工网络信息系统，这些系统在收集、发布项目信息，提升义工个体素养与能力方面发挥了积极作用。由于掌握大量的信息，德国较大的义工组织多数可以承担社会管理"智库"的角色。

（七）在高校推行义工教育，培养高素质专业义工

无论在哪个国家和地区，教育行业都肩负着培育、输送人才的重要使命。澳门应该在高校当中加强宣传教育，通过学校的教育资源给予高校青年义工更多的技术和精神支持，对在校学生进行志愿精神的培养。例如，在台湾地区的高校中，服务学习是大学生在进行社会实践过程中的主要内容，并在各个大学的支持下广泛全面开展，许多大学还明文规定大学生必须做够 50 小时义工方可毕业。台湾大学生的志愿服务以社团等组织为依托，有固定的服务对象，形成了长期、系统的经营体系。在大学中有各种各样的志愿服务型社团，如世界义工社、公共卫生服务队等，学生在各个团队的培训组织下，利用节假日以及课余时间进入社会进行志愿服务。

除了对在校学生进行全面的志愿精神培养外，对专业义工的培养也是学校教育支持的重要内容。澳门可以鼓励各个高校设立社会服务专业，培养高素质专业义工。例如，在香港和台湾，支持义工事业迅速发展的重要因素之一是它们具有一支健全高效的义工队伍。而专业义工的培养必须通过学校的专业教育。香港的许多大学开设有社会工作专业，学生不仅要通过社工理论课程，还必须完成 800 个小时的社会工作实习。毕业后，他们的就职领域十分宽泛，在社区、学校、医院、儿童救助中心等社会福利部门以及政府部门、民间团体从事多样工作。除了自身工作以外，他们还会利用业余时间以个人身份参与义工服务活动，这对提升香港义工服务专业水平起到非常重要的作用。社工由于其所受的专业教育使得他们具有很高的专业水平，因此在义工服务工作中往往担任着领导、组织、培训义工的职责，对义工、服务对象、服务机构、政府等都负有专业责任。

总体来看，澳门未来应该充分调动社会各界的力量，强化社会对义工的认同，并最终逐步建立和形成多元化的义工社会支持服务体系。

第八章

义工旅游的激励机制管理

第一节　激励

在人类的所有行为中，大都借由适当的激励策略，来促使人发挥潜能，并由此达到组织目标。美国哈佛大学心理学家威廉·詹姆斯教授的调查显示，在缺乏激励的环境中，员工的潜力智能发挥 20%—30%，但是在良好的激励环境中，同样的人却可以发挥出潜力的 80%—90%（刘进水）。由此可见激励的重要性。在义工的管理中，激励不仅可最大限度地吸引义工参与活动，还可以促进他们发挥潜能，尽最大努力工作，提升义工的工作表现，以最大限度地获得成就感，实现自身价值，从而实现义工组织及义工个人的目标。

一　激励的定义

激励（Motivation），由拉丁文（Movere）而来，源于心理学，表示某种动机所产生的原因，即发生某种行为的动机是如何产生的，人朝着所期望的目标前进的心理活动过程是怎样进行的。把激励这个概念引入到管理中，是说明一种精神力量或状态，它起加强、激发和推动作用，并且指导和引导行为指向目标，被认为是"最伟大的管理原理"。管理心理学把激励看成是"持续激发动机的过程"。关于激励的定义，不同的学者有不同的解释。美国管理学家斯蒂芬·罗宾斯（Stephen Rohbins）认为激励是"通过高水平的努力实现组织目标的意愿，而这种努力以能够满足个体的某些需要为条件，激励是个体和环境相互作用的结果"。哈罗德·孔茨（Harold Koontz）给激励定义为："激励是应用于动力、愿望、需要、祝愿以及类似力量的整个类别。"亨利·西斯克（Henry Sisk）把激励描述为"当我们谈到激励时，指的是具有三个显著特点的行为。第一，被激励行为的产生是连续的，即这种行为将延续相对较长的一段时间；第二，被激励的行为是指向预定目标的；第三，这种行为产生于一种感觉到的需要"。

在我国《现代汉语词典》中激励的解释是激发、鼓励，以调动人的积极性、主动性和创造性。国内学者邵朋来（2005）认为激励便是激发人的行为动机；通俗地说，就是激发士气，鼓舞干劲，也就是人们常说的调动积极性。吕捷强（2004）认为所谓激励就是通过满足员工的需要而使其努力工作、从而实现组织目标的过程。刘正周（1998）认为激励就是组织设计适当的外部奖酬形式和工作环境，以一定的行为规范和处罚性措施，借助信息沟通，来激发、引导、保持规划组织成员的行为，以有效实现组织及其成员个体目标的系统活动。张庆武（2008）指出激励是指为了达到一定目标而对人施加的影响，即通过物质或精神刺激使人奋发，激发人的动机，使人在内在动力驱使下朝向期望的目标努力的心理过程。陈波（2006）指出激励就是权衡与组织目标契合的个人行为，引导个人行为最大限度开发和运用其人力资源去实现组织目标。激励可以使成员最充分地发挥其技术和才能，可以激发成员的创造性和革新精神，保持工作的高效率。俞文钊（2006）认为，激励一词，作为心理学术语，指的是持续激发人的动机的心理过程。

尽管有关激励的定义各不相同，但几乎都包含以下三下方面：第一，激励客体的行为是由何种因素激发并维持的；第二，行为的方向是什么因素激发的；第三，行为的幅度是如何控制的，行为是如何持续的。结合本研究的目的，本研究组将激励定义为：以满足个体的某些需要为前提，通过外在的和内在的方法和手段来激发人的动机，满足调动个体的积极性，鼓励人做出抉择并为实现期望的目标而付诸行动的过程。

二 激励的相关理论

自 20 世纪 40 年代以来，各种激励理论不断涌现，经过几十年研究成果的积累，形成了许多种激励理论模型，具体可归纳为三种：

表 8 – 1   主要激励理论及其主要内容

类型	提出者	理论	主要内容
需求型 （需求）	马斯洛	需要层次理论	生理需要、安全需要、归属和爱的需要、尊重的需要、自我实现的需要
	奥德弗	"ERG" 理论	生存需要、关系需要、成长需要
	麦克莱兰	成就需要理论	权力需要、友谊需要、成就需要
	赫茨伯格	双因素理论	激励因素、保健因素
过程型	弗鲁姆	期望理论	激励力（M）＝f 效价（V）×期望值（E）
	豪斯	路径—目标理论	激发动机，提高绩效和满意度
	亚当斯	公平理论	绝对报酬与相对报酬影响积极性
调整型 （行为改造型）	斯金纳	条件反射理论	改变外界刺激有助于改变行为
	海德	归因理论	通过改变自我认知来改变行为

　　需求型激励理论主要围绕着需求的内容、结构、特征和动力作用，即以满足对象的需求来进行激励。他们认为，需要和动机是推动人们行为的原因，也是激励的起点，人的积极性和受激励的程度主要取决于需要的满足程度。这一类理论主要包括马斯洛（A. H. Maslow）的需要层次理论、奥德弗（C. P. Alderfer）的存在—关系—成长理论、赫茨伯格（F. Herzberg）的激励—保健双因素理论、麦克莱兰（David McClelland）的成就需要理论和阿特金森（J. W. Atkinson）的成就需要激励模式。需求激励理论告诉我们人有哪些需要，并认为激励的过程就是满足需要的过程，侧重研究用什么样的因素激励人、调动人的积极性。

　　过程型激励理论着重研究人们选择其所要进行的行为的过程以及行为是怎样产生的，是怎样向一定方向发展的，如何能使这个行为保持下去，以及怎样约束行为的发展过程。这一类理论以弗鲁姆（V. H. Vroom）的期望理论为代表，还有凯利（H. H. Kelley）和韦纳（B. Weiner）的归因理论、亚当斯（J. S. Adams）的公平理论及洛克（E. A. Locke）的目标设置理论等。过程型激励理论告诉我们，把实现企业目标与满足个人需要统一起来有助于使员工出现企业所希望的行为，着重探讨人们接受了激励信息以后到行为产生的过程。

　　行为改造型激励理论是研究如何改造和转化人的行为，变消极为积极的一种理论。这一类理论主要包括斯金纳（B. F. Skinner）的行为强化理论和心理学中的挫折理论等。严格来说，强化理论不是激励理论，因为它本身不关注激励行为或行为激发因素，但强化理论为分析行为的控制因素提供了一个强有力的方法，因此，它一般也在激励的讨论范围内。行为修正（改造）型激励理论则告诉我们，如何通过强化物的刺激使员工的良好行为持续下去，强调行为结果对行为本身的作用。

需求激励理论、过程型激励理论以及行为改造型激励理论是相互联系和相互补充的，它们分别强调了激励的不同方面。因此，管理者如果想要有效激励义工，要根据实际情况的需要综合使用以上的激励理论才可能收到良好的效果。

三　义工激励机制

当义工进入组织参与服务之后，接下来所考虑的是他们是否愿意继续投入，是否愿意让他们志愿服务的工作更加完善。Trachtenberg 发现年纪越大的义工，其保留率越高，如16—19岁的义工保留率比大于35岁的义工要低20%。Pawlby 指出义工出于一系列复杂的原因提供志愿服务，而他们被不同的因素所激励。找出激励义工的因素是一个复杂的问题，理解这些激励因素对义工的招聘、挑选、定岗以及持续服务有重要的影响。

从我国部分学者的研究成果来看，在义工的激励方面要注重多元化、延续性、全程性和针对性。多元化主要指激励手段的多元化，激励来源的多元化。如张庆武（2008）比较了中美义工激励机制的差异，提出激励应从理念上给予义工认可，让义工的行为得到社会的肯定；从方式上不仅注重精神上的鼓励，而且可以有物质上的激励，甚至金钱上的回报。通过"言利"而"言励"，从而激发和维持义工的热情，保持义工服务的长期性和延续性；从激励来源上，估计全社会一起参与；在过程上，注重全程激励；从目标上看，注重义工的保留。王月玥、段华冶（2012）也认同此观点，指出义工激励应以精神激励为主，物质激励为辅，多种激励措施相结合。

根据系统学的观点，所谓机制是指系统内各子系统、各要素之间相互作用、相互联系、相互制约的形式及其运动原理和内在的、本质的工作方式。志愿组织激励机制应该反映激励主体即志愿组织管理者和激励客体即义工之间的相互关系。虽然非营利组织在经济上的投入远远少于营利组织，但是对工作绩效的期望两者是一样的，都希望获得高回报。要实现这个目标有很多种方式，其中对人的因素所发挥的作用是最有效和最具可持续性的，对员工实施有效激励从而提高工作效率和效能是组织经常采用的管理方式。因此激励机制对于营利和非营利组织同样适用。不同于营利组织的激励措施，针对志愿组织的激励机制应当以满足义工这个特殊群体的需要为出发点。

孙昊（2005）提出，义工参与动机的多元化使组织在对义工进行激励时必须考虑多方面的因素。维系义工参与的重要保证是确保义工通过志愿服务满足自我多元化的需求。管理者应培养义工参与的环境，满足义工对归属感的追求及对自主权的需要，实现永续性激励。李宝元（2007）讨论了义工的内在激励机制以及义工人力资源的整合管理等问题。张兴玲和唐成（2005）提出要从宏观和微观两个方面建构义工激励机制。宏观方面制定义工服务的相关法律法规和政策支持，用以建立公正、民主、公平、正义的激励机制。微观方面提出要建立包括参与激励、荣誉激励、情感激励和榜样激励在内的以人为本的激励机制。胡蓉（2006）从义工的作用方面说明建立义工激励机制的必要性，并从国家、社会和组织三个层面给出建立我国义工激励机制的建议。武志伟（2003）认为，在非营利组织中使用激励手段，相对于一般企业而言，难度较大。因此，公共组织在制定激励机制时，要更富有创意，找出真正适合组织文化和打动雇员的激励机制。要求组织在制定战略时发挥创造力，找出与非营利组织特征相符的激励方式。并且提出通过让组织成员参与战略管理过程以激发他们的工作热情。认为这些措施有助于组织内实施较有效的激励并提高组织的绩效。林敬平（2008）认为义工的激励机制主要类型与具体方法有如下几种：责任荣誉型激励机制；自我发展型激励机制；自我愉悦性激励机制。唐钧（2001）提出为了维持和强化义工的持续型志愿服务，需规范体制、明确范围、改善待遇来完善义工的外在环境，通过礼仪培训、能力培训、责任意识等措施来完善义工的内在因素。王双丽等（2008）认为，义工立法、间接地运用外部激励、义工的服务与个人的职业生涯发展紧密相连、有效的培训和合理分工，满足其自我实现的需要是义工的激励与管理的有效对策。汪峦、梁保伟（2006）从加强义工培训指导，加强组织自身制度建设以及营造良好的组织环境三个方面提出了解决义工激励问题的途径。钱炜（2010）指出完善我国社区志愿服务激励机制要从社会层面、组织层面和个人层面进行。王月玥、段华冶（2012）指出义工激励应以精神激励为主，物质激励为辅，多种激励措施相结合。陈光明（2011）指出社会支持（包括家人、朋友、义工伙伴及团体支持）对义工的投入程度以及参与动机具有显著的正向影响，其中以团体支持之支持程度为最高。

为了加强义工的继续参与，有必要对义工进行适当的激励，因为对义工的激励措施代表了组织对义工的重视程度，对义工进行适时的奖励可以提高工作士气与满意程度。义工的动机具有多重性，因此在进行激励时需要考虑多方面的因素。从手段上来讲，应注重精神激励与物质激励相结合。从本质上来讲，应注重内部激励与外部激励相结合。从层面上来讲，应注重政府激励、社会激励、团队激励与个人激励相结合，尤其注重团队支持。从过程上讲，应注重全程激励，激励应贯穿于义工招聘、培训、服务以及评估等过程，尤其是培训对义工工作绩效与工作感知有极大的影响。

第二节　义工参与动机、激励和满意度的关系

从对相关文献进行回顾的结果来看，对义工的研究主要从激励机制、满意度与持续参与、激励与动机以及动机与持续参与等方面进行。提及较多的概念包括了动机、激励机制、满意度评价、持续参与等变数。当义工进入组织参与服务之后，接下来所考虑的是他们是否愿意继续投入，是否愿意让他们志愿服务的工作更加完善，这牵涉到激励的策略和义工的投入程度，也直接影响到义工的流动（林禹廷，2004）。

一　义工参与动机及其同收益的匹配程度会对义工的满足感产生影响

Clary（1998）等人从功能分析的角度出发，不单单研究不同动机对过程、结果变量的影响，而是集中探讨义工的动机同收益的匹配程度

对义工行为的影响。他们假设：义工的重要动机是否能在服务经历中得到满足影响着他们在整个参与过程中的行为。对正式的义工的研究表明，动机与收益的匹配程度越大，自我报告的工作满意度越大，继续服务的意愿越强烈。义工的动机、对收益的期望同服务经历的匹配程度对工作满意度和倦怠感有显著的预测作用。吴鲁平（2008）指出，义工参与动机正在实现从传统性动机（以"责任感"为轴心）向现代性动机（以"发展"为轴心）和后现代性动机（以"快乐"为轴心）的结构转型，其中不同类型的动机可以共生。由此可见，义工参与动机会对义工服务收益的激励有效性产生影响，进而影响到参与义工活动的满意度水平。

二 义工服务中的激励机制可以提升义工的满意度

按照此前对激励概念的解析，所谓激励是具有一定的目的，是以被激励者的需求为导向，为此，激励机制的建立会对义工的参与满意度产生影响。学者缪建红和俞安平（2002）通过研究认为对义工的激励措施代表了组织对义工的重视程度，对参与义工的人士进行适时的奖励可以提高工作士气与满意程度。

张志鹏（2010）发现义工服务的实际过程与义工预期之间的落差较大，妨碍了义工服务活动的持续性和长久性。最需要改进和完善的是对义工的尊重和关心等心理支持；其次为义工服务活动的信息发布平台；第三为对义工的硬件支持。同时大部分义工希望得到奖励。义工服务应从内在满足义工的多元化需求，在设计义工服务活动时，重视内容的多样性、复杂性和挑战性，增加对义工的授权，最大限度地使义工获得成就感和满足感；同时从外在认可义工的付出，合理补偿义工，加强心理支持与尊重，激励义工行为的持续性。

赵爱燕（2007）提出义工组织可以通过培训提高义工的绩效水平促进满意度的提升，反过来进一步强化工作动机，使青年义工的激励进入一种良性循环。内部报酬带来义工内在满意度，有助于强化青年义工的内部工作动机。外部报酬带来义工外在满意度，因此要提高义工的工作动力，一要根据不同需求设置合适的目标；二是建立公平合理的义工制度，提高义工的满意度。从激励机制来看，内部激励包括团队授权激励、心理契约激励、目标激励、工作丰富化激励、培训激励。外在激励包括为义工服务提供政策和法制保障、宣传树立义工品牌、拓宽义工活动筹资管道、实施网络化管理、培育和弘扬义工文化。

三　义工的参与满意度会直接影响其持续参与的意愿

彭纳（2002）提出和行为继续阶段严密关联的是角色的认同感。奥莫托和斯奈德（1995）认为义工活动的满意度对义工行为的持续性有影响。戈儒布和皮力温（2000）认为被感知到的期望（如别人对自己行为十分重视）和义工的角色认同感有关，而这种认同感可以很显著地作用于义工行为的持续性以及义工行为的时间长度。张臣曦（2009）指出各式的培训能使义工更好地在岗位上发挥作用，提高效率。而工作岗位的情况影响着义工的收益和个人评价，对义工的自我感知也会产生正向的影响。一般来说，义工对自身所处的岗位满意度越高，则对自身工作就越喜欢，也越容易偏向于持续参与相关工作。同时，也有学者指出，义工个人满意度会影响参与义工的效用评价，满意程度越高则相应的效用评价也较高，这样义工也会更加努力参与后续的义工服务。

综上所述，义工参与动机正处于从以责任为中心向以发展为中心和以快乐为中心的转变过程中，具有多重性，是多种动机的有机结合。义工的参与动机是促使青年参与义工服务的原因。义工的预期与实际服务绩效和服务感知水平之间的差距，决定了其对参与义工服务的满意度水平，反过来会对义工的参与动机起强化或减弱作用。该部分差距越小，义工的服务满意度越高，越喜欢自己的工作，义工的参与动机得到强化，义工在参与服务过程中就会越努力，继续服务的意愿越强烈。差距越大，义工的参与满意度越低，义工参与动机会逐步减弱，进一步会妨害青年参与义工服务的持续性和长久性。

为了加强人们继续参与义工服务的动力，有必要对义工进行适当的激励，因为对该部分群体的激励措施代表了组织对义工群体的重视程度，对义工进行适时的奖励可以提高工作士气与满意程度。

第三节　实证研究：澳门青年参与义工工作的激励机制管理

一　研究设计与研究假设

本实证研究主要是以过往澳门青年参与社工服务的研究结果为基础，针对澳门青年参与社会服务等活动积极性逐年下降的趋势，通过适当的研究方法，了解澳门本地青年义工服务中现有的激励机制。同时，对激励机制的有效性和适用性进行系统探讨，最终提出提升澳门在职青年积极参与义工服务的激励机制构建策略。

从研究对象上来看，本研究关注的对象为参与义工服务的澳门在职青年。本研究中的在职青年含义为与青年学生相对的概念，主要用以指拥有全职工作的澳门青年。在相关文献和资料中，没有对澳门在职青年参与义工服务相关情况的具体统计和表述。为了更好地界定本研究的对象，特参考 2009 年 1 月 1 日生效的《澳门特别行政区劳动关系法》中的规定：16 岁或以上为合法工作之年龄，以此作为研究对象确定的依据。为此，本研究将关注的是年龄在 16—29 岁，在过去一年中有参与义工服务，且拥有全职工作的澳门居民群体。

在研究方法上，本研究使用了文献分析、访谈、问卷调查及量化分析与比较等方法，对澳门就业青年参与义工服务的满意度、激励机制等问题进行探讨。

相关文献回顾之内容，本书将上述变量之操作性定义确定如下：

在青年参与义工服务的动机方面，根据国内外各实证研究所归纳之结果，笔者将义工的参与动机大致分为以下四大类：自我成长取向动机、休闲交往取向动机、社会责任取向动机、自我成长取向动机。在此基础上，本书进一步通过与相关青年义工组织代表进行访谈的方式，确定其具体的评价项目及内容。

在激励手段方面，相关研究成果表明，应注重精神激励与物质激励相结合；同时应注重政府激励、社会激励、团队激励与个人激励相结合。为此，在界定激励手段的具体内涵时，主要涉及精神激励及物质激励、个人激励与团队激励。并进一步借助访谈的方式，对上述激励类型的具体表现及测量方式予以明确。

在参与满意度方面，主要涉及两个部分，其一就是受访者对义工服务的参与过程的整体满意度水平；其二就是对激励机制的满意度水平。

在持续参与义工服务的意愿方面，其具体测量即主要针对义工未来将继续参与义工服务的认同度进行。

在社会因素部分，主要侧重于测量政府相关部门的宣传、社会大众的认同、身边朋友的带动、回报型的社会风气等内容。

对于个人因素则主要侧重于测量人口特征，如年龄、性别；社会特征，如职业、所属行业、收入水平、受教育程度等。

研究假设及模型架构详见图8-1：

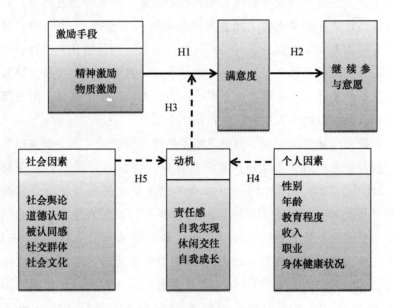

图8-1　澳门青年义工激励机制研究模型

结合上述分析，提出以下研究假设和模型：

H1：义工参与过程中的激励手段会对青年参与义工服务的满意度产生影响；

H2：青年对义工参与满意度的评价会对其持续参与义工服务产生影响；

H3：青年参与义工服务的动机会对激励及其满意度的影响产生调

节作用；

　　H4：青年参与义工服务的动机与其个人特征有关系；

　　H5：青年参与义工服务的动机与其感知的社会因素有关系。

二　研究方法与抽样过程

　　在正式开始调查前，先选取了部分澳门主要义工社团的组织管理者进行深度访谈。在选择访谈对象方面，最终经过联络和确认，成功访问了澳门义务工作者协会、澳门社区青年义工发展协会，澳门义工总会的负责人。

　　在访谈分析的基础上，本书结合国内外相关研究成果，进行了问卷设计工作。通过初步设计和问卷预调查和调整。问卷分为五部分：第一部分主要目的在于调查义工服务的参与动机，共包括 15 个问项；第二部分为调查影响义工服务参与动机的社会因素，共包括 8 个项目；第三部分的目的在于调查义工工作中的激励手段，共包括 9 个项目；第四部分为义工的满意度及继续参与意愿的调查，共包括 3 个题目；第五部分主要调查受访者的个人信息，共包括 7 个题目。

　　在研究主体界定、样本容量确定及抽样方法设计方面，据澳门特区政府教育暨青年局公布之澳门青年指标中社会参与（澳门教育暨青年局，2008），2008 年澳门 13—29 岁青年过去 6 个月参与社会公益活动的百分比为 38.6%；数据同时显示至 2008 年，澳门青年参与社会活动的比例呈逐年下降的趋势。2010 年澳门 16—29 岁就业人口统计为 77.7 千人（澳门统计暨普查局，2010），如果仍然按照 38.6% 的就业青年参加社会活动的比例，则 2010 年义工总人数不足 3 万人。此次问卷调查共发放问卷 550 份，其中，回收有效问卷 505 份，回收有效率达到 91.82%。

　　在抽样方式及问卷发放方面，由于该项目主要的研究对象是澳门在职人士中曾参与义务工作的群体，为此，本书根据实际可行性，决定采取按堂区的人口数进行配额，并在人流相对集中的地点进行方便抽样的方式。

　　在问卷发放过程中，本书首先对受访者的资格进行判定，主要标准为：（1）澳门居民；（2）在职人士；（3）年龄在 16—29 周岁；

（4）在过去一年中曾参与义工工作。

从问卷的总体情况来看，研究使用量表在信度及效度上均得到了较为理想的结果，这也使得本研究的结论具有较高的可信度。

从本调查的样本构成来看，本研究的受访者以女性群体为主；21—25 周岁的群体占受访者群体的半数；本科学历的受访者是主体，其次为高中学历的群体；家庭月总收入在 1 万—3 万元间的群体人数相对较多；受访者的职业和行业构成与澳门社会经济结构较为相似。受访者人群基本上能够反映出澳门在职青年的职业及行业构成。

三 澳门青年参与义工服务的动机分析

对受访青年参与义工服务动机的研究有助于本书对激励机制及其有效性进行后期的探讨，为此，本书首先对受访者参与义工工作的动机进行了研究。

根据相关文献回顾及专业人士的访谈结果，本书在量表中列出了15 个参与动机选项，并让受访者就这些动机选项逐一进行认同度的评价。为此，本书首先借助描述分析的方法，就受访者对提及之参与动机的认可程度进行了排列。详细的分析结果详见表 8 - 2。

表 8 - 2　　受访者对参与义工动机的认同度描述性分析一览表

参与义工之动机	均值	标准偏差
担任义工是一件有意义的事	3.90	0.790
担任义工可以认识新朋友	3.89	0.874
担任义工可以增加自己的生活经验	3.83	0.800
希望接触社会扩大生活圈	3.82	0.876
希望透过服务散播爱心与关怀	3.81	0.832
担任义工可以拓展人际关系	3.78	0.881
担任义工使生活更加充实	3.77	0.772
担任义工对社会是有贡献的	3.77	0.819
担任义工可以增进待人处事的能力	3.76	0.868
帮助别人是我的义务和责任	3.69	0.787

参与义工之动机	均值	标准偏差
服务别人使我觉得生活有价值	3.67	0.809
担任义工可以发挥自己的专长	3.65	0.832
回馈社会是我的义务和责任	3.63	0.763
担任义工可以得到社会认可	3.46	0.842
认同本机构的服务理念	3.44	0.824

该部分问项的总分为5分，如果受访者对于该动机最为认同则选择5分，否则选择1分，从表8-2中的数据分析结果来看，所有的选项得分均值均超过了中间值3分，可见，受访者对于本书提出之参与动机均表示了较高的认同度。

具体到青年参与义工服务的动机问项来看，认同度最高的五个动机项目，从高到低依次为：担任义工是一件有意义的事；担任义工可以认识新朋友；担任义工可以增加自己的生活经验；希望接触社会扩大生活圈；希望透过服务散播爱心与关怀。可见，澳门在职青年对于参与义工服务的认知，首先是将其作为一个有意义的事情，其次，则是从实际功能性的角度，将其定位为能够认识新朋友、增加生活经验、拓展生活圈的活动形式。从整体上来看，受访者对于参与义工服务的动机认知是具有特定的交际目的，如认识朋友、拓展生活圈、拓展人际关系等。而希望通过参与义工服务来获得特定的技能或发挥自己专长的认同度，尽管得分超过中间值3分，但是相关动机的认同度相对排名较为靠后。

同时，本书也发现，从参与动机来看，受访者对于参与义工服务能够得到社会认同以及因为义工组织的服务理念而参与义工服务的动机认同度最低，这也表明，目前澳门社会中对于参与义工服务人士的认同度还有待提升，此外，澳门的各义工社团和组织除了在活动形式和内容上增强吸引力外，还应该逐步实施品牌化的发展战略，提升社团的品牌形象和认知度，将义工组织的服务理念和宗旨等让更多的青年了解，从而增进澳门在职青年对于义工服务组织的承诺和忠诚度。

（一）受访者参与义工服务多元动机的简化

无论是在国内外相关文献中，还是通过此次问卷调查所获数据分析，青年在参与义工服务时，多元化参与动机特征均得到了表现。受访者对于本书提出的多个动机因素均表现出了较高的认同度。为了进一步了解受访者参与义工服务的动机类型并在此基础上对受访在职青年进行进一步详细分析，本书决定采取因子分析的方法，对上述义工服务参与动机进行维度的划分，以了解受访者在参与义工服务时的动机类型。

通过对该部分数据进行初步分析可知，该部分数据的 KMO 值达到 0.904，同时巴特利球形度检验值达到 0.000，表明该部分数据非常适合进行因子分析。

由于在公因子方差方面，"较为认同机构的服务理念"以及"能够得到社会认同"的公因子方差提取值小于 0.5，为此，对上述两个项目进行删除处理。在删除上述内容的基础上，得到参与动机因子分析的方差解释表，如表 8-3 所示。

表 8-3 参与义工服务动机的方差解释表

成分	初始特征值			提取平方和		
	合计	方差的 %	累积 %	合计	方差的 %	累积 %
1	5.954	45.802	45.802	5.954	45.802	45.802
2	1.305	10.035	55.837	1.305	10.035	55.837
3	1.126	8.663	64.500	1.126	8.663	64.500
4	0.895	6.885	71.385			
5	0.643	4.948	76.333			
6	0.560	4.307	80.640			
7	0.498	3.827	84.467			
8	0.464	3.573	88.040			
9	0.374	2.877	90.917			
10	0.345	2.650	93.568			
11	0.293	2.250	95.818			
12	0.280	2.153	97.972			
13	0.264	2.028	100.000			

提取方法：主成分分析。

从上述方差解释表中可以看到，受访者参与义工的动机可以通过主成分分析的方法，从本书提出的 13 个参与义工服务的动机问项中，提取出三个主要的动机因子，此三个方面的动机因子可以代表此次受访者参与义工服务动机信息的 64.5%。可见，受访者在参与义工服务时，总体上可以认为受三类动机因子的主导。

为了进一步对上述三个动机因子进行解释和说明，本书借助正交旋转法对上述 13 个参与动机问项进行分析，得到如表 8 - 4 所示之旋转矩阵表：

表 8 - 4　　　　　参与义工服务动机因子分析之旋转矩阵

项目	成分		
	1	2	3
帮助别人是我的义务和责任			0.778
回馈社会是我的义务和责任			0.756
担任义工可以增加自己的生活经验	0.719		
担任义工使生活更加充实	0.745		
担任义工可以发挥自己的专长	0.743		
服务别人使我觉得生活有价值	0.697		
担任义工可以增进待人处事的能力	0.607		
担任义工可以拓展人际关系		0.728	
担任义工可以认识新朋友		0.774	
希望接触社会扩大生活圈		0.731	
担任义工是一件有意义的事			0.668
担任义工对社会是有贡献的			0.648
希望透过服务散播爱心与关怀			0.546

提取方法：主成分。

旋转法：具有 Kaiser 标准化的正交旋转法。

a. 旋转在 8 次迭代后收敛。

本书以项目因子载荷达到 0.5 为标准，对上述因子分析旋转矩阵中的信息进行处理，对于每一个参与动机问项，仅保留在因子载荷上大于 0.5 的项目，将小于 0.5 的载荷予以删除，以方便观察上述三个动机因子的对应问项。通过上述旋转成分矩阵表可以看到：

动机成分 1 包括的项目主要为："担任义工可以增加自己的生活经验";"担任义工使生活更加充实";"担任义工可以发挥自己的专长";"服务别人使我觉得生活有价值";"担任义工可以增进待人处事的能力"等。从上述问项的内容上来看，均表达了参与义工服务对于个人自身的成长和发展之功能和作用，可见，该部分的参与动机主要是以提升自我为目的，因此，将该部分动机称为自我提升动机。

动机成分 2 包括的项目主要为："担任义工可以拓展人际关系";"担任义工可以认识新朋友";"希望接触社会扩大生活圈"等。可见，该部分的问项主要特征在于借助参与义工服务的机会，拓展人际关系的网络。为此，本书将此部分的青年参与义工服务动机归纳成为人际关系动机。

动机成分 3 包括的项目主要为："帮助别人是我的义务和责任";"回馈社会是我的义务和责任";"担任义工是一件有意义的事";"担任义工对社会是有贡献的";"希望透过服务散播爱心与关怀"等。从内容上来看，上述动机问项很明显都是表达了参与义工服务是受到社会责任感驱使之产物，因此，本书认为将该部分青年参与义工服务的动机归纳为社会责任动机较为合适。

通过对上述 13 个青年义工参与动机进行降维处理和解释，本书最终将受访者较为认同的 13 个动机项目简化为了三个动机因子，分别是：自我提升动机、人际关系动机，以及社会责任动机。

（二）基于参与动机的受访青年类型分析

在上述青年参与义工服务动机简化分析的基础上，本书需要进一步探讨上述自我提升动机、人际关系动机，以及社会责任动机在不同受访青年身上的具体表现如何。为此，本书以上述义工服务的参与动机为自变量，对此次研究的受访者进行类型划分。

借助上述归纳出的三个动机因子，本书采取强制分类的聚类分析方法对受访者进行分类研究。在决定划分的类型时，主要以分类结果在上述三个参与动机方面均具有较高显著性水平，以及类型划分的结果方便研究者对其含义和类型加以解释为标准。通过多次的尝试和比对，最终本书认为将此次研究的受访者大体分为四类较为合适。

将受访者按照其参与动机划分为四类之后的最终聚类中心如表 8-5 所示：

表 8 – 5　　　　　　　　　　　　最终聚类中心

	聚类			
	1	2	3	4
自我提升动机	0.57872	– 0.39369	0.59974	– 1.13208
人际关系动机	0.96609	– 0.05143	– 0.92494	– 0.09489
社会责任动机	0.22223	– 1.12712	0.34342	0.84041

　　通过上述最终聚类中心所展示的结果，可以发现，第一类受访者青年群体在上述三个方面的参与动机上都有表现，但是，从具体的数值上来看，在人际关系动机方面表现更为突出，为此，本书将第一类受访者青年群体定义为人际关系拓展型义工。

　　第二类受访者青年群体在上述三个参与动机上均为负值，意味着上述群体在上述参与义工服务动机方面的表现均不突出，该群体在参与义工服务方面并无明显的动机偏向，为此，本书将该部分群体界定为无明确目的型义工。

　　第三类受访者群体在人际关系动机方面表现为负值，在自我提升动机以及社会责任动机上都有体现，但是，自我提升动机的表现更为明显，因此，本书将该类群体界定为自我提升型义工。

　　第四类受访者群体在自我提升动机和人际关系动机方面，均表现为负值，仅在社会责任动机方面表现为正值，为此，本书将该类群体归纳为社会责任型义工。

　　本书进一步对受访者中上述四类义工的人数进行了统计，详见表 8 – 6：

表 8 – 6　　　　　　　　　　各种类型青年义工的人数

序号	义工类型	人数
1	人际关系拓展型义工	142
2	无明确目的型义工	138
3	自我提升型义工	131
4	社会责任型义工	94

从统计结果来看，上述四种类型的义工中，人际关系拓展型义工数量最多，为 142 人。其次是无明确目的型义工，为 138 人。再次是自我提升型义工，共有 131 人。而人数相对较少的是社会责任型义工，为 94 人。其中较值得关注的信息是，参与义工的青年中，没有明确目的型义工人数相对还是较多的，而社会责任型的义工人数又相对较少。这些数据与人们通常对于义工服务的理解和相关文献对于义工参与动机的解释略有不同。

本书进一步对义工类型与受访者的个人属性之相关性进行了研究。主要借助卡方检验的方式来了解受访者的性别、年龄、身份等属性与其所属的义工类型之间是否具有相关性。通过数据分析，本书认为义工所属的类型与受访者的年龄段、职业身份以及所属行业等具有显著的相关性，与其他属性之间相关性不明显。

首先，从受访者所属义工类型与其年龄段之间的关系来看。本书主要借助卡方检验来判断上述变量之间的相关性，并进一步借助交叉表中的观测值与期望值之间的差距来确定相关属性与受访青年所属义工类型之间的关系。从卡方检验值来看，受访者的年龄段与其所属义工类型之间具有显著相关性。具体而言，通过比较交叉表中的观测值与期望值，可见，16—20 周岁的受访者更多地偏向于人际拓展型和社会责任型。21—25 岁的受访者则更多地属于无明确目的的参与者，自我提升型的义工也相对较多，但该类群体并不是十分注重人际拓展。而 26—29 岁年龄段的受访者也是更多地属于无明确目的型义工，自我提升型的也稍多。青年所属义工类型与其所属年龄段之间的交叉表分析数据详见表 8 - 7：

表 8 - 7　　　　　　　　义工类型与所属年龄段交叉表分析

义工类型		年龄段		
		16—20 岁	21—25 岁	26—29 岁
人际拓展型	观测值	64	49	29
	期望值	45.8	67.2	29.0
无明确目的型	观测值	30	77	31
	期望值	44.5	65.3	28.1

续表

义工类型		年龄段		
		16—20 岁	21—25 岁	26—29 岁
自我提升型	观测值	35	68	28
	期望值	42.3	62.0	26.7
社会责任型	观测值	34	45	15
	期望值	30.3	44.5	19.2

　　为此，本书认为，受访在职青年在参与义工服务过程中，其参与义工的具体动机类型与所属年龄段之间具有显著的相关性，年龄越大的群体其属于无明确目的型义工的可能性也相对较高，年龄越年轻的受访者则在人际拓展动机上的表现相对较突出。

　　其次，从受访者的职业身份与其所属的义工类型的关系来看。卡方检验的结果显示，受访者的职业身份与其所属的义工类型之间存在显著的相关性。具体而言，参照职业身份与所属义工类型的交叉表分析结果（详见表8-8），本书认为，任职于管理者岗位的受访者更多地偏向

表8-8　　　　　　受访者职业身份与所属义工类型交叉表

义工类型		职业身份									
		管理者	专业人员	技术员及辅助专业人员	文员	服务及销售人员	渔农业工作者	工业、工匠及手工艺工人	机器操作员、司机	非技术工人	其他
人际拓展型	观测值	11	24	12	27	37	0	0	1	2	28
	期望值	9.6	27.0	9.0	32.3	33.7	0.8	2.2	0.8	3.9	22.5
无明确目的型	观测值	12	25	13	32	28	0	5	1	2	20
	期望值	9.3	26.2	8.7	31.4	32.8	0.8	2.2	0.8	3.8	21.9
自我提升型	观测值	4	26	3	38	32	0	2	1	7	18
	期望值	8.8	24.9	8.3	29.8	31.1	0.8	2.1	0.8	3.6	20.8
社会责任型	观测值	7	21	4	18	23	3	1	0	3	14
	期望值	6.3	17.9	6.0	21.4	22.3	0.6	1.5	0.6	2.6	14.9

于人际拓展型、无明确目的型以及社会责任型义工。而任职于专业人员岗位的受访者则更偏向于自我提升型和社会责任型义工。技术员及辅助专业人员更偏向于人际拓展型和无明确目的型。文员则更偏向于自我提升型。服务及销售人员参与义工更偏向于人际拓展型义工。非技术工人参与义工也偏向于自我提升型。其他职业的受访者在参与义工时，更偏向于人际拓展型义工。

可见，受访者所属职业类型与其参与义工服务的动机之间具有相关性。具体来看，管理者和具有专业技术技能的技术员以人际关系拓展和无明确目的为主，该部分群体在参与义工服务时表现出的无明确目的，可能更多地是出于一种自发的参与意识驱使，因此，并没有特定的目的和要求。而任职于其他各类职位的受访者，在自我提升和人际关系方面的表现相对较为突出，这也从另一个方面验证了前述青年参与义工服务动机描述性分析中提及的，通过参与义工服务来达到自我提升是较为重要的参与动机之结论。

第三，从受访者所属行业与义工类型的关系来看，卡方检验的数据显示，受访者所属行业与其所属的义工类型之间存在显著的相关性。具体而言，交叉表分析的结果显示，制造业的受访者更多属于社会责任型和无明确目的型义工。水电及气体生产供应业的受访者更多地属于无明确目的的义工。建筑业的受访者更为偏向无明确目的型义工及自我提升型义工。批发及零售业的受访者中人际拓展型义工和无明确目的型义工方面相对较为偏重。酒店及饮食业受访者更为偏向于自我提升型义工和社会责任型义工。运输通信及仓储业受访者更为偏向于无明确目的型义工。金融业的受访者更为偏向自我提升型义工。不动产及工商服务业受访者更为偏向人际拓展型义工和社会责任型义工。公共行政及社保事务受访者更为偏向于人际拓展型义工。教育行业受访者更为偏向自我提升型和社会责任型义工。文娱博彩行业的受访者更为偏向无明确目的型以及社会责任型义工。其他服务业的受访者更多属于人际拓展型义工和自我提升型义工。选择其他行业的受访者更多地属于人际拓展型的义工。受访者所属的行业及其所属义工类型之交叉表分析结果详见表8-9。

表 8 - 9　　　　　　　　　　　义工类型与其所属行业的交叉表分析

义工类型		行业及领域												
		制造业	水电及气体生产供应业	建筑业	批发及零售业	酒店及饮食业	运输通信及仓储业	金融业	不动产及工商服务业	公共行政及社保事务	教育	文娱博彩	其他服务业	其他
人际拓展型	观测值	1	2	2	15	36	3	8	6	13	14	11	13	18
	期望值	5.1	3.4	8.2	9.8	39.9	2.5	8.2	5.3	6.7	14.1	14.3	10.4	14.1
无明确目的型	观测值	7	5	11	16	34	4	9	4	5	8	18	6	12
	期望值	4.9	3.3	7.9	9.6	38.8	2.5	7.9	5.2	6.6	13.7	13.9	10.1	13.7
自我提升型	观测值	4	2	10	4	40	1	10	3	6	18	10	13	10
	期望值	4.7	3.1	7.5	9.1	36.8	2.3	7.5	4.9	6.2	13.0	13.2	9.6	13.0
社会责任型	观测值	6	3	6	0	32	1	5	0	10	12		5	10
	期望值	3.4	2.2	5.4	6.5	26.4	1.7	5.4	3.5	4.5	9.3	9.5	6.9	9.3

　　通过相关分析可见，受访者参与义工服务的动机类型与其所属的行业特征之间具有一定的关系，如批发及零售业、不动产及工商服务业，以及其他服务业的受访者在希望通过参与义工来拓展人际关系方面的表现相对较为突出，而这些行业同时又是非常注重人际关系网络的行业。作为澳门主导产业部门的文娱博彩行业和酒店及饮食业的受访者在社会责任型义工方面的比例相对期望值要高，体现出上述行业中的青年在参与义工服务时，除了考虑自身的发展外，还会关注作为主导产业部门中的一员，应该承担的社会责任。

　　通过上述青年所属义工类型与其人口特征的分析，可见，受访青年的部分个人特征与其参与义工服务的动机之间具有显著相关性，也即本研究所提出之假设四 H4：青年参与义工服务的动机与其个人特征有关系得到了部分验证。

　　（三）受访者对社会因素的感知及其对参与义工服务动机的影响

　　国内外相关文献显示，社会因素会对义工服务参与动机产生影响，为此，本书也设计了八个方面的社会因素，并以此探讨受访者对上述社会因素影响的感知。从社会因素对受访者参与义工的动机影响来看，受访者认为对参与义工动机影响较大的因素，按照认同程度从高到低包括：身边有朋友参与义工、认识朋友在义工组织工作，以及参与义工是将道德认知自觉地转化为道德行为等。而受访者认为影响相对较小的因素主要为宗教信仰，该项目的认同度仅为2.94。详见表8－10。

表8－10　　　受访者对影响义工参与动机的社会因素之认同度

社会因素	均值	标准偏差
身边有朋友参与义工	3.65	0.874
认识朋友在义工组织工作	3.57	0.888
参与义工是将道德认知自觉地转化为道德行为	3.56	0.873
义工是高尚道德风尚的引领者	3.46	0.890
公众对义工服务的认同感较高	3.41	0.841
相关部门大力提倡争当义工	3.35	0.851
以恩报恩的社会文化底蕴	3.35	0.939
宗教信仰	2.94	1.016

从上表中可以看到，除了宗教信仰对于义工参与的影响程度相对较低外，其余因素均被受访者视为较为重要的影响受访者参与义工服务的社会环境因素。为了进一步对社会因素加以简化，方便研究者的理解，本书借助因子分析来对上述影响因素进一步分析。通过公因子方差表可知，上述社会因素中，宗教信仰因素在公因子方差方面，得分小于0.5，按照因子分析所需要条件，需要将该因素删除，才能继续执行因子分析过程。在删除了宗教信仰的因素后，本书对上述数据进行了初步分析。结果显示，上述七个社会因素的 KMO 值为0.787达到因子分析的要求，而巴特利球形度检验的显著性水平达到0.000，因此，符合进行因子分析的条件。

本书利用主成分分析法提取社会因素中的公因子，并借助正交旋转法对上述社会因素的简化因子进行解释。

从方差解释表来看，本研究中所提及的影响义工服务参与的社会因素可以被大体归纳为两类，这两类社会影响因素能够解释原始问项中的64.52%的信息量。具体分析资料详见表8－11：

表 8 - 11　　　　　对社会影响因素因子分析的方差解释表

成份	初始特征值			提取平方和		
	合计	方差的 %	累积 %	合计	方差的 %	累积 %
1	3.234	46.206	46.206	3.234	46.206	46.206
2	1.282	18.312	64.518	1.282	18.312	64.518
3	0.757	10.811	75.328			
4	0.554	7.919	83.248			
5	0.433	6.191	89.439			
6	0.379	5.409	94.848			
7	0.361	5.152	100.000			

在借助正交旋转对数据进行处理后，本书得到旋转成分解释矩阵，如表 8 - 12 所示：

表 8 - 12　　　　对社会影响因素因子分析的旋转成分矩阵

	成分	
	1	2
相关部门大力提倡争当义工	0.753	
参与义工是将道德认知自觉地转化为道德行为	0.826	
义工是高尚道德风尚的引领者	0.808	
公众对义工服务的认同感较高	0.647	
身边有朋友参与义工		0.846
认识朋友在义工组织工作		0.878
以恩报恩的社会文化底蕴		0.553

提取方法：主成分。

旋转法：具有 Kaiser 标准化的正交旋转法。

a. 旋转在 3 次迭代后收敛。

本书以相关问项的因子载荷在 0.5 以上为标准，对数据进行了筛选，删掉因子载荷小于 0.5 的专案。因此，可以清楚地看到影响义工参与的社会因素可以被简化为两个因子。其中，社会影响因子 1 主要包括："相关部门大力提倡争当义工"；"参与义工是将道德认知自觉地转化为道德行为"；"义工是高尚道德风尚的引领者"，以及"公众对义工服务的认同感较高"等项目。从上述因素所代表的含义来看，问项均属于社会意识形态的范畴，为此，本书认为，在影响义工服务参与的社会因素方面，其中一个重要的维度即为社会意识形态。

而社会影响因子 2 则包括："身边有朋友参与义工"；"认识朋友在义工组织工作"；"以恩报恩的社会文化底蕴"等。参照上述问项的内容及含义，本书认为，该维度的社会因素可被归为社会关系带动的范畴。

由此可见，从受访者感知的角度来看，对青年参与义工服务产生影响的社会因素可以分为两大来源，即来自于整体社会的意识形态和来自于身边亲朋好友的社会关系之带动。

为此，本研究提出之研究假设五，H5：青年参与义工服务的动机与其感知的社会因素有关系也得到了验证。

四　激励机制及其与满意度、持续参与意愿、参与动机的关系研究

根据本研究构建的理论模型及其研究假设，受访者对于激励机制的感知，以及激励机制与义工服务参与满意度、义工服务持续参与意愿，以及义工服务参与动机在激励机制对满意度的影响过程中的调节作用是本研究需要重点关注和验证的重点内容。为此，在本节研究内容中，本书会首先对受访者感知到的义工服务中的激励机制进行评价和分析，并在此基础上，对上述变量之间的关系进行验证。

(一) 受访者对激励机制的感知

本书根据文献研究的结果和访谈所获信息，将较为常见的义工服务中的激励机制形式列出，并让受访者就相关激励机制进行认同度的评价，最为认同则为 5 分，最不认同的为 1 分。在受访者对义工激励手段的认可方面，受访者认为对参与动机产生影响的激励机制中，最能够起到积极促进作用的三种分别是：提供更多的锻炼机会、口头或书面认可，以及个人及团体荣誉。而相对认可度最低的三项则由高到低依次为：礼品激励、津贴激励，以及奖金奖励。由此可见，对于义工活动的参与者而言，能够产生较为正面积极推动作用的，是无形的荣誉和认可。受访者普遍对于物质相关的激励机制认同度不高。详见表 8 - 13：

表 8 – 13   受访者对激励形式的认可程度分析

激励形式	认同度均值	标准偏差
提供更多的锻炼机会	3.88	0.842
口头或书面认可	3.75	0.863
个人及团体荣誉	3.73	0.929
晋升职务机会	3.64	0.937
被树为榜样	3.63	0.934
其他物质形式的奖励	3.47	0.938
礼品激励	3.41	0.958
津贴激励	3.38	0.963
奖金奖励	3.17	1.051

为了进一步验证激励形式对于义工满意度的影响，本书对上述激励机制通过因子分析进行降维处理。通过资料的初步分析可知，上述激励机制部分资料的 KMO 值为 0.806，巴特利球形度检验显著性水平达 0.000，因此，该部分数据适合进行因子分析。

因子分析中，本书通过主成分分析法提取因子，并借助正交旋转法对激励形式的新因子进行解释。在方差解释表中，可见，上述激励机制可以大体归纳为两个维度，这两个维度可以包含原始数据中 60.98% 的信息。详见表 8 – 14：

表 8 – 14   激励机制因子分析的方差解释表

成分	初始特征值			提取平方和		
	合计	方差的 %	累积 %	合计	方差的 %	累积 %
1	4.006	44.512	44.512	4.006	44.512	44.512
2	1.482	16.470	60.982	1.482	16.470	60.982
3	0.922	10.243	71.225			
4	0.670	7.441	78.666			
5	0.543	6.028	84.694			
6	0.504	5.597	90.291			
7	0.353	3.918	94.208			
8	0.336	3.736	97.944			
9	0.185	2.056	100.000			

通过正交旋转，本书得到激励机制部分新的因子的旋转成分矩阵如表 8 - 15 所示：

表 8 - 15　　　　　　　　激励机制因子分析的旋转成分矩阵

激励形式	成分	
	1	2
奖金奖励	0.848	
津贴激励	0.877	
礼品激励	0.829	
其他物质形式的奖励	0.633	
提供更多的锻炼机会		0.619
口头或书面认可		0.711
晋升职务机会		0.657
被树为榜样		0.821
个人及团体荣誉		0.718

提取方法：主成分。

旋转法：具有 Kaiser 标准化的正交旋转法。

a. 旋转在 3 次迭代后收敛。

在旋转成分矩阵中，本书以因子载荷达到 0.5 为标准对数据进行处理，将因子载荷小于 0.5 的数据删除，最终可以看到，上述激励机制可以被简化为两个维度，第一个激励机制主要包括：奖金奖励、津贴激励、礼品激励，以及其他物质形式的奖励，属于较为典型的物质激励。

激励维度二主要包括：提供更多的锻炼机会、口头或书面认可、晋升职务机会、被树为榜样，以及个人及团体荣誉，属于典型的精神激励。

为了深入了解不同类型的青年义工对于上述激励机制的认同度之差异，本书借助单因素方差分析的方法对不同类型义工的激励机制认同度进行了分析。通过数据分析可以发现，从不同类型义工对激励机制的认可程度差异来看，在提供更多的锻炼机会、口头或书面认可、晋升职务机会、被树为榜样、个人及团体荣誉等方面存在显著性的差异。

其中，在提供更多的锻炼机会之激励方式上，人际拓展型义工对该种激励方式更为认同,其他类型的义工在对待此种激励方式上,并无显著差异。

对于口头或书面认可的激励方式,人际拓展型义工比无明确目的型义工和社会责任型义工更能接受。而无明确目的型、社会责任型以及自我成长型义工之间,并无显著差异。

对于晋升职务机会,人际拓展型义工比无明确目的型义工和社会责任型义工更能够接受。自我成长型义工对于职务晋升的激励机制认可度要显著高于无明确目的型义工和社会责任型义工。无明确目的型义工与社会责任型义工之间并无显著差异。

在被树为榜样的激励方式上,人际拓展型义工的认可度最高。其余类型的义工对于该种激励机制的评价不存在显著性差异。

在授予个人及团体荣誉的激励方式上,人际拓展型义工的认可度最高。自我提升型义工的认可度要显著高于无明确目的型义工。社会责任型义工与无明确目的型义工之间并无显著性差异。社会责任型义工与自我提升型义工之间,对待此激励机制的态度差异也不显著。

通过上述分析可知,在激励机制的认同度方面,人际拓展型义工的认同度普遍相对较高,而自我成长型义工对于提供晋升职务机会,以及授予个人及团体荣誉等激励机制较为认同。社会责任型义工和无明确目的型义工对待上述多种激励机制的认同度,没有显示出较为显著性的差异。

（二）激励机制与义工参与满意度间关系探讨

如前面第二章中所述,有相关文献及研究表明,好的激励机制能够提升义工的工作热情和满意度水平。与此同时,在访谈中本书也发现,有澳门义工组织机构的受访者表示,目前,随着社会形势的变化,部分青年会更加看重经济和物质回报。为此,探讨激励机制与义工满意度之间的关系也具有较为重要的现实意义。本书将义工的满意度分为两个方面,即一方面是义工对现有激励机制的满意度,另一方面是义工对整体义工服务参与过程的满意度。在此基础上,本书以前述义工激励机制的认同度之两个因子为自变量,以对义工工作的整体参与过程的满意度和对义工工作的激励机制的满意度为因变量进行回归分析。

分析结果显示,在义工激励机制满意度与不同激励方式的关系上,回归分析的结果显示，物质激励的方式和精神激励的方式均会对义工的激励机制满意度产生影响，其中，精神激励方式的回归系数稍大于物质激励方式。

将上述变量之间的关系用公式进行表达，可以表达为：义工激励满意度 = 3.517 + 0.105 × 物质激励 + 0.253 × 精神激励

具体分析资料详见表 8 - 16。

表 8 - 16　义工激励机制满意度与激励机制的回归分析系数 Coefficientsa

Model		非标准化系数		标准化系数	t	显著性水平
		B	标准误	Beta		
1	（常数）	3.517	0.033		107.014	0.000
	物质激励	0.081	0.033	0.105	2.458	0.014
	精神激励	0.194	0.033	0.253	5.905	0.000

从义工总体满意度与不同激励方式之间的关系来看，同样表现出了精神激励与物质激励均会显著影响总体满意度的态势，具体来看，精神激励形式比物质激励更加有利于提升总体满意度水平。

上述关系可以用公式的形式表达为：

义工总体满意度 = 3.715 + 0.087 × 物质激励 + 0.311 × 精神激励

具体资料分析详见表 8 - 17。

表 8 - 17　义工总体满意度与激励机制的回归分析系数 Coefficientsa

Model		非标准化系数		标准化系数	t	显著性水平
		B	标准误	Beta		
1	（常数）	3.715	0.030		123.304	0.000
	物质激励	0.062	0.030	0.087	2.065	0.039
	精神激励	0.222	0.030	0.311	7.367	0.000

通过上述分析可知，义工激励机制及其形式会对义工的满意度产生影响。其中影响相对较大的是精神激励，而物质激励的形式也会对义工总体满意度水平产生影响，只不过影响的程度相对精神激励而言较小。

为此，本研究模型中所提出的研究假设一，H1：义工参与过程中的激励手段会对青年参与义工服务的满意度产生影响得到了验证。

（三）受访者参与满意度评价及其对持续参与意愿的影响

从受访者的满意度及持续参与义工活动的意愿来看，受访者对于参与义工的满意度水平及未来持续参与义工活动的意愿较高，分别为 3.71 和 3.65，受访者对于义工工作的激励机制满意度得分为 3.52 分。从整体上来看，结果较为理想，但仍有进一步提升的空间，具体数据如表 8 – 18 所示：

表 8 – 18　　受访者对义工工作及激励机制的满意度和持续参与意愿评价

评价专案	均值	标准偏差
我对义工工作的整体参与过程感到满意	3.71	0.714
未来我会继续参与义工工作	3.65	0.834
我对义工工作的激励机制感到满意	3.52	0.766

为了解不同群体在上述满意度和持续参与意愿评价方面的差异，本书进一步借助均值比较进行了研究。

通过分析结果，本书发现不同年龄段，以及义工类型的受访者对于义工工作的整体参与过程满意度感知存在显著差异。不同年龄段、受教育程度、职业身份，以及义工类型的受访者对于义工工作中的激励机制满意度感知存在显著差异。不同受教育程度、行业及领域，以及义工类型的受访者在未来继续参与义工工作的意愿方面，存在显著性的差异。

具体来看，在不同受访者对义工工作的整体参与过程满意度评价的差异方面。

本书借助单因素方差分析及其事后多重比较分析，对不同年龄段、不同类型的义工在义工总体满意度方面的评价差异进行了分析。通过表 8 – 19 可见，在参与义工工作的满意度方面，16—20 岁的受访者显著高于 21—25 岁以及 26—29 岁的受访者。此外，在受教育程度方面，呈现出受教育程度越高的受访者，满意度水平也相应越高的特征。

表 8 - 19　　不同年龄段受访者对义工总体参与满意度的多重比较

(I) 年龄段		均值差 (I－J)	标准偏差	显著性	95% 置信区间	
					下限	上限
16—20 岁	21—25 岁	0.155 *	0.072	0.033	0.01	0.30
	26—29 岁	0.197 *	0.089	0.028	0.02	0.37
21—25 岁	16—20 岁	- 0.155 *	0.072	0.033	- 0.30	- 0.01
	26—29 岁	0.043	0.084	0.612	- 0.12	0.21
26—29 岁	16—20 岁	- 0.197 *	0.089	0.028	- 0.37	- 0.02
	21—25 岁	- 0.043	0.084	0.612	- 0.21	0.12

因变数：我对义工工作的整体参与过程感到满意 LSD。

从不同类型义工对参与义工工作的整体满意度来看，人际拓展型义工对于义工参与过程的满意度水平高于其他类型的义工。无明确目的型义工的满意度水平最低。社会责任型义工满意度要显著高于自我提升型义工。具体分析资料详见表 8 - 20。

由此可见，人际拓展型义工满意度最高，其次是社会责任型义工，再次是自我提升型义工，而无明确目的型义工的满意度水平最低。

表 8 - 20　　不同类型义工对义工总体参与满意度的多重比较

(I) 义工类型	(J) 义工类型	均值差 (I－J)	标准偏差	显著性	95% 置信区间	
					下限	上限
人际拓展型	无明确目的型	0.687 *	0.080	0.000	0.53	0.84
	自我提升型	0.355 *	0.081	0.000	0.20	0.51
	社会责任型	0.255 *	0.089	0.004	0.08	0.43
无明确目的型	人际拓展型	- 0.687 *	0.080	0.000	- 0.84	- 0.53
	自我提升型	- 0.332 *	0.081	0.000	- 0.49	- 0.17
	社会责任型	- 0.432 *	0.089	0.000	- 0.61	- 0.26
自我提升型	人际拓展型	- 0.355 *	0.081	0.000	- 0.51	- 0.20
	无明确目的型	0.332 *	0.081	0.000	0.17	0.49
	社会责任型	- 0.100	0.090	0.267	- 0.28	0.08

续表

（I）义工类型	（J）义工类型	均值差（I−J）	标准偏差	显著性	95%置信区间	
					下限	上限
社会责任型	人际拓展型	−0.255*	0.089	0.004	−0.43	−0.08
	无明确目的型	0.432*	0.089	0.000	0.26	0.61
	自我提升型	0.100	0.090	0.267	−0.08	0.28

因变数：我对义工工作的整体参与过程感到满意 LSD。

*均值差的显著性水平 0.05。

表 8−21　　　　不同类型义工对义工激励机制满意度的多重比较

（I）义工类型	（J）义工类型	均值差（I−J）	标准偏差	显著性	95%置信区间	
					下限	上限
人际拓展型	无明确目的型	0.507*	0.089	0.000	0.33	0.68
	自我提升型	0.317*	0.090	0.000	0.14	0.49
	社会责任型	0.200*	0.099	0.044	0.01	0.39
无明确目的型	人际拓展型	−0.507*	0.089	0.000	−0.68	−0.33
	自我提升型	−0.190*	0.091	0.037	−0.37	−0.01
	社会责任型	−0.306*	0.100	0.002	−0.50	−0.11
自我提升型	人际拓展型	−0.317*	0.090	0.000	−0.49	−0.14
	无明确目的型	0.190*	0.091	0.037	0.01	0.37
	社会责任型	−0.116	0.101	0.247	−0.31	0.08
社会责任型	人际拓展型	−0.200*	0.099	0.044	−0.39	−0.01
	无明确目的型	0.306*	0.100	0.002	0.11	0.50
	自我提升型	0.116	0.101	0.247	−0.08	0.31

因变数：我对义工工作的激励机制感到满意 LSD。

*均值差的显著性水平 0.05。

从受访者对义工工作中激励机制的满意度感知来看，同样表现为16—19岁年龄段的受访者整体感知要高于其他两个年龄段的受访者。

从不同类型的义工对激励机制的满意度水平来看，人际拓展型义工对于激励机制的满意度最高，无明确目的型义工对激励机制的满意度最低，社会责任型义工对激励机制的满意度水平高于自我提升型义工。详细分析资料详见表 8 – 22。

表 8 – 22   不同类型义工对持续参与义工服务意愿的多重比较

(I) 义工类型	(J) 义工类型	均值差 (I – J)	标准偏差	显著性	95% 置信区间	
					下限	上限
人际拓展型	无明确目的型	0.708 *	0.094	0.000	0.52	0.89
	自我提升型	0.482 *	0.096	0.000	0.29	0.67
	社会责任型	0.577 *	0.105	0.000	0.37	0.78
无明确目的型	人际拓展型	– 0.708 *	0.094	0.000	– 0.89	– 0.52
	自我提升型	– 0.226 *	0.096	0.019	– 0.41	– 0.04
	社会责任型	– 0.130	0.105	0.217	– 0.34	0.08
自我提升型	人际拓展型	– 0.482 *	0.096	0.000	– 0.67	– 0.29
	无明确目的型	0.226 *	0.096	0.019	0.04	0.41
	社会责任型	0.095	0.107	0.371	– 0.11	0.30
社会责任型	人际拓展型	– 0.577 *	0.105	0.000	– 0.78	– 0.37
	无明确目的型	0.130	0.105	0.217	– 0.08	0.34
	自我提升型	– 0.095	0.107	0.371	– 0.30	0.11

因变数：未来我会继续参与义工工作 LSD。

* 均值差的显著性水平 0.05。

从不同类型义工在持续参与义工工作方面的意愿来看，人际拓展型义工的持续参与意愿最为强烈。无明确目的型义工的持续参与意愿最低。自我提升型义工的持续参与意愿要高于社会责任型义工。详细资料详见表 8 – 22。

为了更为明确地探讨受访者对义工激励机制满意度、总体满意度评价及其与未来持续参与义工服务工作态度之间的关系，本书借助相关分析的方法对上述变量之间的相关性进行了检验。相关资料如表 8 – 23 所示。

通过表 8 – 23 可见，受访者对义工服务中的激励机制满意度与其对义工服务总体满意度之间具有显著的相关性，其相关系数为 0.556，受访者对义工激励机制满意度评价与未来持续参与义工工作的意愿之间也存在较为显著的相关性，相关系数为 0.428。受访者对义工整体满意度的评价与未来持续参与义工服务的意愿之间，相关性同样显著，相关系数为 0.376。

表 8-23　激励机制满意度、总体满意度及持续参与意愿间相关分析相关

		我对义工工作的整体参与过程感到满意	我对义工工作的激励机制感到满意	未来我会继续参与义工工作
我对义工工作的整体参与过程感到满意	Pearson 相关	1	0.556**	0.376**
	显著性水平（双尾）		0.000	0.000
	N	505	505	505
我对义工工作的激励机制感到满意	Pearson 相关	0.556**	1	0.428**
	显著性水平（双尾）	0.000		0.000
	N	505	505	505
未来我会继续参与义工工作	Pearson 相关	0.376**	0.428**	1
	显著性水平（双尾）	0.000	0.000	
	N	505	505	505

** 相关在 0.01 水平上显著（双尾）。

本书进一步采用多元回归分析之强迫输入法，以义工满意度为因变量，激励的总体感知为自变量进行显著性检验。从模型摘要表中可见 $p = 0.000 < 0.05$（详见表 8-24），存在显著性影响。预测变量的解释变异量为 0.309，亦即激励预测解释义工满意度 30.9% 的变异量。

表 8-24　义工激励机制满意度对总体满意度影响的模型摘要表

Model	R	R 方	R 方调整	标准误估计	统计量变化				
					R 方改变	F 改变	df1	df2	显著性水平 F 改变
1	0.556a	0.309	0.308	0.594	0.309	225.342	1	503	0.000

a. 自变量：（常数），我对义工工作的激励机制感到满意。

表 8 – 25　激励机制满意度与总体满意度之标准化回归系数 Coefficientsa

Model		非标准化系数		标准化系数	T	显著性水平
		B	标准误	Beta		
1	（常数）	1.893	0.124		15.235	0.000
	我对义工工作的激励机制感到满意	0.518	0.035	0.556	15.011	0.000

a. 因变数：我对义工工作的整体参与过程感到满意。

　　路径分析之路径系数为标准化回归系数（Beta 值），以义工满意度为校标变量，激励为预测变量。预测变量的标准化回归系数为 0.556。

　　从模式摘要表和系数表中整理激励对义工满意度的影响，变量解释力 = 0.309，显著性 P = 0.000，路径系数为 0.556，整理后图示如图 8 – 2 所示：

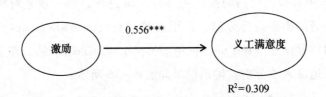

图 8 – 2　激励机制对义工满意度的影响路径示意图

　　利用相同的方法，本书得到义工满意度对未来持续参与义工服务意愿的影响路径图，如图 8 – 3 所示。

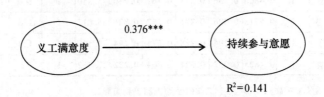

图 8 – 3　义工满意度对持续参与意愿的影响路径示意图

　　可见，激励机制确实会对义工的总体满意度感知产生影响，同时，总体满意度也会对义工未来持续参与义工服务的意愿产生较为显著的影响。通过此部分的数据分析，本研究模型中提出之假设一 H1：义工参与过程中的激励手段会对青年参与义工服务的满意度产生影响；和假设二 H2：青年对义工参与满意度的评价会对其持续参与义工服务产生影响得到了验证。

（四）参与动机对激励机制与满意度之调节作用研究

根据本研究提出之理论模型，需要在激励对满意度的影响中，验证青年参与义工服务的动机之调节效应。由于调节效应的验证需要根据不同类型的变量来选择适当的方法，为此，首先需要明确本次研究的各类变量之类型。在上述变量中，自变量义工激励感知为连续变量，调节变量是以动机为基础划分的不同义工形态，该变量为类别变量。

这种类型的调节效应采用分组回归分析。即根据调节变量的分类水平，建立分组回归方程进行分析。在此，本书通过 SPSS 来实现分组回归分析调节效应，采用多元回归分析之强迫输入法进行分析。

SPSS 中对分组回归的操作主要分两步进行，第一步是对样本数据按调节变量的类别进行分割，采用比较多组（compare groups）和按分组变量对数据排序（sort the file by grouping variables），第二步多元回归分析之强迫输入法分析。输出结果如表 8 - 26 所示：

表 8 - 26　　　　　　多元回归分析之模型摘要 Model Summary

动机型态	Model	R	R 方	R 方调整	标准误估计	统计量变化			
						R 方改变	F 改变	df1	df2	显著性水平 F 改变
人际拓展型	1	0.486a	0.236	0.231	0.561	0.236	43.350	1	140	0.000
无明确目的型	1	0.571a	0.326	0.321	0.552	0.326	65.813	1	136	0.000
自我提升型	1	0.542a	0.294	0.288	0.574	0.294	53.699	1	129	0.000
社会责任型	1	0.482a	0.232	0.224	0.604	0.232	27.862	1	92	0.000

a. 自变量：（常数），我对义工工作的激励机制感到满意。

通过上表查看回归模型的总体情况。四个不同动机的群体回归方程具有显著效应（p < .001），表明青年参与义工动机这一变量具有显著的调节效应。从上表中的数据可以看出，人际拓展型群体的回归方程解

释了因变量 23.6% 的变异量；无明显目的形群体的回归方程解释了因变量 32.6% 的变异量；自我提升形群体的回归方程解释了因变量 29.4% 的变异量；社会责任形群体的回归方程解释了因变量 23.2% 的变异量。

表 8 – 27　　　　　　　　标准化回归系数表 Coefficientsa

动机形态	Model		非标准化系数		标准化系数	t	显著性水平
			B	标准误	Beta		
人际拓展型	1	（常数）	2.625	0.220		11.908	0.000
		我对义工工作的激励机制感到满意	0.376	0.057	0.486	6.584	0.000
无明确目的型	1	（常数）	1.416	0.244		5.815	0.000
		我对义工工作的激励机制感到满意	0.593	0.073	0.571	8.112	0.000
自我提升型	1	（常数）	1.877	0.252		7.444	0.000
		我对义工工作的激励机制感到满意	0.524	0.071	0.542	7.328	0.000
社会责任型	1	（常数）	2.303	0.288		7.997	0.000
		我对义工工作的激励机制感到满意	0.415	0.079	0.482	5.278	0.000

a. 因变数：我对义工工作的整体参与过程感到满意。

表 8 – 27 给出了自变量的标准化回归系数 Beta 值。在人际拓展行动机形态群体组中，标准化 Beta 值为 0.486；在无明显动机组中标准化 Beta 值 0.571；在自我提升动机形态群体组中标准化 Beta 值为 0.542，在社会责任动机型态群体组中标准化 Beta 值为 0.482，且都达到了显著性水平 $p < 0.001$，故说明，在激励对满意度的影响中，动机有显著的调节效果。

为此，本研究提出之研究假设三 H3：青年参与义工服务的动机会对激励及其满意度的影响产生调节作用得到验证。

五　研究主要结论

本研究通过采用文献回顾、邀请义工组织代表深度访谈，以及对曾参与义工服务的澳门在职青年开展问卷调查等方式，就澳门在职青年参与义工服务过程中的激励机制问题进行了研究。通过综合研究，本书最终得到如下研究结论：

（一）激励机制对于义工的满意度具有重要的影响

在以往文献研究中，对于义工满意度的研究往往集中于对义工期望以及实际感知之间关系的研究和探讨，即以满意度的差距模型作为研究的理论依据。尽管如此，仍有少数学者在对义工进行了研究后，提出激励能够显著影响义工的自我效能和满意度。为此，本研究对激励机制与义工参与满意度之间的关系进行了探讨。通过研究，本书认为青年义工对于激励机制的满意程度与其对义工服务整体的满意度之间具有显著的正相关性。为此，如果能够让澳门在职青年对参与义工服务的激励机制感到满意，则也能够相应地提升其对参与义工服务的总体满意度。

（二）提升义工满意度是促进青年持续参与义工服务的重要环节

提升在职青年持续参与义工服务的意愿对于义工服务而言具有十分重要的意义。从本研究的主要发现来看，在职青年对于未来持续参与义工服务的意愿在一定程度上与其对义工服务的参与满意度有正向的关系，相关系数为0.376。可见，提升青年对参与义工服务的满意度有助于增强其持续参与义工服务的意愿和态度。当然，根据本研究中相关访谈所获信息，影响在职青年持续参与义工服务较为关键的因素还是时间、社会环境等因素。

（三）青年参与义工的动机会因个人特征不同而产生一定的差异

动机是人们行为背后的推动力量。从在职青年参与义工服务的动机来看，自我提升动机、人际关系动机以及社会责任动机是受访者比较注重的参与义工服务之动机类型。这一研究发现，与访谈过程中，澳门主要义工社团受访者代表表达之观点具有相同之处。但是，从不同群体的参与动机来看，还会存在一些差异化。

如参与义工的具体动机类型与在职青年所属年龄段之间具有显著的相关性，年龄越大的群体其属于无明确目的型义工的可能性也相对较高，年龄越年轻的受访者则在人际拓展动机上的表现相对较突出。

在职青年所属职业类型与其参与义工服务的动机之间也具有相关性。具体来看，管理者和具有专业技术技能的技术员以人际关系拓展和无明确目的为主，该部分群体在参与义工服务时表现出的无明确目的，可能更多地是出于一种自发的参与意识驱使，因此，并没有特定的目的和要求。而任职于其他各类职位的受访者，在自我提升和人际关系方面的表现相对较为突出。

此外，研究中还发现，在职青年参与义工服务的动机类型与其所属的行业特征之间具有一定的关系。如批发及零售业、不动产及工商服务业，以及其他服务业的受访者在希望通过参与义工来拓展人际关系方面的表现相对较为突出，而这些行业同时又是非常注重人际关系网络的行业。作为澳门主导产业部门的文娱博彩行业和酒店及饮食业的受访者在社会责任型义工方面的比例相对期望值要高，体现出上述行业中的青年在参与义工服务时，除了考虑自身的发展外，还会关注作为主导产业部门中的一员，应该承担的社会责任。

（四）动机对与青年的激励机制满意度感知具有显著的调节作用

青年参与义工服务的动机在一定程度上代表了其对参与义工服务的期望，因此，出于不同参与动机的在职青年，其在面对参与义工服务的回报及激励形式时，产生的满意度感知会有不同。本研究中的资料分析部分也证实了，参与义工服务的动机会对激励机制满意度感知产生显著的调节作用，即不同参与动机的在职青年在面对激励时，会产生不同的满意度水平。

具体而言，从不同类型的义工对激励机制的满意度水平来看，人际拓展型义工对于激励机制的满意度最高，无明确目的型义工对激励机制的满意度最低，社会责任型义工对激励机制的满意度水平高于自我提升型的义工。

由此可见，在设计义工激励机制方面，相关部门或组织应该充分关注和了解不同青年群体在参与义工时的动机，并根据不同的动机设计相应的激励形式和手段。

（五）澳门青年义工的激励机制较为单一，形式及内容有待创新

从研究结果来看，受访者对于义工服务参与过程中的激励机制之感

知，可以大体划分为两类，即物质激励和精神激励。其中研究结果表明，两种激励形式对于青年参与义工服务的满意度都有显著的影响。其中，精神激励对于青年义工的满意度提升和持续参与意愿影响相对更高。

但是，透过与澳门主要义工社团代表的访谈可知，目前澳门在义工激励机制的设计方面存在形式较为单一，创新不足的问题。如大多数的激励都是以评奖或颁奖为主，且颁奖也是以参与义工的时间长短作为评奖之依据。而部分学校更是将学分与参与义工服务结合起来，以此来推动青年参与义工服务。此外，在研究过程中，本书还了解到有受访者表示，对于青年义工的激励一定是精神方面的，如果采取物质方面的激励会让义工活动变质。

实际上，对于青年义工的激励机制之构建应该是多方面的。正如澳门社区青年义工发展协会的受访者所提及，不仅应该针对义工个人设计有效的激励机制，对于义工服务的组织也应该有相关的激励制度。此外，本书认为，激励主体还应该包括整个社会，因为社会氛围的营造实际上是对所有参与义工服务的青年最大程度的激励和认可。此外，对于激励形式的人性化、个性化、针对性、有效性等，也是在激励机制设计过程中需要认真思考的问题。对于物质激励和精神激励的关系，本书也认为，在青年义工激励过程中，并非一定要排斥物质激励，而应该以精神激励为主，同时，辅助以经过精心设计和安排的物质激励，这样可能会达到更好的效果。

第四节　在职青年义工激励的对策与建议

参照实证研究所获相关结论，本书认为，激励机制的建立并非简单的工作，其必须满足一个重要的前提条件，即需要对激励机制建立的目的有明确的定位。为此，本书结合澳门在职青年参与义工服务的实际情况，提出以下激励机制的构建与优化对策建议。

一　更新义工激励机制构建之理念

对于青年义工的激励机制之优化需要有全新的指导理念和思考角

度，本书结合本研究所获之研究发现及参照海内外有关义工激励机制体系之实践成果，认为澳门在突破义工激励机制单一化方面，应该至少在以下理念上加以创新和突破。

第一，对义工需求的认知理念。

通常情况下，人们对于义工的理解停留在无偿性和自愿性等特征方面。其实，所谓的无偿性是指青年参与义工服务并非以获得物质性的报酬作为目的，但无偿性的特点，同时并没有否认义工服务参与者的目的性。而目前的状况是，在义工服务组织工作中，往往将无偿性之内涵转化为义工没有特定的需求。实际上，义工服务的参与者也是人，除了自愿奉献的精神之外，其参与义工工作会有其特定的目的性。如在本研究中，不少义工就是为了提升自我能力，或为了扩大交际范围，或为了回报社会等目的而参与义工服务。为此，作为义工服务的组织者和相关领域的政府管理部门，应该改变传统的思维定式，认为义工就是自愿奉献自己劳动力的群体。相关主体应该关注义工群体的动机、需求，并以此为导向引导青年义工、义工组织以及社会形成多方共赢的局面。

第二，对义工激励内涵的认知理念。

在义工激励的认知方面，本研究中的访谈部分就体现出来一个趋势，即相关义工组织的受访者代表均将义工激励当作纯粹精神上的激励，并表示如果涉及了物质激励则会影响到义工本来的含义。实际上，我们如果从其目的来看，对义工的激励，主要是需要在明确了未来的发展目标和路向的基础上，通过设计适当的形式和手段，鼓励青年参与义工服务，并持续不断地参与其中。最终使得义工组织、义工个人以及社会都能够实现其特定的期望与目标。为此，义工的激励并未将物质激励部分排除。本研究也发现，物质激励与精神激励一样会与青年义工的满意度提升和持续参与义工服务意愿之间产生显著性的正向关联。从实际情况来看，不少国家和地区的实际经验也表明，物质激励并不会改变义工服务的本质属性。

如 2002 年盐湖城冬奥会的义工服务计划对激励给出了详细的说明："义工可获得一个参加义工活动的证明、特别的标签、手表、两张开幕式彩排的门票，还有一件制服。"对于那些参与"为美国服务"的学生义工，在其义工服务期满一年后，就可以得到非现金形式的两个学期的奖学金 9450 美元，但这笔钱仅能用于支付学费，除此之外，服务期满一年的义工，在联邦职业的选择上可以不用参加考试，可谓影响深远。参加"全国民事社区服务队"的义工，年龄在 18—24 岁，10 个月的服役期满后可得到 6000 美元的津贴及 2362.5 美元的一次性奖学金（张庆武，2008）。

再比如新加坡为杰出的义工们提供了丰富的物质上的奖励。如杰出的义工在其所服务的社区内享有免费停车的权利，其子女可获得进入最好学校的优先选择权，其在政府部门或机构中的职务还可得到提升等。这些措施最终吸引了大量的社会各界人士参与到义工的队伍中来。

为此，人们对于义工激励的内涵的认知需要有极大的变革，只有这样才能为义工激励机制的优化带来更多的创新元素和机遇。

第三，对义工激励对象的认知理念。

当谈及义工激励机制，人们会将关注的焦点转到参与义工服务中的青年个体。义工个人的确是激励机制需要关注的重要对象。但是，义工激励机制所激励的对象并非仅义工个人这一个方面，从义工服务的参与主体来看，至少有以下三个领域的群体属于义工激励机制激励的对象：青年义工个人、义工组织、广泛的社会人士。为此，当提及义工激励机制时，应该将关注的范围适当扩大，从而保证激励机制的预期效果达到最佳。

例如，1997 年联合国大会通过决议，将 2001 年定为第一个国际义工年。通过设立奖励来奖赏个人、集体、社区和全国性的非政府组织或国际性非政府组织的义工行为，并加大宣传力度，通过国家与政府层面的宣传，社会公众能更进一步地了解义工服务的概念和内涵，吸纳更多的人参与志愿工作。同时联合国定每年十二月五日为"国际义工日"，目的在于鼓励全球各地政府及团体，于当天共同嘉许及表扬义务工作人员的贡献，并借这个具有重大意义的特别日子呼吁社会人士支持及参与义务工作。

二 鼓励多主体参与激励机制之构建

对于义工激励机制的构建，需要多主体的共同参与，其中较为主要的主体包括：政府部门、义工组织，以及义工个人。

首先，从政府部门来看，政府部门是整个城市或区域的管理者，对于社会文化氛围的影响具有决定性的意义。为此，对于政府而言，在义工激励机制构建方面，需要承担的主要责任就是制定激励性的政策甚至法规、大力宣扬义工精神和榜样。在本研究中，受访青年出于社会认同而参与义工服务的认同度相对较低，排名在 15 个义工参与动机项目的倒数第二位。由此可见，目前澳门社会中尚未形成对义工服务的广泛认同和认可。

为此，相关政府部门应该尽快采取措施，完善青年参与义工服务的政策和法律保障，同时，采取多种途径和形式发展弘扬义工文化。从世界范围来看，美国、英国、日本、中国台湾等发达国家和地区都制定了促进义工服务的法律法规，并对公民参与义工行动提出了要求。此外，不少国家还对义工组织以及义工服务活动提供法律上的支持和规范。例如，2001 年台湾地区制定并通过《台湾志愿服务法》，其中第五章关于促进志愿服务的措施和规定包括几方面内容：1. 对义工实施金钱奖励。办理意外事故保险，必要时补助交通、误餐及特殊保险等经费。2. 进行资格证明。若表现优秀义工因升学、进修、就业或其他原因需志愿服务绩效证明者，可获取服务绩效证明书。3. 进行嘉奖。通过定期考核义工及团体绩效，选拔楷模奖励，并列入升学、就业之部分成绩。4. 非现金性物质奖励。满足服务年资满三年，服务时数达三百小时以上者，可获得检具证明档向地方主管机关申请核发志愿服务荣誉卡，凭卡可免费进入收费公立风景区等。5. 服兵役奖励。优秀义工可优先服相关兵役替代役。

其次，从义工组织来看。义工组织作为与青年义工接触，并组织其参与义工服务的社团，在对义工提供激励措施方面也更为直接。然而，从青年义工持续参与义工服务的角度来看，更为重要的还是义工组织需要有明确的服务理念及发展目标，并让加入其中的青年人对上述理念和发展目标产生认同感。有研究表明，对组织目标的认可与契合是青年参与义工服务的动力之一。但是，在此次的研究中，受访在职青年对于义工组织发展目标和理念的认同度不高。如受访者对于"支持义工组织服务理念而参与义工服务"的动机认同度为最低。为此，本书认为，从义工组织的角度来看，构建青年义工参与义工服务的激励机制，不仅要从管理的细节处着手，更应从打造义工组织的品牌角度出发，阐明义工组织服务社会的理念，发展目标。如可以将组织的长远目标、中期目标和近期目标让义工清楚了解，并及时告知义工所参与义工服务活动的阶段性目标实现情况，使青年义工能够了解组织的成长进度，并对自己在组织目标实现过程中所起作用产生认同感。以此形成较为稳固的义工组织与青年义工之间的承诺关系。例如美国的志愿组织在进行义工遴选与定岗时，就通常较为注重将义工的特长和经验与其兴趣要求相结合，最大限度地达成义工的目标。

最后，从义工个人来看。除了外界提供的激励机制外，青年在参与义工服务时，还需要有自我激励。所谓的自我激励就是需要有明确的参与义工的目标，并通过向特定的发展目标努力，获得自我的认同。然而，从本研究所获信息来看，目前澳门在职青年中，参与义工服务的群体有相当一部分并未拥有明确的参与目标，即这部分群体是为了参与义工服务而参与其中，并未对自我发展提出任何要求，因此，也自然无法获得自我认同和满足。从数据分析中可以看到，该类群体的满意度和持续参与意愿也是最低。为此，本书认为，从个人激励的角度出发，应向有志于参与义工服务工作的青年，灌输一种服务学习的理念，即应该通过参与义工服务，在服务他人回报社会的基础上，获得自我的成长和提升，只有这样义工激励机制才能完整地构建。

三　实现义工激励途径及设计手段之多元化

如前所述，本书通过实证研究认为，澳门在构建青年义工的激励机制过程中，应考虑实现激励途径和设计方式的多元化，具体而言，本书建议能够从以下方面寻找突破：

第一，动机调研与激励设计相结合。本研究的主要结论之一，就是青年义工的参与动机会对激励机制与参与义工的总体满意度感知产生调节作用。换言之，不同动机的在职青年在参与义工服务时，需要有不同的激励机制。所以，本书认为，作为义工服务的组织者，澳门各义工协会应在对会员参与义工服务的动机进行充分调查和了解的基础上，有针对性地研究激励机制之设计问题。只有将激励机制与义工的参与动机相结合，才能最大程度地提升激励机制的效果。

　　第二，内部激励与外部激励相结合。所谓内部激励和外部激励主要针对义工组织而言，内部激励是指来源于义工组织内部的激励因素，外部激励则是来源于义工组织以外的激励因素。从内部激励来看，满足青年参与义工服务的需要是建立激励机制的出发点，调动青年参与义工服务的积极性则是建立内部激励机制的直接目的。从内部激励来看，应该注重运用管理学以及心理学中的相关激励理论，通过组织授权、责任激励、目标激励等方式，鼓励青年义工，为有意参与义工服务的青年安排适合的工作岗位、对优秀青年义工进行表彰和认同等。此外，组织内部激励还应注意保证激励机制的公平性。而外部激励方面，主要指社会方面对青年义工的服务给予必要的认可和奖励，激励那些帮助社会和他人的人，使义工服务的事业能够持续不断发展。例如，美国自 2003 年开始每年会评选出"志愿服务总统奖"，获奖者将得到美国总统的祝贺信、志愿服务与参与委员会的感谢信、美国官方的义工服务别针以及奖励证书等。来自社会、政府、协会组织的外部认可是推动美国志愿服务发展的重要因素。

　　第三，自我激励与环境激励相结合。义工的自我激励主要指青年义工在参与义工服务过程中获得的自我成就感、自我表现提升感和自我满足感等。为此，社会以及义工组织应当在青年参与义工服务之前，引导其思考并形成自己的发展目标，通过对自我成长的绩效考核和表彰来达到自我激励的目的。环境激励则是指除了自我认同之外的其他上述激励手段。

　　第四，物质激励与精神激励相结合。如前所述，义工服务虽然被定义为非营利性的行为，但也并不意味着提供义工服务的人就必须一无所获，这个观点在美国及西方义工服务较发达的国家普遍存在。如美国对义工的激励，就不仅注重荣誉上的鼓励，而且还可以有物质上的支持，甚至经济上的回报。而目前中国的一些大型赛会的义工服务中，相关义工组织或组委会也开始为义工购买人身保险，提供交通补贴、通信补贴，发放防暑降温药品等，甚至也允许义工组织向一些特定的服务对象（如大型赛会组织方等）收取必要的组织保障经费或服务时提供基本材料费用，它将极大地提高青年参与义工服务的积极性。在精神激励方面，评奖及颁奖的形式可以进一步提升和多元化，如评奖的主办方可以由澳门的义工协会，转变为政府的某些部门。评奖的奖项也可以由服务时间长短为标准，进一步细化为不同的评奖领域，在表彰的形式上，也可以由政府重要部门的领导，甚至请澳门特区特首来为获奖者颁奖。

第五，常规激励与个性激励相结合。国外某些义工社团对于义工激励机制的理解很简单，它们认为的激励不一定是要有精神上或物质上的奖励，它们将激励等同于认可（recognition）。为此，本书认为，除了上述常规化的激励制度和策略外，为参与义工活动的青年提供较具个性化的激励机制，可能在提升其自我认可和社会认可方面更为有效。因为个性化的激励，能够凸显参与义工服务的标志性和荣誉感。如悉尼奥运村专门为奥运会的义工树立了290根柱子，并将赛事中义工的名字都刻在上面。2004年雅典奥运会义工在服务期间可以享受免费用餐、交通、保险、免费或优惠入场券，此外，义工还可以获得印有雅典奥运会标志的服装、手表、腰包、手机等只有义工才有的纪念品。

此外，个性激励还体现在激励目标的针对性方面，由于不同青年在参与义工服务时的目的有所不同，如有的是以提升自己的能力为目的，有的则以拓展人际关系网络为目标，为此，笔者建议，相关组织和机构在设计激励手段和方式时，是否可以提供多样化的选择，供不同需求的优秀义工按需挑选自己心仪的激励方式。

四　坚持实施全程化之义工激励机制安排

现有的义工激励机制大多数是侧重于义工服务结束之后的环节，本书认为，从激励的有效性提升角度来看，应该实施更具效果的全程激励。即对于青年参与义工服务的激励，要从招募会员开始，贯穿义工培训、义工服务环节，以及义工服务的总结和评价等。

如在招募阶段，应该向青年介绍义工服务的理念和目标，并向其宣传和介绍义工服务对于社会、组织以及个人发展所带来的影响。通过此种方式，说明参与义工的青年形成自己对于义工活动的正确认知，并将自己的成长与义工服务和社会发展结合起来。

在活动策划阶段，则通过广泛吸收青年参与的方式给予激励，如安排青年义工参与义工服务活动的项目策划。借助青年以往参与义工服务的经验，以青年义工的自我发展和满意度提升为核心，优化服务活动的项目设计。从而使青年义工的个人经验得到肯定和认同，同时，个人的策划和组织能力也能够得到一定的提升。

　　培训阶段同样也应该成为青年义工激励的重要环节。通常可以采取的形式是聘请一些优秀的义工青年作为培训导师，将自己参与义工服务的经验和心得传授给其他的义工。这样除了让义工感觉到自己被认可之外，还能够提升其表达能力，拓展其人际关系等。

　　在义工服务的过程中，则需要义工组织在管理和决策方面体现出公平、平等的行为方式，从而保证青年义工形成较高的组织归属感。例如常见的服务过程中的激励形式包括，保证义工与组织之间有畅通的沟通管道，义工能够将自己的感想和意见及时地向义工组织进行回馈。同时，义工组织和参与义工服务的青年之间需要建立平等的对话制度，在管理上营造出民主化的氛围，提供充分的机会给义工来展示自我价值。

　　在义工服务活动的结束阶段，则通过精神或物质上的奖励等形式，再次形成组织及社会对青年参与义工服务的认可。

　　全程化的激励机制设计，能够时刻关注青年在参与义工服务过程中的感受与回馈，及时调整相关工作之安排，并针对性地开展辅导和激励。此种形式在海外义工服务发展水平较高的国家和地区已经形成惯例，并已经体现出较为理想的保留义工的成效。

第 九 章

义工旅游的服务学习成效及提升策略

第一节　服务学习的概念及理论基础

服务学习是近年来由西方国家兴起，并逐渐影响到我国的一种新的教育及学习理念。从目前服务学习的研究和应用来看，在学校的教育过程中，借鉴服务学习理念较为常见。关于服务学习的概念，一般认为服务学习的要素包括：学生积极主动的参与、与学业课程的结合、完善的组织和计划、关注社会需要、学校和社会的密切配合、有效的反思、应用知识和技能的机会、扩展的学习机会、关注社会及关心他人的情感的培养等。由此可见，服务学习并非简单地在服务中学习，或通过服务的方式为参与者提供学习的机会。服务学习有更为综合的多样的目标，对于参与者的培养也是全方位的。

一　服务学习的概念

美国 1993 年的服务行动（Service Action）这样定义服务学习：服务学习指的是一种方法，通过学校和社会的合作，将提供给社会的服务与课程联系起来，学生参与到有组织的服务行动中以满足社会需求并培养社会责任感，同时在其中学习以获得知识和技能，提高与同伴和其他社会成员合作分析、评价及解决问题的能力。可见，服务学习属于经验学习的一种，通过实践经验学习的哲学观为服务学习提供了理论基础。

一般认为服务学习与社区服务以及义工行动不同，各类社区服务和义工服务的核心是提供服务。而服务学习则是将课程、服务和反思结合起来。Schine（1996）指出服务学习不同于社区服务的关键在于前者包含准备和反思的过程。服务学习的着眼点不仅试图通过为社会提供服务来促进学生知识的学习，还希望能够培养参与者的公民意识、社会责任感、奉献及合作精神。

二　服务学习的形成与发展

服务学习源自美国教育哲学家杜威（Dewey）的"在做中学"（learning by doing）。从 1980 年开始，学生参与社会公共服务，已成为美国高等教育的一股思潮。在校园中，结合社区服务和学习目标的服务学习方案，更开始蓬勃地发展。将社会服务导向"服务—学习"（Service - Learning），有利于强化学生之学习与成长。（杨百川，2003；陈盈方，2007）。

自 20 世纪 90 年代起，美国教育学者为提升学生的学习效果与质量，进一步提出所谓服务学习观念与行动策略，将学校课程与社区服务（community service）活动进行整合，通过有系统的设计规划、执行、省思与评量，来达到学习与服务目标。

在此基础上，美国政府进一步将服务学习法制化，并于 1990 年订定"国家与社区服务法案"（National and Community Service Act），1993年"联邦国家与社区服务学习法案"（the Federal National and Community Service，ACT）。此后，政府为这类项目的实施提供资金资助，激起不同年龄学生服务学习的热情（张莉、方巍，2011）。

从服务学习涉及的主体来看，最初仅是中小学采取这种教育理念和方式，如 1984 年美国所有公私高中，有 27% 提供某些形态的社区服务，有 9% 提供服务学习。1996 年进行的美国全国家庭教育普查（National Household Education Survey）发现：49% 的 6 年级至 12 年级的学生参加社区服务，而参加的学生中有 56% 表示他们的社区服务在某些方式下融入了学校课程。到 1999 年由美国教育部的统计资料来看，全美有超过 46% 的高等学校推行了服务学习的方案（赵志扬、王介廷、田壬志等，2002）。可见，服务学习的主体已经从传统意义上的中小学，拓展到高等院校。

我国的香港和台湾地区也全面推广服务学习教育。在中国内地，南开大学于 2007 年首次在我国内地将服务学习设立为五年级无专业选课限制的、学习与服务结合的公共选修课程。南京师范大学等一些有社会工作专业的学校也陆续开展了服务学习课程的试点研究（胡凌霞，2012）。

从相关研究的内容来看，服务学习的关注点经历了一个不断扩展的过程，从最初的中小学开展服务学习课程，到高校中的服务学习，以及社区服务和义工服务中的服务学习。可见，目前服务学习的理念已被广泛运用在青少年服务、教育领域等不同范畴，希望相关的参加者可以在服务过程中，学习需要的知识、技巧或经验。

三 服务学习的理论基础

从服务学习的理论基础来看，较为认同的服务学习理论基础包括经验学习理论、社会学习理论以及道德发展理论等。

John Dewey 通常被认为是当代经验学习的倡导者，他指出了经验学习的意义及其教育价值在于利用学生的经验并将其整合到课程中。他认为"学校科目中相互联系的真正中心不是科学，不是文学，不是历史，不是地理，而是儿童自己的社会活动"。他的理论有两个前提：第一个前提是学生的经验来源于学生和环境的相互作用，学生对于周围事物的观点和反应会受到他们的态度、信念、知识和情感的影响。第二个前提是"连续原则"，即每种经验都要受到先前经验、习惯的影响和制约。经验教育的价值就在于经验对于学生的发展将产生影响；同时对学生和周围环境的关系产生影响。即学生的经验既包括与环境的相互作用的过程，也包括相互作用的结果。Dewey 的理论阐明了学生的经验是教育的核心，学生不仅直接从课程中学习，而且也从所参与的活动中学习，他把后者称为"伴随学习"（Collateral Learning）。学生不仅在经验活动中学到了很多在课程中不能提供的知识和技能，而且经验活动为学生提供了把课堂上所学的知识应用于实际并将各学科知识有机地联系在一起的机会。

社会学习理论（Bandura，1986）和经验教育理论（Experiential Education Theory，Scheckley and Keeton，1997）也对服务学习产生了重要影响。社会学习理论认为：年轻人在与他人的接触和关系中获得了部分的态度和行为习惯，特别是通过与榜样和有影响力的人交往。青年人观察成人怎样做，从中学习与他人沟通的手段，成人引导他们向他人提供帮助。这是服务学习的一个重要方面，有助于年轻人培养社会责任感和利他行为。

服务学习除了是一个体验学习的过程外，通过不同的服务学习计划来提升参加者的道德发展观，也是服务学习中一个主要的目标及理论根据。Kohlberg 认为服务学习有助于青少年认识社会价值观及进行反思，提升他们的道德层次，并提升他们的道德发展（梁启贤、叶敏芝，2010）。

第二节　服务学习的过程及功能

一　服务学习的过程

服务学习不仅要求参与者能够通过服务社会来获得学习的机会，同时，对于服务学习的组织者也提出较高的要求。从服务学习的组织过程来看，其大体应该包括以下环节：准备和构思、服务和行动、反省和检讨、发表和庆贺（罗锋，2011）。

（一）准备和构思环节

准备和构思环节主要指制订相关计划，为参与者提供相关培训和指导等工作。

制订计划的内容应包括：明确服务的目标和对象；提供服务的描述；参与的人数及活动计划；指导者及其工作计划；参与者的训练计划；对整个服务学习活动及其参与者的评价计划；经费预算等。制订计划时，同时还应该考虑，提供给参与者应用他们的知识和技能的机会；发展参与者的批判性思维，以及分析、解决问题和反思的能力；发展参与者的领导能力和可靠、负责以及合作的习惯；让活动参与者参与制订相关计划等。

该阶段中，参与者和服务场所也应有所准备。如参与者首先要明确他们在服务学习中的角色和责任，应了解服务场所的情况及各种活动规则。如果要面对一些特殊的人群，如老人、幼儿或残疾人，则要告诉参与者相应的注意事项。

（二）服务和行动环节

服务和行动环节的重点工作包括学校、社区、参与者等主体开展具体服务活动，教师必须要在实际活动中参与指导。一般情况下，只需要按照计划实施服务学习即可。但同时，也需要根据活动进展的情况及时对计划进行修正。应让服务学习的任务目标具有一定的挑战性，同时又不会超出参与者的能力太远甚至是达不到的。特别是对于刚进入服务领域的新手来说，引导他们在以前经验的基础上获得成功是很重要的。指导者和管理人员要针对每一个参与者的具体情况安排或调整任务的种类和难度。此外，应注意不断地总结回馈和激励是必要的，这样能够使参与者及时了解任务的进展、已经取得的成果及努力的方向。

（三）反省和检讨阶段

服务学习的反思和评价。通过精心设计的反思过程，参与者将会思考他们在服务学习中所获得的经验，分析并解释它们，理解其中的意义。通过与服务学习有关的开放的话题，如做了什么，为什么这样做，为哪些人，结果怎样等，可以使参与者对自己的行动和经验有一个新的、更深刻的认识。反思通常发生在活动之后，也可以在服务学习计划的任何一个阶段。反思有很多种形式：个人总结、小组讨论、录像录音回顾、照片展览、档案、信件、文章以及研究报告等。服务学习的评价可以是非正式的调查或访谈；也可以是正式的定量或定性的对活动结果的评价。

（四）发表和庆贺阶段

该阶段主要为分享的过程，即让参与者、接受服务者和服务学习的组织者一起共同分享和庆贺彼此的学习与成长，可以采取颁发感谢状、感谢卡、徽章、证明等方式进行。

此外，台湾学者黄玉还总结出，作为理想且有效的服务学习方案和课程，一般应具有五个特点：

第一，合作。所谓协同合作即双方是平等、互利的一种关系，在其中双方通过一起分享责任、权利，一起努力来分享成果。

第二，互惠。在协同合作原则之下的服务与被服务双方是互惠的，即双方共同努力，共享成果，彼此都是教导者也是学习者。

第三，多元。所谓多元，指的是服务学习应包含多元的服务对象、多元的服务机构、多元的服务时间、多元的服务内容等。

第四，学习为基础。服务学习与传统社区服务和志愿服务最大不同，就是强调学习与服务的链接，设定具体学习目标，通过服务的具体经验反思，来达到学习的目的。

第五，社会正义为焦点。传统的社区服务和志愿服务是从慈善观点出发。看到的是服务对象的不足与缺乏，所以只要去满足这些人的不足与需求就可以了，帮助的结果，是让这些服务对象永远看到自己的不足与缺乏，因而长期依赖别人的服务。

二　服务学习的功能

服务学习可说是促成全人教育的一种教学方式，其影响已涵盖了个人、社会甚至国家的所有层面，并对一个人的人格陶冶有潜移默化的影响。综合沈六（1999）；林胜义（2001）；陈盈方（2007）；曾慧媚（2003）；杨惠婷（2003）；杨青（2004）；欧镇宽（2003）；Eyler 与 Giles（1999）；Fertman，White 与 White（1996）；Waterman（1997）等学者阐述服务学习在个人功能方面的相关研究，可以将服务学习对个人发展的功能和作用归纳为以下方面：在情意方面可以启发参与者积极正向的态度、价值观的改变、思考、解决问题能力及培养公民意识；在技能方面能将课本与生活实用相结合增长生涯发展潜能、结合专业以增进学以致用的能力；认知方面有助人际相处、协调合作、组织能力、领导管理等。

也有学者将服务学习的促进作用归纳为以下方面：学习能力的培养、社会责任感的培养、职业理想的养成、品格锻炼、人际关系处理能力的提高（马怀专，2011）。

伊勒和小吉尔斯的研究报告表明，在个人与人际发展方面，服务性学习促进了参与者的自我认识、精神成长和乐于助人的精神，促进了参与者的职业技能、领导能力、交流能力、与人共同工作的能力，促进了参与者对其他文化的尊重，改善了参与者对他人的看法，改善了学校与社区的关系。提高了参与者对复杂社会问题的认识以及运用理论知识分析问题、解决实际问题的能力，提高了责任感、学习兴趣和政治策略方面的现实性（Eyler，1999）。

加州大学洛杉矶分校高等教育研究所的研究报告指出，服务学习能够对学业成绩、价值观、自我效力、领导能力、服务的选择能力、毕业后参加服务的计划等产生较为积极的影响（Alexander，2004）。

兰德公司的调查报告表明，服务性学习对学生的发展，特别是公民和社会责任感、对社会问题的理解、个人发展（例如领导能力）和批判性思维的发展等，都具有重要的积极影响（Maryann，2000）。

张莉（2011）将服务学习对参与者的积极作用，从学生的角度归纳为服务学习有助于促进学生个人以及社会方面的发展；有助于提高学生的学业成绩和学习的积极性；有助于增强学生的公民责任感；有助于帮助学生明确自己未来的职业方向。

但同时，也有学者提出了不同的意见，如刘宝存（2005）就指出，尽管有不少机构通过研究表明服务学习对参与者存在较为正面的影响。有关服务学习对参与者发展的影响和作用研究结果并不一致，当某些研究者提出较为正面的研究结果时，就会有相应的研究成果认为服务学习并不能产生这些效果。因此，目前较能被普遍接受的观点是：服务性学习如果真正适应了社会的需要并且有较完善的计划、实施与反思，则学生将会在服务性学习中获得积极的影响。

第三节　义工活动中的服务学习及成效评估

尽管不少学者已经认识到义工工作应该与服务学习结合起来，并进行了相关的研究，如钱雪飞（2011）就探讨了在国内社会工作专业实践教学中引入服务学习概念的问题。再如，罗锋等（2011）探讨了高职院校青年义工活动借鉴服务学习的模式。可见，服务学习的思路已经引起了相关学者的关注。

然而，在实际操作中，目前的义工工作尚未真正引入服务学习的概念，义工工作中还存在一系列待改进之处。我国学者胡凌霞（2012）将其归纳为四个方面：第一，义工缺乏专业的志愿服务精神。长期以来过于强调义工服务的"无私奉献"，将义工服务行动等同于"无偿服务"或者"只求付出不求回报"等高尚道德实践行为，影响了参与者作为成人和成才之主体的精神需求。第二，义工的专业知识和技能缺

失。尽管参与义工活动的人员有各自的专业背景，但是由于不同专业在
理论性和实践性方面均有不同，并不都能够直接应用于义工服务。如医
科、法律、农学等专业实践性比较强，可以应用于社区、农村的义工服
务活动中，但也受到专业知识健全程度、技能全面性的限制，因此会造
成一些义工服务活动仅仅是"走马观花"。第三，义工服务内容单一。
由于义工专业知识和技能的缺失，也造成了义工甚至社会对于义工服务
内容的理解趋于肤浅和简单，"打扫卫生、帮助老人、带带孩子"等简
单层面的服务活动会成为人们对义工服务的全部理解。第四，缺少合理
的评价体系，使得义工服务的动力不足。虽然义工不以获得经济利益为
直接目标，但是，作为社会中的主体也有其自身的内在需求。目前，义
工服务在前期需求上调研不足，而后期评价体系又较为缺乏，对于义工
参与服务活动的积极性和持久性产生影响。

　　此外，现有的有关义工活动中的服务学习之研究仍然局限在在校学
生方面，这实际上是对服务学习理解的局限性所造成的，同时，也不符
合目前全球对终身学习的认同。终身学习的概念出现在 20 世纪 60 年代
的后期，它是伴随着终身教育及其相关理念的普及和认识的深化而逐渐
产生的（吴尊民，2004）。从 20 世纪 70 年代开始，在世界范围内全民
学习和终身学习已成为一个重要的潮流。所谓的终身学习并非针对某些
固定的课程和知识的学习，而是一种受益终身的学习意识和能力，让人
们始终处于一种相对主动的位置，能够借助身边一切可供选择的资源来
进行自我的设计和完善（吴尊民、谢海燕，2004）。由此可见，终身学
习强调的是鼓励人不断地通过各种可能的途径和资源来实现自我设计和
自我完善，这一点与服务学习概念中的自我成长之目标完全相同。由此
可见，并非在校学生在参与义工时需要引入服务学习的理念，在吸引在
职人士参与义工服务的过程中，同样也需要相关的组织者，充分考虑在
职人士的发展需要和个人背景之特点。严格按照服务学习的流程设计义
工活动的目标，为其提供必要之辅导和准备，并引导所有的参与者进行
反思和提升。

第四节 义工服务学习的主要研究成果

从上述研究成果来看，目前对服务学习的研究成果相对较多，其中美国在发展服务学习方面的经验为大多数的国家和地区所借鉴。在服务学习对参与者的影响方面，学者之间存在着不同的声音。尽管如此，相关研究还是为人们展示了服务学习影响个人发展的维度，从而为本研究的设计提供了指引和帮助。在服务学习的评价方面，除了对参与者进行评价外，还应该针对服务学习的组织工作进行评价。

此外，从相关研究成果来看，现有的服务学习的研究较少与义工活动结合起来。有少量涉及义工活动中的服务学习的研究成果，其研究对象又都集中于在校学生。研究者未能将终身学习的观念融入相关的研究成果。为此，本书认为，作为终身学习背景下的在职人士，其也需要有不断学习和提升的途径及资源，而参与义工活动的过程，可以成为其体验学习的机会。

在服务学习评估方面，评估的方式具有多样化的特征，常见的评估方法包括考试、观察、自我评价等（陈志辉，2007）。其中考试的方式，主要适用于在校学生，例如美国会针对服务学习的课程，提供州标准化考试以及教师自己命题考试等两种考核形式，对学生参与义工学习的效果进行评估。在观察方面，则主要是借助对参与义工活动的成员之行为进行观察，然后从个人责任、处事、人际关系、公民责任、领袖素质等方面进行评估。自我评价的形式则包括了调查、访谈以及经验分析等三种。

还有学者在分析了美国服务学习的经验和做法后提出，在服务学习评价方面，评价的对象应包括参与者和服务学习的计划。在对参与者进行评价时，应让参与者对评定的标准及其内涵进行讨论。而对服务学习计划进行评价时，可以考虑从背景评价、目标评价、支持评价、过程评价和结果评价等方面进行设计（董鹏中，2012）。

由此可见，在对服务学习进行评价时，应一方面对参与者的自身能力之提升进行评价；另一方面，则要关注相关的组织过程和活动设计。其中，对参与者的自身能力之提升评价，应该充分考虑到参与者的实际情况，在充分调查和了解其需求的情况下，完成评价指标的设计工作。

第五节　实证研究：澳门青年义工服务中的学习成效分析及其提升策略

一　研究设计及其指标的细化

由于目前义工领域内的服务学习研究成果相对较少，没有详尽系统的数据作为参考。为了更为深入地了解服务学习理念及实践在澳门义工组织中的普及情况，并为进一步开展调研提供信息准备，为此，本书将借助访谈的方式，对义工组织的工作安排流程、义工组织对服务学习理念的理解和掌握、义工组织对于义工参与义工活动的绩效评估等内容进行调查和了解，从而进一步明确此次研究的变量及其指标。

此次访谈涉及澳门主要的义工协会代表，从 2012 年 5 月到 8 月间，本书采取深度访谈的形式，共成功访谈了三个义工协会的领导。分别是澳门社区青年义工发展协会、澳门义务工作者协会以及澳门义工总会。访谈的问题主要涉及以下方面：澳门义工组织及义工工作的开展情况；对于青年义工参与义务工作的效果，组织方面会如何评价？义工组织对于服务学习理念的理解，以及在现实中的实际应用情况。哪些因素会影响到义工的成长，有哪些改进的建议或措施？通过访谈，得到以下消息及结论：1. 青少年学生以协会形式参与，在职人士以公司为单位参与；2. 义工工作对青年成长有帮助，个人因素对其影响较大；3. 义工组织对于服务学习的内涵有一定的理解；4. 义工组织已初步建立青年义工评价体系；5. 社会环境对义工组织的发展造成阻碍。

通过访谈，本研究了解到以下情况：

1. 青少年学生以协会形式参与，在职人士以公司为单位参与

在访谈中，本研究了解到，尽管在职人士和青少年学生都会参与义工工作，但是，两个群体在参与义工的形式和组织方式上是有不同的。如目前澳门协会下属的青年义工中，绝大多数是在校学生，尤其是中小学生更是学生中的主力军。如澳门义务工作者协会的受访者表示，目前澳门的在职人士参与义工活动的人群相对比较少，应该说参与自己公司里面的义工活动会相对多一点。因为有些公司自己会成立义工队，这些

义工队向自己的公司职员进行招募。部分公司有时也会找义工组织来协助其开展义工工作，如请澳门义务工作者协会为他们的义工队伍组织一些培训。总体来看，澳门参与义工比较多的是青少年，然后是长者义工。由此可见，在职人士群体是以小群体的形式，自发组织参与义务工作。而青少年学生则以协会为核心，在其组织和指导下，开展义工工作。

2. 义工工作对青年成长有帮助，个人因素对其影响较大

所有的受访者对于义工工作与青年个人成长之间的关系表示了认同。如澳门义务工作者协会的受访者就表示，做义工，最主要提升体现在自我成长和自我了解等方面，如能够看清自己的长处，改变自己。学会情绪控制、沟通技巧、待人处事等。通过互动的经历，使自己哪怕有小小改变，也是自我成长的收获。

澳门社区青年义工发展协会的受访者也认为，参与义工工作能够给义工带来不少方面的提升，如参与义工服务，可以开阔眼界，促进成长，对于学生来说，学生圈和社会圈是不同的，认识不同的人，增加沟通，增长见识，拓宽自己的关系网，提高对社会的认知程度的一个过程。让青年通过参与的过程提升自己的能力。培养青年的自我意识，提升参与动机。

由此可见，从澳门义工协会组织的角度来看，青年参与义工工作能够为其带来自身的成长，特别是在认识自我、控制情绪、待人接物、增强沟通、拓宽眼界等方面。同时，上述受访者也认同，对于青年义工而言，个人成长的效率和成绩，主要还是取决于个人的因素，如个人参与的动机和动力等。

3. 义工组织对于服务学习的内涵有一定的理解

向受访者询问其对于服务学习内涵的理解，发现澳门义工协会的管理者对于服务学习有一定的了解。

如澳门义务工作者协会的受访者将服务学习分别从动词和名词的角度进行理解，具有一定的深度和启发。受访者表示，作为名词的服务学习，主要指在学校里面的推行，参与者并非自身自发地参与其中，可能是为了获得某些课程的特定学分。所以学生在其所参与的义工服务中，能学到一些励志方面、人生方面的感悟，是一个学习的推动。

作为动词的服务学习，主要可以理解为，通过参与义工服务，自己做一些事情，经历一些事，学到一些事。例如通过去帮助视力有障碍的人士，发现原来视障人士的生活很不简单，需要自己照顾自己。同时，也会发现，原来这些视障人士那么坚强，所以我们可以学习他们要更坚强，更加懂得照顾自己等。

澳门社区青年义工发展协会的受访者也表示，对于服务学习的概念有一定的了解。但是，目前在澳门的义工组织中，仅有少部分融入了服务学习的理念。在实施服务学习的过程中，一个较为明显的困境就是，没有一套服务学习的具体理论来协助相关组织落实服务学习。如不同种类的在职人士，如何组织其开展服务学习是一个较为困难的事情。但是，从学生的角度来看，就相对容易组织，如学生可以依靠学校开展服务学习，通过把义工当作一门课程来进修，在这个过程中让学生不断增长学习，自我进修，并对身边的社会加深认识。

4. 义工组织已初步建立青年义工评价体系

在义工协会及相关组织对青年义工的评价方面，结合访谈所获信息，本书认为，目前澳门的义工组织已经意识到对青年义工开展评价的重要性，并已逐步开始借助适当的方式和工具开展评价工作。

如澳门社区青年义工发展协会的受访者就表示，虽然义工组织会对义工工作进行评价，但是，目前该协会尚未有建立一套完善的评价体系。在评价时，只是有一个大体的评价内容，如会对义工的投入程度进行评价。此外，评价的内容还包括：青年义工参加义工服务的主动性是否强烈？义工在时间观念方面是否做得好，比如能否按时参加义工工作。以及就义工参加完活动后的自行评估和回馈情况等。这些都是较常用的，用于评估义工的参数。总体来看，义工组织对于义工的评估，主要是考虑一个原则，即义工是否能够配合义工组织的工作。如根据澳门的状况，看义工是否配合到我们的要求去参与义务工作，而我们去做评估时就会结合上述方面去评价义工参与时的状况。可见，该协会对于义工的评价主要侧重于义工参与义工服务的动机及实际行动，对于义工的自身质素提升等方面关注较为欠缺。

而澳门义务工作者协会则更为侧重从青年义工的个人成长和发展的角度进行评估和测量。如对于参与义工服务的青少年，该组织主要是对参与者的自我控制能力的成长进行评估。如参与者的自我控制、情绪、行为控制等是否会通过参与活动而得到提升。为此，该协会在举办一个活动时，参加义工活动前会让参与者先填写一个量表，参加完之后再填写一份量表。这两份量表是同一个量表，通过这个量表对比，让他们自己更加了解自己，了解自己的经历和成长。这些量表均是来自于专家的设计，因此，不会进行更改和变动。从一般青年的回馈来看，参与义工工作后，青少年在自控能力方面都是提高的，除非有突发事件，经过义工工作的锻炼，各方面的能力都会得到一定程度的提高。

本研究认为，从上述澳门义工协会对待青年义工评价的态度来看，澳门的义工组织已经走出了义工服务学习绩效测评的第一步，只是，目前受制于相关研究及其工具的限制，测评体系的构建和工具的应用具有一定的局限性。相信随着澳门青年义工研究的不断深入开展，对义工参与义工服务和服务学习成效的评估指标体系将不断完善。

5. 社会环境对义工组织的发展造成阻碍

在义工组织的发展困境和阻碍方面，受访者均认为社会环境是目前义工组织发展中的一个主要问题。尤其是社会发展导致的功利化思想已经开始逐步改变义工的内涵和人们对其的理解。此外，社会环境改变而使得青年面临的压力增大，相应地参与义工服务的时间和可能性降低。

如澳门义务工作者协会的受访者表示，作为义工其本质应该是不计付出、不计回报的，那澳门现在义工社团泛滥，政府每年的赌税收入很多，因此社会中拥有很多资源不知如何使用。对于义工而言，是否参与义工活动面临的选择性更广。在这样的情形下，义工的本质有一点变质，例如，有人为了娱乐，为了玩，甚至有的还会为了 20 澳门币一个小时的回报。此时，义工就已经不再是人们公认的意义上的义工了。我们的宗旨是义工能自我成长，帮助他人，做义工都是义务的，不能用金钱、物质来引诱，所以我们的资源没有人家那么多，因此，每年义工的流动也比较大。

另一位受访者，澳门社区青年义工发展协会的代表也表达了相似的意见，义工服务的组织过程中，重要的瓶颈和挑战就是社会环境在变化，个人的价值要求也在发生改变。如在职人士要工作，我们的义工活动不会因为某人的工作调整安排，还是要继续的。而学生的话，也要有学业，有时候在周末举行活动，也要看他们有没有考试。所以各协会必须尽量吸纳不同种类的义工来参与义工服务的开展，让协会的义务工作有条理地进行。

为此，澳门义务工作者协会的受访者认为，义工应该回到自发参与的轨道，不应依靠外界压力来迫使青年参与义工服务，如学校借助学分的形式，要求学生参与义工服务等。

通过访谈，了解到青少年学生和在职青年参与义工的形式和途径会有不同，现有的澳门义工社团对于服务学习有一定程度的了解。但是，在实际操作过程中，受制于服务学习评价体系的欠缺，以及社会环境与义工组织的影响，义工服务中的服务学习实践还有待进一步强化。为此，服务学习的管道和形式，以及学习成效的分析也值得研究者加以关注和探讨。

二　研究方法与抽样过程

（一）研究方法及研究流程

本研究旨在对目前澳门青年义工服务过程中的服务学习之开展情况进行调研，从义工组织机构和青年义工代表的角度，对义工服务学习的成效进行评价和分析，并通过研究提出提升服务学习效果的策略与应对。为此，了解澳门义工组织以及青年义工在活动中的服务学习行为和态度等是开展本研究的前提。

在组织研究时，首先采取文献收集和分析的方法，对服务学习以及义工活动中的服务学习等文献进行整理和综合。文献分析一方面能够让研究者对义工服务学习及其成效的内涵、形式以及功能有所掌握，另一方面，也为本研究成果的创新提供了方向。

然而，由于澳门青年义工的研究成果相对较少，特别是在青年义工借助服务学习提升自我方面的研究更为少见。为此，本书则计划通过深度访谈的形式，与澳门主要的义工组织和社团开展交流，了解其对于义工活动中的服务学习之理念的理解和实际执行情况。从而使得本研究更加符合澳门社会的实际情况，提升相关研究工具的有效性。

在上述工作的基础上，设计了调查问卷，并对澳门高校以及在职的青年义工进行调查，分别从义工组织的管理和组织工作方面以及青年义工的自我成长和收获方面进行调查。

通过问卷调查以及数据分析，最终探讨义工服务学习成效的构成要素，不同群体对学习成效的感知差异、不同组织方式对义工学习成效的影响等问题。最终通过借鉴其他国家和地区在义工服务学习方面的经验，为澳门青年义工的服务学习和学习成效提升提供对策与建议。

具体的研究路径如图9-1所示：

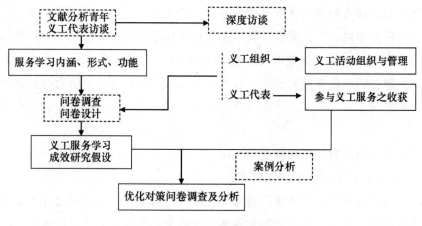

图9-1 研究路径图

结合本研究中的深度访谈相关结果，并参考国内外与服务学习相关的研究文献，本书于2012年5月中旬完成了调查问卷的初步设计。调查问卷从结构上来看，可以分为四个部分。第一部分主要内容和目的在于，进一步深入了解青年义工参与义工工作的动机，该部分共包括11个题目。主要参考了相关研究文献以及访谈中受访者所提及之义工参与动机进行设计。第二部分主要就澳门青年义工参与义工工作时，相关的组织管理情况展开调查，该部分包括8个题目。分别对应于服务学习文献中所提及之准备和构思环节、服务和行动环节、反省和检讨环节，以及发表和庆贺环节等。此外，本书还依据文献中提及之目标可行性原则，增加了义工组织能够结合义工的个人特征进行目标调整等项目，从而达到能够更为全面地考察义工组织的效果。

第三部分主要调查和了解受访者在参与义工工作后的绩效评估和满意度水平等，共包括19个题目。此部分的内容主要参考了文献综述中所提及之受惠于义工参与的个人能力及特征部分，以及在访谈中受访协会代表所谈及之义工所获之个人成长。第四部分主要为个人信息，包括受访者个人的基本信息以及其中参与义工工作时的行为特征等，以便后续进行深入分析。

问卷初步设计完成后，进行了预测试，并根据预测试的信度效度和受试者的回馈意见，对问卷的内容及结构进行了适当调整，最终实现调查问卷的定稿。

（二）抽样设计及过程

本研究的调查对象为参与义工服务的 18—29 周岁的澳门青年代表。根据澳门青年指标中的青年人口比例，2010 年该年龄段的青年人数为11.2 万人，其中，参照最近一次调查的结果，18—20 周岁青年参与义工服务的比例约为 70.3%，21—24 周岁青年过去六个月中参与义工服务的比例约为 62.8%，25—29 周岁青年过去六个月中参与义工服务的比例约为 49.2%。据此可以推算出，在目前的 18—29 周岁的青年中，有 65916 人曾参与义工服务。

在调查中，抽样将主要针对 18 岁以上年龄阶段之青年所在的学校以及曾参与义工服务的澳门在职青年，抽样方式主要采取方便抽样的方式进行。从抽样的比例分配来看，据高等教育辅助办公室的相关资料，2010 年 8 月，澳门高等教育机构注册的本澳学生人数为 17295 人，约占该年龄段的 15.44%。为此，在抽样的比例分配方面，将按照15.44% 从各学校抽取，而另外的 84.56% 则从在职的义工参与人员中抽取。即要向高校在校学生发放 102 份问卷，同时，向在职的青年义工发放 558 份问卷。

在抽样设计方面，本书首先按照青年人士中学生和在职人士的比例进行分层抽样，然后在具体实施抽样过程中，实行方便抽样。由于本次研究的对象均为澳门青年义工，为此，在实施调查前，需要对受访者的资格进行判断。本书所制定的判断标准包括以下：1. 受访者应该为澳门居民；2. 受访者在近一年中曾参与过义工工作。

在抽样实施过程中的调查地点选择，针对高校学生青年义工的调查是以大学为基本的单位，通过随机抽取的方式确定抽样之地点。并以在校澳门学生的人数比例为依据，确定每个高校应该抽取的样本个数。此次调查的高校学生，主要根据澳门高等教育辅助办公室提供的 2011 年高校注册的本地生人数名录抽取确定，主要包括：澳门大学、旅游学院、澳门城市大学、澳门镜湖护理学院、澳门管理学院、澳门理工学院、澳门保安部队高等学校、圣若瑟大学、澳门科技大学、中西创新学院等。具体的比例分配详见表 9 - 1：

表 9 - 1　　　　　　　各院校抽样比例之分配一览表

院校名称	本地生人数	所占比例（%）	拟派发问卷数
澳门大学	5232	30.25	31
澳门理工学院	2257	13.05	13
澳门旅游学院	1165	6.74	7
澳门保安部队高等学校	72	0.42	0
澳门城市大学	573	3.31	3
圣若瑟大学	1586	9.17	9
澳门镜湖护理学院	223	1.28	1
澳门科技大学	5401	31.23	32
澳门管理学院	368	2.13	2
中西创新学院	418	2.42	2

表 9 - 2　　　　　　　各堂区抽样比例之分配一览表

堂区	居民人数	占总数百分比（%）	派发问卷数
圣安多尼堂	27559	21.47	107
望德堂	6938	5.41	27
风顺堂	12000	9.35	47
大堂	9666	7.53	38
花地玛堂	55176	42.98	215
氹仔	15938	12.42	62
路环	772	0.60	3
水域	313	0.24	1
总数	128362	100.00	500

　　针对在职青年义工代表的调查地点则首先按照堂区进行划分，并依据各堂区的青年居民人数的比例进行分层抽样。抽样的具体地点，则根据当地居民的建议，选择在人流量较为密集的区域，时间选择在员工下班的高峰期进行。涉及的堂区包括：圣安多尼堂区、望德堂区、风顺堂区、大堂区、花地玛堂区、凼仔、路环、水域等。

　　从 2012 年 5 月到 6 月 10 日，本书共在澳门各高校和主要人流集中的区域发放问卷 680 份，实际回收有效问卷数量为 600 份。其中，在职青年义工回收问卷 500 份，在校青年义工部分回收问卷 100 份。

三　澳门青年义工的行为特征分析

（一）问卷的信度与效度分析

　　问卷的信度与效度对于研究结论具有直接的影响，较高的信度和效度也代表透过该量表所获数据具有较高的可信度。为此，本书除了在问卷初稿设计过程中对信度和效度进行初步测试外，在获得了最终调研的数据后，也进行了问卷的信度及效度测试。

　　1. 问卷的信度分析

　　所谓信度，主要指可靠性或一致性。信度好的指标在同样或类似的条件下重复操作，可以得到一致或稳定的结果。本书利用 SPSS 中的量表信度分析工具，采取折半信度系数对问卷所获数据进行信度测量。本研究所用量表的信度测试结果如表 9 - 3 所示：

表 9 - 3　　　　　　　　　　　　问卷量表的信度分析一览表

内容	题目数量	Cronbach's Alpha 克朗巴赫系数
义工参与动机部分	11	0.866
义工组织流程部分	8	0.796
绩效评估及满意度部分	19	0.922
总体问卷	38	0.948

　　通常克朗巴赫系数（Cronbach α）系数的值在 0—1 之间。如果该系数不超过 0.6，一般认为内部一致信度不足；达到 0.7—0.8 时表示量表具有相当的信度，达 0.8—0.9 时说明量表信度非常好。通过本书

对问卷数据的信度分析，可以看出，此次问卷调研的数据具有较高的信度水平。相对克朗巴赫系数最低的义工组织流程部分得分也在 0.796，属于较为理想的水平，总体的问卷信度系数达到了 0.948，属于信度非常好的水平。

2. 问卷的效度分析

所谓效度是指衡量的工具是否能真正衡量到研究者想要衡量的问题，即判断研究中提出的概念定义及操作化定义间是否契合。效度一般可以分为内容效度以及建构效度等。内容效度主要指以研究者的专业知识来主观判断所选择的尺度是否能正确地衡量研究所欲衡量的东西。如果衡量工具能代表欲研究的观念，即代表此衡量工具有内容效度。本研究设计之量表是以国内外相关研究成果为基础，同时，参考了深度访谈中的相关信息，为此，能够在内容效度上保证达到较高的水平。

建构效度是衡量工具能衡量某种特质或构念的程度。此处，本书采取因子分析的方法对量表的建构效度进行测量。由于第二部分以及第四部分属于一般的描述性调研，以收集信息为目的。因此，主要对第一部分的参与义工的动机及第三部分的绩效评价进行建构效度分析。

在对第一部分的参与义工行为动机进行效度测量时，该部分数据的 KMO 值为 0.876，巴特利球形度检验值为 0.000，可见，适合进行因子分析。

在公因子方差方面，所有的参与动机项目均符合公因子方差大于0.5，旋转后的因子矩阵中可以看到，没有出现两个以上的因素负荷量有是大于 0.5 者，同时，也没有出现某一项目自成一个因素者。具体资料参见表 9 – 4 及表 9 – 5。

表 9 – 4　　　　　　　参与义工动机因子分析的公因子方差表

项目	初始	提取
更深入地了解社会	1.000	0.602
帮助他人	1.000	0.673
回馈社会	1.000	0.698
承担社会责任	1.000	0.655

项目	初始	提取
获得锻炼的机会	1.000	0.675
获得知识和能力	1.000	0.669
充实生活	1.000	0.595
扩展人际关系	1.000	0.520
实现自我价值	1.000	0.568
得到社会认同	1.000	0.789
积累社会经验	1.000	0.602

提取方法：主成分分析。

表 9 - 5　　　　　　参与义工活动动机方面旋转成分矩阵 a

	成分		
	1	2	3
更深入地了解社会	0.227	0.741	0.047
帮助他人	0.349	0.741	0.035
回馈社会	0.075	0.779	0.292
承担社会责任	0.087	0.719	0.362
获得锻炼的机会	0.698	0.421	0.104
获得知识和能力	0.783	0.213	0.105
充实生活	0.748	0.113	0.153
扩展人际关系	0.626	0.074	0.351
实现自我价值	0.355	0.240	0.620
得到社会认同	0.064	0.154	0.872
积累社会经验	0.471	0.196	0.585

提取方法：主成分。

旋转法：具有 Kaiser 标准化的正交旋转法。

a. 旋转在 6 次迭代后收敛。

在对义工服务绩效评估和总体满意度的效度分析方面，同样按照上述评判的标准，本书删除了七个项目，最后得到的数据能够达到较好的建构效度。删除的七个问项详见表 9 - 6：

表 9 – 6   **根据公因子方差提取情况需要删除的问项**

序号	删除的问题
1	参与义工服务让我更愿为他人作出奉献和牺牲
2	参与义工服务培养了我可靠、负责以及遵守承诺的习惯
3	参与义工服务增强了我的领导能力
4	参与义工服务培养了我不断反思的习惯
5	参与义工服务增强了我对其他文化的理解力
6	参与义工服务提升了我的沟通能力
7	参与义工服务增强了我的组织能力

删除了上述七个项目后，KMO 值为 0.848，巴特利球形度检验值为 0.000。在公因子方差方面，所有的参与动机项目均符合公因子方差大于 0.5，旋转后的因子矩阵中可以看到，没有出现两个以上的因素负荷量有是大于 0.5 者，同时，也没有出现某一项目自成一个因素者。详见表 9 – 7 及表 9 – 8。

表 9 – 7   **义工服务绩效评估和总体满意度公因子方差表**

项目	初始	提取
给我提供了应用知识和技能的机会	1.000	0.756
我通过参与义工服务获得了一定的知识和技能	1.000	0.776
参与义工服务提高了我与同伴间合作解决问题的能力	1.000	0.579
参与义工服务增强了我的思考能力	1.000	0.503
参与义工服务使我产生了成就感	1.000	0.694
参与义工服务让我增强自信心	1.000	0.701
参与义工服务使我赢得了他人的尊重	1.000	0.583
参与义工服务让我更愿意阅读和讨论新闻时事	1.000	0.774
参与义工服务让我更愿意参与公共事务	1.000	0.719
参与义工服务让我更愿意尊重和容忍差异化	1.000	0.563
参与义工服务让我更愿意关怀弱势群体	1.000	0.751
参与义工服务让我更愿意维护社会正义	1.000	0.659

提取方法：主成分分析。

表 9 – 8　　　　　义工服务绩效评估和总体满意度旋转成分矩阵 a

项目	成分			
	1	2	3	4
给我提供了应用知识和技能的机会	0.843	0.150	0.146	0.046
我通过参与义工服务获得了一定的知识和技能	0.857	0.129	0.090	0.127
参与义工服务提高了我与同伴间合作解决问题的能力	0.630	0.255	0.338	0.042
参与义工服务增强了我的思考能力	0.485	0.481	0.113	0.157
参与义工服务使我产生了成就感	0.157	0.792	0.131	0.160
参与义工服务让我增强自信心	0.192	0.794	0.147	0.112
参与义工服务使我赢得了他人的尊重	0.123	0.731	0.163	0.078
参与义工服务让我更愿意阅读和讨论新闻时事	0.115	0.109	0.077	0.862
参与义工服务让我更愿意参与公共事务	0.074	0.209	0.240	0.782
参与义工服务让我更愿意尊重和容忍差异化	0.248	0.100	0.653	0.256
参与义工服务让我更愿意关怀弱势群体	0.185	0.152	0.832	0.032
参与义工服务让我更愿意维护社会正义	0.063	0.192	0.776	0.128

提取方法：主成分。

旋转法：具有 Kaiser 标准化的正交旋转法。

a. 旋转在 6 次迭代后收敛。

通过上述分析，本研究中构建的概念如学习成效，以及参与义工活动的动机等，均与实际的操作性变量建立了较好的关联，因此，整个量表的效度也较为理想。可见，本项目研究之量表在信度及效度方面都有较好的表现。

（二）澳门青年参与义工行为的特征

1. 受访者的人口特征结构

从此次受访者的身份构成情况来看，有 100 名受访者为高校学生代表，其余的 500 名为来自各行业的澳门在职青年义工代表。

从受访者的性别来看，女性有 395 人，男性为 205 人，分别占 65.8% 及 34.2%。

从受访者的年龄构成来看，21—25 周岁年龄段的受访者数量相对较多，约占受访者的 50%，其次为 18—20 岁年龄段的受访者，约占受访者的 35%，而 26—29 周岁的受访者人数约占 15%。详见图 9 – 2。

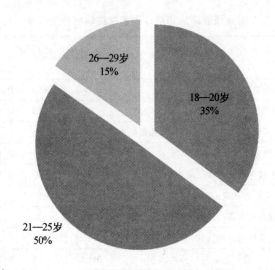

图 9 - 2 受访者的年龄构成示意图

从受访者所属的职业类型来看，公司职员相对较多，约占总人数的 33.7%，其次为学生，约占受访者总数的 16.7%，技术及专业人士约占受访者的 13.2%，还有 21% 的受访者在职业类型方面选择了其他。详见表 9 - 9。

表 9 - 9 受访者的职业构成一览表

职业类型	人数	所占比例（%）
领导及管理人员	31	5.2
技术及专业人士	79	13.2
政府公务员	36	6.0
公司职员	202	33.7
自营企业家	26	4.2
学生	100	16.7
其他	126	21.0

从受访澳门在校学生义工的结构来看，其中大部分为就读于学士学位课程的学生，人数共 90 名。其次为就读于硕士学位课程的在读青年义工，有 6 名。副学士学位课程和博士学位课程的在读受访者人数较少

仅均为 2 名。

从学生修读的专业范畴来看，占在校学生受访者比例最高的为经济与管理类专业，修读该范畴课程的学生占了受访者青年学生的一半。其次为人文艺术类专业的受访者，占受访学生人数的 17%，社会科学专业范畴的在校生占受访学生人数的 12%。这个比例与澳门的社会经济产业结构大体相似，具体数据详见表 9-10。

表 9-10　　　受访在校学生的课程专业范畴一览表

修读专业范畴	人数	在受访学生中的比例（%）
工程技术	2	2
经济与管理	50	50
教育	6	6
人文艺术	17	17
社会科学	12	12
医药卫生	5	5
政治军事与法律	1	1
其他	7	7

从受访者的总体受教育程度来看，大学本科学历层次的受访者数量相对较多，约占受访者总人数的 48.5%，其次为中学学历的受访者，约占受访者总人数的 28.5%。大专学历层次的占受访者的 16.8%。小学以下以及博士学历层次上的受访者人数相对较少。详见表 9-11：

表 9-11　　　受访者受教育程度情况一览表

学历程度	人数	百分比（%）
小学及以下	2	0.3
中学	171	28.5
大专	101	16.8
大学本科	291	48.5
硕士	31	5.2
博士	4	0.7

从受访者的婚姻及家庭情况来看，此次受访者中有 10% 为已婚，89.7% 的受访者为未婚，另有 0.3% 的受访者婚姻状况选择了其他。

从家庭中抚养小孩的情况来看，91.5% 的受访者表示未有抚养小孩，另外有 5.5% 的受访者表示抚养 1 名小孩，2.3% 的受访者表示抚养 2 名小孩，另有 0.7% 的受访者表示自己抚养小孩的数量超过 2 名。

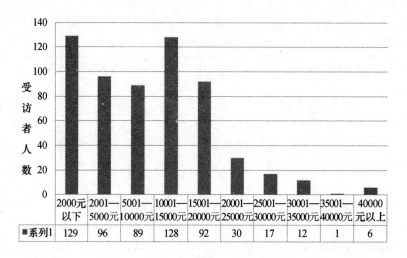

图 9 - 3　受访者的月收入水平示意图

从受访者的收入水平来看，月收入在澳门币 2000 元以下的受访者和月收入在澳门币 10001—15000 元之间的受访者数量相对较多，分别为 129 名和 128 名。通过交叉表对职业和收入水平进行比对分析，可以发现，在月收入小于澳门币 2000 元的受访者中，33.3% 为在校学生受访者。其余收入水平下受访者数量由多到少依次为，澳门币 2001—5000 元，有 96 人；澳门币 15001—20000 元，有 92 人；澳门币 5001—10000 元，有 89 人等。

2. 受访者参与义工的行为特征

（1）参与义工组织的比例较高，在义工方面的投入与加入的组织数量之间呈正相关关系。

本次调研中，对于受访青年义工参与义工活动的行为特征，主要调查了以下方面的内容：近年来参与义工团体的数量、从事义工服务的时间、每周用于义工服务的时间、参与义工活动的组织管道等。

通过数据分析可见，澳门的青年义工参与义工组织的比例相对较高。如受访者在近三年来参与的义工社团的数量上，回馈数量最多的为20个，最低的为0个。受访者参与义工社团的平均值为2.2个。详见表9-12。

表9-12　　　　　　近三年参与义工社团的数量一览表

参与义工社团数量	人数	百分比（%）
0	48	8.0
1	189	31.5
2	191	31.8
3	87	14.5
4	32	5.3
5	19	3.2
6	14	2.3
7	9	1.5
8	2	0.3
9	1	0.2
10	7	1.2
20	1	0.2

从表中可以看到，参与1个及2个社团的受访者比例相对较多，如近三年参加一个义工社团的受访者人数为189人，约占受访者比例的31.5%；参加两个社团的人数为191人，约占受访者比例为31.8%。

为了进一步探讨受访者在参与义工组织的数量方面有何差异，本书分别对不同人口特征和行为特征的受访者进行均值比较，以分析受访者在参与义工社团数量方面的差异。通过统计分析，本书了解到，受访者参与义工社团的数量在参与义工工作时间长短及每周参与义工工作时间长短不同的群体间存在显著差异。而在其他群体之间，如不同性别、年龄、受教育程度、收入水平等群体间，并无显著性差异。

进一步借助相关分析，本书发现，受访者参与义工社团的数量与参与义工工作时间长短及每周参与义工工作时间长短间呈现出较为显著的正相关关系。如表9－13所示。

表9－13　参与义工社团数量与参与义工工作时间及每周参与时间的相关性

		近三年您参加过的义工团体数量	从事义工服务的时间	平均每周参与义工的时间
近三年您参加过的义工团体数量	Pearson 相关性	1	0.316 ＊＊	0.287 ＊＊
	显著性		0.000	0.000
	N	600	600	600
从事义工服务的时间	Pearson 相关性	0.316 ＊＊	1	0.303 ＊＊
	显著性	0.000		0.000
	N	600	600	600
平均每周参与义工的时间	Pearson 相关性	0.287 ＊＊	0.303 ＊＊	1
	显著性	0.000	0.000	
	N	600	600	600

＊＊在0.01水平上显著相关。

（2）受访者参与义工的年资不长，每周投入义工工作的时间也不多，收入水平与义工年资间存在正相关关系。

在受访者参与义工工作的年资方面，87.8%的受访者表示其参与义工工作的年限在5年以内，其中，43.5%的受访者表示其从事义工活动的经验为1年以内，44.3%的受访者参与义工活动的经验在2—5年，参与年限在6—10年的占受访者的11%，而参与经验达到11年及以上的仅为1.2%。如表9－14所示：

表9－14　　　　受访者从事义工服务的年资一览表

从事义工的年资	人数	百分比（%）
1年以内	261	43.5
2—5年	266	44.3
6—10年	66	11.0
11年及以上	7	1.2

　　从受访者平均每周参与义工工作的时间来看，占受访者比例最多的是每周投入 1 小时以内的时间参与义工工作，该群体约占受访者的 46.2%。其次为每周投入 2—3 小时的受访者，该群体约占受访者总人数的 34%，每周投入 6—7 小时以及以上的群体比重相对较少，共占 5.6%。详见表 9 - 15。

表 9 - 15　　　　　　　　受访者每周投入义工工作的时间

每周投入义工时间	人数	百分比（%）
1 小时以内	277	46.2
2—3 小时	204	34.0
4—5 小时	85	14.2
6—7 小时	26	4.3
8—9 小时	3	0.5
10 小时以上	5	0.8

　　为了进一步了解，不同受访者在从事义工活动的年资、每周参与义工的时间以及加入的义工服务社团数量等方面是否存在差异，本书借助均值比较的方法，对不同人口特征和行为特征的群体，在上述方面进行分析。数据分析的结果表明，从事义工活动的年资在不同收入的受访者群体间存在显著性差异。义工参与年资与月收入水平之间的对应关系，如图 9 - 4 所示：

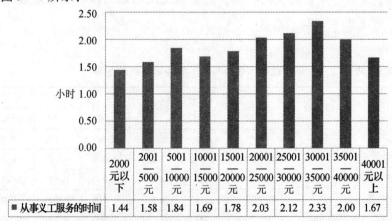

图 9 - 4　受访者的义工参与年资与月收入水平间的对应关系

通过上述图表可以看到，受访者的义工参与年资与个人的收入情况之间，呈现出收入高的群体参与义工活动的年资也相应较长的特征。进一步借助相关分析，本书可以发现，在从事义工服务的年资与月收入水平之间，的确存在一个较为显著的正向相关关系。详见表9－16。

表9－16　　　　　参与义工的年资与月收入水平间的相关性

		从事义工服务的时间	月收入水平
从事义工服务的年资	Pearson 相关性	1	0.232**
	显著性		0.000
	N	600	600
月收入水平	Pearson 相关性	0.232**	1
	显著性	0.000	
	N	600	600

＊＊在0.01水平上显著相关。

不同收入水平的群体在从事义工服务的年资方面的表现，也从一定程度上表明，青年参与义工工作作为一项精神方面的追求，必须要在拥有了一定的经济基础之后，才具有较好的延续性和稳定性。

从参与义工活动的年资方面来看，不同年龄段的群体之间，在参与义工活动的经验方面存在显著性的差异，借助单因素方差分析以及两两检验，可知，年龄越大的群体，其参与义工活动的经验也相对较为丰富。详见表9－17。

表9－17　　　　　年龄段群体在参与义工的经验方面的差异

因变数			均值差（I－J）	标准差	显著性	95% 置信区间	
						下限	上限
从事义工服务的年资	16—20 岁	21—25 岁	-0.129*	0.063	0.040	-0.25	-0.01
		26—29 岁	-0.332*	0.087	0.000	-0.50	-0.16
	21—25 岁	16—20 岁	0.129*	0.063	0.040	0.01	0.25
		26—29 岁	-0.203*	0.083	0.015	-0.37	-0.04
	26—29 岁	16—20 岁	0.332*	0.087	0.000	0.16	0.50
		21—25 岁	0.203*	0.083	0.015	0.04	0.37

　　从不同年龄段受访者的义工参与资历来看，此次的受访者在持续参与义工服务方面表现相对较为理想。

　　除了上述群体之间的差异外，受访者参与义工的时间分配及参与义工工作的数据在不同学历、职业等群体间差异不显著。

　　（3）有组织地参与义工活动是主流，学生通过学校组织、在职人士通过单位组织参与义工活动。

　　从受访者参与义工活动的组织途径来看，受访者参与义工活动最主要的组织形式是义工社团组织参与，该选项被 362 人选择，约占受访者人数的 60.33%。其次为通过学校组织来参与义工活动，该选项有 195 人选择。排在第三位的是通过所在的单位组织参与义工活动，共有 183 人选择该项目。朋友自己组织的义工活动及自己独立参与的义工活动，相对数量较少，受访者中通过朋友自行组织和独立参与义工活动的仅分别有 76 人及 51 人。相关资料详见表 9-18。

表 9-18　　　　　　　　　　义工活动的组织形式

参与义工活动的组织形式	选择的次数
义工社团组织	362
学校组织	195
单位组织	183
朋友自己组织	76
自己独立参与	51

　　从参与义工活动的组织形式与个人基本特征的相关性来看，由于参与义工活动的组织形式为多选题设置。为此，本书主要借助卡方检验的方式，对受访者参与义工活动的形式与个人特征等进行相关性检验。

　　卡方检验的结果表明，参与义工活动的组织形式与受访者的年龄有显著的相关性。

表 9 - 19   校组织参与义工活动与年龄段之间的关系

			年龄段		
			16—20 岁	21—25 岁	26—29 岁
学校组织	否	实际频率	105	217	81
		期望的频率	141.3	199.8	61.9
	是	实际频率	105	80	11
		期望的频率	68.7	97.2	30.1

根据表 9 - 19，16—20 周岁的青年在参与义工活动时，更多地倾向于通过学校组织的方式开展义工服务。而其余年龄段的受访者则相对较少地通过学校组织来参与义工服务。

表 9 - 20   校组织参与义工活动与职业之间的关系

			职业						
			领导及管理人员	技术及专业人士	政府公务员	公司职员	自营企业家	学生	其他
学校组织	否	实际频率	24	54	33	140	22	59	71
		期望的频率	20.9	52.5	24.2	135.9	17.5	67.3	84.8
	是	实际频率	7	24	3	62	4	41	55
		期望的频率	10.1	25.5	11.8	66.1	8.5	32.7	41.2

从职业与参与义工的组织形式之关系来看，学生以及其他职业的群体，更加偏向于通过学校组织的形式来参与义工服务，据表 9 - 20 可见，在校学生在参与义工活动中，主要还是通过学校的组织进行。

此外，从月收入水平与义工服务组织形式的关系来看，月收入在 5000 元及以下的群体，比较其他群体更加偏向于透过学校组织的形式参与义工服务。

在通过单位组织参与义工服务方面，21 岁以上的青年比 16—20 岁的青年更多地通过单位组织来参与义工服务。在职人士也更加偏重于通过单位组织来参与义工服务。详见表 9 - 21。

表 9 - 21　　　　　　　单位组织参与义工活动与职业之间的关系

			职业						
			领导及管理人员	技术及专业人士	政府公务员	公司职员	自营企业家	学生	其他
单位组织	否	实际频率	19	51	25	128	18	84	91
		期望的频率	21.5	54.2	25.0	140.3	18.1	69.4	87.5
	是	实际频率	12	27	11	74	8	16	35
		期望的频率	9.5	23.8	11.0	61.7	7.9	30.6	38.5

　　同时，项目还发现月收入水平较高的群体，更加偏向于通过单位组织的形式参与义工服务。

　　而在通过义工社团组织参与义工服务方面，与个人因素之间不存在显著的相关性，由此可见，义工社团的组织是为受访者公认的诸多义工活动组织中最为主要的形式。

　　在通过朋友自行组织参与义工服务方面，领导及管理人员、公司职员，以及自营企业家比其他群体更加偏向于通过自行组织的形式来参与义工服务。详见表 9 - 22。

表 9 - 22　　　　　义工职业与自行组织参与义工服务的卡方检验

			职业						
			领导及管理人员	技术及专业人士	政府公务员	公司职员	自营企业家	学生	其他
朋友自己组织	否	实际频率	26	71	32	174	18	95	108
		期望的频率	27.1	68.2	31.5	176.7	22.7	87.5	110.2
	是	实际频率	5	7	4	28	8	5	18
		期望的频率	3.9	9.8	4.5	25.3	3.3	12.5	15.8

　　此外，从受访者的受教育程度来看，除了大学本科生外，其余的受访者均相对较为偏向于通过自行组织的方式参与义工服务。

　　通过上述分析，可见，在参与义工服务的组织形式上，通过各种义工协会是最为常见的组织形式，这一点在不同的群体之间并未见显著的区别。从不同群体的参与形式来看，学生群体更加侧重于通过学校的组织来参与义工服务，在职人士则相对其他群体更偏向于通过单位的组织参与义工服务。领导及管理人员、公司职员，以及自营企业家比其他群体更加偏向于通过自行组织的形式来参与义工服务。

（三）澳门青年参与义工活动的动机及其类型

1. 受访者的参与动机具有多元化的属性

对于澳门青年参与义工活动的动机，本书在文献分析以及深度访谈的基础上，列出了帮助他人、扩展人际关系、充实生活、获得锻炼的机会、积累社会经验、获得知识和能力、实现自我价值、回馈社会、承担社会责任、更深入地了解社会、得到社会认同等可能的动机供受访者选择。对回收的问卷数据进行频数分析后可见：上述参与动机均得到了较高的认同，详见表 9 – 23。

表 9 – 23　　　　　　　　参与义工服务的动机均值

动机类型	均值	标准偏差
帮助他人	4.00	0.874
扩展人际关系	3.89	0.894
充实生活	3.88	0.867
获得锻炼的机会	3.87	0.863
积累社会经验	3.86	0.906
获得知识和能力	3.77	0.871
实现自我价值	3.75	0.892
回馈社会	3.69	0.879
承担社会责任	3.64	0.885
更深入地了解社会	3.57	0.847
得到社会认同	3.42	0.894

从受访者对于各类动机的认同均值来看，最得到认同的动机是较为单纯的"帮助他人"；其次为"扩展人际关系"，以及"充实生活"。而"得到社会认同"的得分相对最低，是诸多动力因素中唯一低于 3.5 分的项目，但是，也高于中间值 2.5 分。由此可见，受访者对于本调研

中所提出的动机因素具有较高的认同度，同时也表明受访者在参与义工服务的过程中，具有较为多元化的动机。

2. 参与动机可大体分为发展提升、回馈社会以及自我实现三个维度

由于在数据分析中发现，受访者在动机方面具有明显的多元化特征，为了进一步对受访者的参与动机进行分析，并进一步对受访者的类型进行判定，本书借助因子分析的方法，对上述动机因素进行了降维处理。

在数据处理过程中发现，该部分参与动机数据的 KMO 值为 0.875，巴特利球形度检验显著性水平达到 0.000，可见，该部分数据较为适宜进行因子分析。

本书对上述数据借助主成分分析的方法进行提取，并借助正交旋转法进行旋转和解释。通过数据分析可见，上述 11 个参与义工服务的动机因素，可以被归纳为三种动机类型，这三种动机类型可以代表 64.11% 的原始数据信息。详见表 9 - 24。

表 9 - 24　　　　　　　　　　机因子的解释方差表

成分	初始特征值			提取平方和		
	合计	方差的 %	累积 %	合计	方差的 %	累积 %
1	4.735	43.044	43.044	4.735	43.044	43.044
2	1.270	11.542	54.586	1.270	11.542	54.586
3	1.047	9.521	64.107	1.047	9.521	64.107
4	0.704	6.401	70.508			
5	0.608	5.530	76.038			
6	0.559	5.085	81.123			
7	0.516	4.689	85.811			
8	0.483	4.394	90.206			
9	0.397	3.611	93.817			
10	0.374	3.398	97.215			
11	0.306	2.785	100.000			

在借助旋转成分矩阵确定各主要因子的具体含义时，以 0.5 为标

准，对数据进行筛选，并对相关动机类型加以解释。详见表9-25。

表9-25　　　　　　　　　机因子的旋转成分矩阵

	成分		
	1	2	3
更深入地了解社会		0.740	
帮助他人		0.741	
回馈社会		0.782	
承担社会责任		0.719	
获得锻炼的机会	0.701		
获得知识和能力	0.782		
充实生活	0.747		
扩展人际关系	0.624		
实现自我价值			0.621
得到社会认同			0.873
积累社会经验			0.591

提取方法：主成分。

旋转法：具有 Kaiser 标准化的正交旋转法。

a. 旋转在6次迭代后收敛。

从上表中可以看到，受访青年参与义工活动的第一类动机包括的项目主要为：获得锻炼的机会、获得知识和能力、充实生活、扩展人际关系等。为此，本书将该类动机归纳为"发展提升动机"。

受访青年参与义工活动的第二类动机包括的项目为：更深入地了解社会、帮助他人、回馈社会，以及承担社会责任等。而此类动机则可以被归纳为"回馈社会动机"。

受访青年参与义工活动的第三类动机包括的项目为：实现自我价值、得到社会认同，以及积累社会经验。本书将此类动机归纳为"自我实现动机"。

由此可见，受访青年在义工活动的参与动机上呈现出多元化的特点，此多元性主要体现在发展提升、回馈社会，以及自我实现等三个方面。

3. 受访者可以依照其义工活动的参与动机大体分为四类，无明确目标的群体约占五分之一

在上述义工活动参与动机维度细分的基础上，本书进一步对受访者，以上述三类动机为依据进行聚类分析。通过强迫聚类的方法，并经过多次尝试，最终将受访者分为四类结果，在可解释性和显著性等方面都较为理想。为此，本书认为此次受访的青年义工，可以最终被分为四类。义工参与动机的聚类分析最终聚类中心情况详见表9-26。

表9-26   年义工按照动机进行聚类的最终聚类中心

	聚类			
	1	2	3	4
发展提升动机	- 0.26505	0.24496	0.98231	- 1.10789
回馈社会动机	0.96833	0.10358	- 0.55039	- 0.76514
自我实现动机	- 0.46424	1.11292	- 0.49833	- 0.22022

通过上表结果可知，最终聚类中心的分布中，第一类群体的回馈社会动机数值最高，而发展提升动机以及自我实现动机方面均为负值，为此，本书认为该类受访者可以被界定为回馈社会型的义工，该类受访者是纯粹出于将自己的能力奉献给社会上有需要的人的动机。

第二类群体尽管在上述三个动机方面均表现为正值，但是，自我实现动机方面的数值相对高于其他两个，为此，本书将该类受访者界定为自我实现型的义工，即该类受访者参与义工活动的主要目的是要实现自我价值，得到社会的认同。

第三类群体在发展提升动机方面为正值，而在回馈社会动机以及自我实现动机方面均表现为负值，为此，本书将该类受访者界定为发展提升型的义工，即以发展和提升自我能力为主要参与动机之群体。

第四类群体在上述三个动机维度下均为负值，为此，本书认为该类群体可以被界定为目的不明确型的义工，即该类受访者在参与义工时，并没有任何想法或目的，可能是在外界环境影响下或要求下而参与义工工作。

上述四类义工群体在此次受访者中的人数，详见表9-27。

表9-27   受访者中四种类型义工的数量一览表

义工类型	人数
回馈社会型的义工	166
自我实现型的义工	160
发展提升型的义工	147
目的不明确型的义工	126

可见，在此次的受访者中，四种类型的义工在数量上大体相当，其中回馈社会型义工数量最多，其次是自我实现型义工。尽管目的不明确型义工人数最少，但是也有126人属于此种类型，占受访者的比例为21%。由此可见，在受访者中有近五分之一的人在参与义工工作时并无任何想法或目标。

4. 青年义工所属的义工类型与性别、职业等特征具有显著相关性

为了进一步探讨受访者所属的义工类型与其人口及行为特征之间的关系，本书以卡方检验的方式，对义工类型以及其人口及行为特征间的相关性进行检验。数据分析的结果显示，青年义工的动机类型与性别、职业等特征具有显著相关性。而与其他特征间，相关性不明显。

首先，从性别特征来看，女性受访者更偏向于隶属于回馈社会型义工和自我实现型义工；男性受访者则更多地偏向于发展提升型义工以及无明确目的型义工。详见表9-28。

表9-28   义工动机类型与性别的卡方检验

			性别	
			男	女
义工的分类	回馈社会型义工	观测值	49	117
		期望值	56.5	109.5
	自我实现型义工	观测值	43	117
		期望值	54.5	105.5
	发展提升型义工	观测值	57	90
		期望值	50.1	96.9
	无明确目的型义工	观测值	55	71
		期望值	42.9	83.1

可见，女性受访者在参与义工活动方面，更偏向于奉献及实现自我价值等精神层面的满足感，而男性受访者则更偏向于具有实质性的能力提升或没有明确的参与目的。

其次，在不同职业群体与其所属的义工类型之间，统计结果表明，也具有较为显著的相关性。具体来看，领导及管理人员更偏向于属于无明确目的之义工；技术及专业人士属于回馈社会型义工的可能性相对较高；政府公务员属于自我实现型义工以及无明确目的型义工的可能性较高；公司职员属于发展提升型义工和无明确目的型义工的可能性相对较高；自营企业家更偏向于属于自我实现型义工；学生则更偏向于属于回馈社会型义工；对于其他职业的人群，更多地偏向属于自我实现型义工，以及发展提升型义工。详见表9-29。

表9-29　　　　受访者的职业及其所属义工类型之间的交叉表

			职业						
			领导及管理人员	技术及专业人士	政府公务员	公司职员	自营企业家	学生	其他
义工的分类	回馈社会型义工	观测值	8	27	7	43	6	42	33
		期望值	8.6	21.6	10.0	56.0	7.2	27.7	34.9
	自我实现型义工	观测值	8	19	12	44	9	26	42
		期望值	8.3	20.8	9.6	54.0	6.9	26.7	33.7
	发展提升型义工	观测值	5	17	7	58	6	21	33
		期望值	7.6	19.1	8.8	49.6	6.4	24.5	30.9
	无明确目的型义工	观测值	10	15	10	57	5	11	18
		期望值	6.5	16.4	7.6	42.5	5.5	21.0	26.5

通过上述分析结果可见，在领导岗位的受访者及政府工作者在参与义工活动方面往往没有特别的动机或目的。一般公司职员则更多地是希望通过参与义工活动获得一定能力的提升。有一定社会地位或成就的受访者，如自营企业家、政府工作者则更多地希望通过参与义工提升社会对其价值的认同。

四 澳门青年义工学习成效及其影响因素分析

对义工活动组织过程中服务学习理念的体现，以及受访者在义工活动中的学习成效评价是本研究的重要内容。为此，本章以义工组织过程中的服务学习环节，义工学习成效自我评价等调查为基础，对义工组织过程中的服务学习之要素、义工学习成效之内涵、义工学习成效之影响因素等进行综合分析，从而对目前澳门青年义工中的服务学习及其成效的现状有系统化的了解，并对后续提升义工学习绩效的对策与建议提供支持。

（一）澳门青年对义工组织过程的评估

受访者对义工组织过程中的服务学习环节认同度总体较高，但在组织计划和个性化安排方面评价相对较低。

在问卷的第二部分设计过程中，主要参照了服务学习的四个阶段，并结合义工服务的特点，将该部分的内容细分成了八个问项。该部分内容主要考察义工服务的组织方在策划和组织活动过程中，是否注重将服务学习的相关理念或理论应用于组织过程中。

通过对数据进行描述性统计分析，本书获得了受访者对于上述八个义工组织过程中的服务学习环节之总体评价。从资料分析结果来看，在调查中，本书提出的八项服务学习的组织形式中，认同度均高于 2.5 分的中间值，其中最高的认同度得分为 3.65，认同度最低的项目得分为 3.15。详见表 9-30。

从受访者较为认可的服务学习组织流程来看，认同度超过 3.5 分的有三项，从高到低分别为：义工服务的工作任务能够在能力范围之内；义工服务能有针对性地关注社会需要；义工服务结束后都会安排总结或讨论等反思环节。

参照国内外相关文献中对服务学习环节的研究，严格按照服务学习的流程设计义工活动的目标、为其提供必要之辅导和准备、并引导所有的参与者进行反思和提升是义工组织过程中的重要内容。其中，义工服务结束后的总结或讨论等反思环节的设置是为相关学者广泛认同的服务学习过程中的重要一环。而工作任务能够在受访者的能力范围之内，以及义工服务能够有针对性地关注社会需要，实际上体现出了在相关义工组织过程中，能够做到合理设置目标。

表 9 - 30　　　受访者对义工组织过程中服务学习环节的认可程度

序号	组织形式	均值	标准偏差
1	义工服务的工作任务能够在我的能力范围内	3.65	0.870
2	义工服务都有针对性地关注社会需要	3.61	0.872
3	义工服务结束后都会安排总结或讨论等反思环节	3.51	0.916
4	义工服务我都是积极主动地参与	3.49	0.871
5	义工组织能结合我的情况调整任务种类或难度	3.45	0.816
6	义工服务都有完善的组织和计划	3.41	0.865
7	我都会参与制订义工服务工作计划	3.26	0.929
8	义工服务都与我的学业或专业背景相结合	3.15	0.872

　　相对而言，认同度较低的三个项目为义工服务都与义工的学业或专业背景相结合，义工会参与制订义工服务工作计划，以及义工服务都有完善的组织和计划。这三个项目均与服务学习四个环节中的辅导和准备有密切的关系。特别是义工服务拥有完善的组织和计划，以及义工参与制订相关的计划是服务学习中较为重要的学习途径。由此可见，在义工的组织形式方面，义工组织已经有意或无意地借鉴了服务学习的相关理念，在义工服务的目标设定、鼓励和引导义工服务参与者反思方面表现较为理想。然而，在义工服务的组织计划制订，以及结合义工的专业背景及特点方面的考虑则相对略显不足。

　　为了了解参与义工的不同组织形式在服务学习应用方面的差异，本书通过皮尔森卡方检验的方式对上述八个方面的组织流程进行了检验。分析结果表明，无论是通过义工社团参与义工，还是通过公司、学校或朋友组织，受访者对义工活动的组织过程的评价并无显著的相关性。为此，可以认为上述义工活动组织环节的特征并不会因为义工组织的途径不同而变化。

　　（二）澳门青年对参与义工的学习成效的评估

　　在学习成效的评估方面，本书主要针对文献和访谈中，相关成果及受访者所提及之参与义工对个人成长的影响进行调查，以了解相关受访者对自我学习成长的绩效之评价。此部分的评估共涉及 19 项内容，分别是：参与义工服务让我更愿意关怀弱势群体；参与义工服务提升了我的沟通能力；参与义工服务培养了我可靠、负责以及遵守承诺的习惯；参与义工服务让我更愿意尊重和容忍差异化；参与义工服务提高了我与同伴间合作解决问题的能力；参与义工服务让我更愿意维护社会正义；参与义工服务让我更愿为他人做出奉献和牺牲；参与义工服务增强了我的思考能力；参与义工服务让我增强自信心；参与义工服务增强了我的组织能力；参与义工服务使我产生了成就感；参与义工服务增强了我的领导能力；参与义工服务培养了我不断反思的习惯；参与义工服务使我赢得他人的尊重；参与义工服务让我更愿意参与公共事务；我通过参与义工服务获得了一定的知识和技能；参与义工服务增强了我对其他文化的理解力；提供给我了应用知识和技能的机会；参与义工服务让我更愿意阅读和讨论新闻时事等。

1. 受访者对参与义工的自我成长绩效总体上较为满意，对于参与者技能的提升还有待优化

对于上述调查之 19 项学习成长之内容，受访者普遍较为认同，平均得分高于 3.44 分，最高的认可度达到 3.9。可见，受访者对于因参与义工服务而实现的自我提升是偏向于认同，但由于没有一项的均值达到 4 分，因此，还存在一定的提升空间。

从具体项目的得分情况来看，对于义工参与过程中的学习成效，本书通过对问卷回收所获数据的处理，可以发现，受访者除了在"提供给我了应用知识和技能的机会"以及"参与义工服务让我更愿意阅读和讨论新闻时事"等方面认同度低于 3.5 外，其余内容均高于 3.5，表明受访者对于参与义工所带来的个人提升是较为认同的。其中认同程度最高前三位绩效因素为："参与义工服务让我更愿意关怀弱势群体"、"参与义工服务提升了我的沟通能力"、"参与义工服务培养了我可靠、负责以及遵守承诺的习惯"。通过此处的数据分析，可以发现，澳门义工在参与义工服务过程中，对于弱势群体的关心、沟通能力的提升等方面发展较为理想，然而，在获取新的知识与技能方面还有待进一步完善。详见表 5-2。

2. 义工服务的个人成长及学习绩效主要涉及服务技能的提升、自

我价值的提升、公民意识的提升，以及社会关联的提升等四个方面

由于上述评估的项目较多，且受访者对于上述项目也有较高的认同度，为了进一步对服务绩效进行评价和分析，本书借助因子分析的方法对义工服务的学习绩效部分进行降维处理，以更好地对学习绩效进行分析。

表9–31 义工服务的绩效提升项目评估表

序号	绩效提升项目	均值	标准偏差
1	参与义工服务让我更愿意关怀弱势群体	3.90	0.885
2	参与义工服务提升了我的沟通能力	3.82	0.867
3	参与义工服务培养了我可靠、负责以及遵守承诺的习惯	3.77	0.827
4	参与义工服务让我更愿意尊重和容忍差异化	3.75	0.849
5	参与义工服务提高了我与同伴间合作解决问题的能力	3.73	0.796
6	参与义工服务让我更愿意维护社会正义	3.72	0.905
7	参与义工服务让我更愿为他人做出奉献和牺牲	3.72	0.855
8	参与义工服务增强了我的思考能力	3.71	0.856
9	参与义工服务让我增强自信心	3.70	0.843
10	参与义工服务增强了我的组织能力	3.68	0.873
11	参与义工服务使我产生了成就感	3.66	0.884
12	参与义工服务增强了我的领导能力	3.60	0.894
13	参与义工服务培养了我不断反思的习惯	3.57	0.874
14	参与义工服务使我赢得他人的尊重	3.57	0.863
15	参与义工服务让我更愿意参与公共事务	3.55	0.854
16	我通过参与义工服务获得了一定的知识和技能	3.54	0.825
17	参与义工服务增强了我对其他文化的理解力	3.52	0.825
18	提供给我了应用知识和技能的机会	3.47	0.837
19	参与义工服务让我更愿意阅读和讨论新闻时事	3.44	0.901

本书以公因子方差的提取大于0.5为标准，本书从上述19个项目中删除了7个项目。然后对剩余的12个项目进行分析。其中，巴特利球形度检验为0.000，KMO值为0.848，因此，较为适合进行因子分析。

通过上述方差提取解释表（表 9 – 32）可以看到，上述 12 个义工参与服务的绩效提升项目，可以被大体归纳为四个方面，这四个方面能够解释所有 12 个变量的 67.18% 的信息，具有较好的代表性。本书进一步对所获数据进行正交旋转可以得到如表 9 – 33 所示之旋转矩阵表：

表 9 – 32　　　　　　　　　　解释的方差

成分	初始特征值			提取平方和		
	合计	方差的 %	累积 %	合计	方差的 %	累积 %
1	4.539	37.821	37.821	4.539	37.821	37.821
2	1.306	10.887	48.708	1.306	10.887	48.708
3	1.199	9.995	58.703	1.199	9.995	58.703
4	1.017	8.473	67.176	1.017	8.473	67.176
5	0.683	5.696	72.871			
6	0.607	5.061	77.932			
7	0.550	4.581	82.514			
8	0.527	4.388	86.902			
9	0.462	3.852	90.754			
10	0.426	3.552	94.306			
11	0.387	3.224	97.530			
12	0.296	2.470	100.000			

表 9 – 33　　　　　　　　　　旋转解释矩阵

	成分			
	1	2	3	4
提供给我了应用知识和技能的机会	0.843			
我通过参与义工服务获得了一定的知识和技能	0.857			
参与义工服务提高了我与同伴间合作解决问题的能力	0.63			
参与义工服务增强了我的思考能力	0.485			
参与义工服务使我产生了成就感		0.792		
参与义工服务让我增强自信心		0.794		
参与义工服务使我赢得他人的尊重		0.731		
参与义工服务让我更愿意阅读和讨论新闻时事				0.862

续表

	成分			
	1	2	3	4
参与义工服务让我更愿意参与公共事务				0.782
参与义工服务让我更愿意尊重和容忍差异化			0.653	
参与义工服务让我更愿意关怀弱势群体			0.832	
参与义工服务让我更愿意维护社会正义			0.776	

提取方法：主成分。

旋转法：具有 Kaiser 标准化的正交旋转法。

a. 旋转在 6 次迭代后收敛。

在上述旋转解释矩阵中，以大于 0.5 为判断标准，最终本书可以得到义工服务学习绩效的四个因子对应的项目。

其中，绩效因子 1 可以被命名为服务技能的提升，包括："提供给我应用知识和技能的机会""我通过参与义工服务获得了一定的知识和技能""参与义工服务提高了我与同伴间合作解决问题的能力""参与义工服务增强了我的思考能力"等四个项目。

绩效因子 2 可以被命名为自我价值提升，其内容主要包括："参与义工服务使我产生了成就感""参与义工服务让我增强自信心""参与义工服务使我赢得他人的尊重"等。

绩效因子 3 可以被归纳为公民意识提升，包括："参与义工服务让我更愿意尊重和容忍差异化""参与义工服务让我更愿意关怀弱势群体""参与义工服务让我更愿意维护社会正义"等。

绩效因子 4 可以被归纳为社会关联提升，包括"参与义工服务让我更愿意阅读和讨论新闻时事"及"参与义工服务让我更愿意参与公共事务"等两项。

由此可见，青年义工参与义工服务后，其个人成长和学习绩效可以大体分为四个方面，即服务技能的提升、自我价值的提升、公民意识的提升，以及社会关联的提升等。

3. 不同群体间的差异来看

本书为了探讨不同群体对自己参与义工活动后的学习绩效评价方面

是否存在显著性的差异，采取了单因素方差分析的方法对上述的四个绩效因子和受访者的个人信息方面进行分析。

数据分析的结果表明，不同性别的受访者对服务技能的提升、自我价值的提升、公民意识的提升方面的绩效评价具有显著的差异性。

同时，不同年龄段的受访者在服务技能的提升和公民意识的提升方面的评价具有显著的差异性。本书进一步借助事后两两比较对不同年龄段受访者在服务技能提升和公民意识提升方面的评价进行分析，具体数据详见表9-34。

表9-34　　　　服务技能和公民意识的提升在不同年龄
群体间的多重比较 Multiple ComparisonsLSD

应变数	（I）年龄段	（J）年龄段	均值差（I-J）	标准误	显著性水平	95% 的置信区间	
						下限	上限
服务技能的提升	16—20 岁	21—25 岁	0.19522400 *	0.08926152	0.029	0.0199186	0.3705294
		26—29 岁	0.45690585 *	0.12377932	0.000	0.2138092	0.7000025
	21—25 岁	16—20 岁	-0.19522400 *	0.08926152	0.029	-0.3705294	-0.0199186
		26—29 岁	0.26168185 *	0.11812745	0.027	0.0296852	0.4936785
	26—29 岁	16—20 岁	-0.45690585 *	0.12377932	0.000	-0.7000025	-0.2138092
		21—25 岁	-0.26168185 *	0.11812745	0.027	-0.4936785	-0.0296852
公民意识提升	16—20 岁	21—25 岁	0.16608923	0.08982815	0.065	-0.0103290	0.3425074
		26—29 岁	0.29330524 *	0.12456507	0.019	0.0486654	0.5379451
	21—25 岁	16—20 岁	-0.16608923	0.08982815	0.065	-0.3425074	0.0103290
		26—29 岁	0.12721600	0.11887732	0.285	-0.1062534	0.3606854
	26—29 岁	16—20 岁	-0.29330524 *	0.12456507	0.019	-0.5379451	-0.0486654
		21—25 岁	-0.12721600	0.11887732	0.285	-0.3606854	0.1062534

* The mean difference is significant at the 0.05 level.

从上表中可以看到，在服务技能提升方面，年龄越大的群体，其评价越低。如16—20 岁的群体对服务技能提升的认可度明显高于21—25 岁以及 26—29 岁的群体。同时，21—25 岁的群体在此方面的评价又高于 26—29 岁的受访者群体。

从公民意识的提升方面来看，群体间的差异主要表现为 16—20 岁的群体在公民意识提升方面要显著高于 26—29 岁的群体。这个现象可能与 16—20 的青年正处于公民意识的成长期有关，年龄在 26—29 岁之间的群体，其社会意识和公民意识经过多年的社会体验和锻炼已经大体成型。

　　不同职业的受访者在服务技能的提升和公民意识的提升方面的评价具有显著的差异性。通过多重比较，可以看到，在服务技能的提升方面，认可度相对较高的是学生、技术及专业人士等。领导及管理人员以及政府公务员对于通过参与义工工作提升服务技能方面的认同度相对较低。究其原因，可能一方面领导及管理人员、政府公务员其参与义工活动的主要目的不在于提升自己的服务技能；另一方面，也有可能是义工组织在安排义工活动时，未能充分考虑上述群体的背景和职业特征，提供具有针对性的服务工作，从而导致其认为通过义工活动并未在服务技能上得到提升。具体资料详见表 9 - 35：

表 9 - 35　　服务技能的提升在不同职业群体间的多重比较 LSD

（I）职业	（J）职业	均值差（I - J）	标准误	显著性水平	95% 置信区间	
					下限	上限
领导及管理人员	技术及专业人士	- 0.45531687 *	0.21055865	0.031	- 0.8688497	- 0.0417841
	政府公务员	0.00106283	0.24299273	0.997	- 0.4761699	0.4782955
	公司职员	- 0.32665047	0.19129755	0.088	- 0.7023549	0.0490540
	自营企业家	- 0.20795341	0.26372900	0.431	- 0.7259117	0.3100049
	学生	- 0.56010429 *	0.20386505	0.006	- 0.9604910	- 0.1597176
	其他	- 0.47243664 *	0.19882532	0.018	- 0.8629254	- 0.0819478
技术及专业人士	领导及管理人员	0.45531687 *	0.21055865	0.031	0.0417841	0.8688497
	政府公务员	0.45637969 *	0.19982133	0.023	0.0639347	0.8488247
	公司职员	0.12866640	0.13220382	0.331	- 0.1309792	0.3883120
	自营企业家	0.24736346	0.22457979	0.271	- 0.1937066	0.6884335
	学生	- 0.10478742	0.14981341	0.485	- 0.3990178	0.1894430
	其他	- 0.01711977	0.14287969	0.905	- 0.2977325	0.2634930

续表

(I) 职业	(J) 职业	均值差 (I-J)	标准误	显著性 水平	95% 置信区间	
					下限	上限
政府 公务员	领导及管理人员	-0.00106283	0.24299273	0.997	-0.4782955	0.4761699
	技术及专业人士	-0.45637969 *	0.19982133	0.023	-0.8488247	-0.0639347
	公司职员	-0.32771330	0.17941119	0.068	-0.6800732	0.0246466
	自营企业家	-0.20901624	0.25523833	0.413	-0.7102990	0.2922666
	学生	-0.56116711 *	0.19275524	0.004	-0.9397344	-0.1825998
	其他	-0.47349946 *	0.18741699	0.012	-0.8415825	-0.1054164
公司职员	领导及管理人员	0.32665047	0.19129755	0.088	-0.0490540	0.7023549
	技术及专业人士	-0.12866640	0.13220382	0.331	-0.3883120	0.1309792
	政府公务员	0.32771330	0.17941119	0.068	-0.0246466	0.6800732
	自营企业家	0.11869706	0.20662984	0.566	-0.2871197	0.5245138
	学生	-0.23345382	0.12125950	0.055	-0.4716050	0.0046973
	其他	-0.14578617	0.11258070	0.196	-0.3668923	0.0753200
自营 企业家	领导及管理人员	0.20795341	0.26372900	0.431	-0.3100049	0.7259117
	技术及专业人士	-0.24736346	0.22457979	0.271	-0.6884335	0.1937066
	政府公务员	0.20901624	0.25523833	0.413	-0.2922666	0.7102990
	公司职员	-0.11869706	0.20662984	0.566	-0.5245138	0.2871197
	学生	-0.35215088	0.21831651	0.107	-0.7809200	0.0766182
	其他	-0.26448323	0.21361799	0.216	-0.6840245	0.1550581
学生	领导及管理人员	0.56010429 *	0.20386505	0.006	0.1597176	0.9604910
	技术及专业人士	0.10478742	0.14981341	0.485	-0.1894430	0.3990178
	政府公务员	0.56116711 *	0.19275524	0.004	0.1825998	0.9397344
	公司职员	0.23345382	0.12125950	0.055	-0.0046973	0.4716050
	自营企业家	0.35215088	0.21831651	0.107	-0.0766182	0.7809200
	其他	0.08766765	0.13281800	0.509	-0.1731841	0.3485194
其他	领导及管理人员	0.47243664 *	0.19882532	0.018	0.0819478	0.8629254
	技术及专业人士	0.01711977	0.14287969	0.905	-0.2634930	0.2977325
	政府公务员	0.47349946 *	0.18741699	0.012	0.1054164	0.8415825
	公司职员	0.14578617	0.11258070	0.196	-0.0753200	0.3668923
	自营企业家	0.26448323	0.21361799	0.216	-0.1550581	0.6840245
	学生	-0.08766765	0.13281800	0.509	-0.3485194	0.1731841

* The difference is significant at the 0.05 level.

在公民意识提升的绩效评价方面，同样表现出学生群体显著性地高于其他职业的群体，而领导及管理人员则相对比技术及专业人士、自营企业家等群体对于公民意识提升的认同度低。具体资料详见表 9 - 36。

表 9 - 36　　公民意识的提升在不同职业群体间的多重比较 LSD

(I) 职业	(J) 职业	均值差 (I - J)	标准误	显著性水平	95% 置信区间 下限	上限
领导及管理人员	技术及专业人士	- 0.57065629 *	0.20517152	0.006	- 0.9736089	- 0.1677037
	政府公务员	- 0.36329550	0.23677578	0.125	- 0.8283182	0.1017272
	公司职员	- 0.29539463	0.18640322	0.114	- 0.6614867	0.0706974
	自营企业家	- 0.56790904 *	0.25698151	0.027	- 1.0726154	- 0.0632027
	学生	- 1.01746834 *	0.19864918	0.000	- 1.4076112	- 0.6273255
	其他	- 0.59585426 *	0.19373839	0.002	- 0.9763524	- 0.2153561
技术及专业人士	领导及管理人员	0.57065629 *	0.20517152	0.006	0.1677037	0.9736089
	政府公务员	0.20736078	0.19470892	0.287	- 0.1750435	0.5897651
	公司职员	0.27526166 *	0.12882140	0.033	0.0222591	0.5282642
	自营企业家	0.00274725	0.21883393	0.990	- 0.4270381	0.4325326
	学生	- 0.44681206 *	0.14598044	0.002	- 0.7335146	- 0.1601095
	其他	- 0.02519798	0.13922412	0.856	- 0.2986313	0.2482353
政府公务员	领导及管理人员	0.36329550	0.23677578	0.125	- 0.1017272	0.8283182
	技术及专业人士	- 0.20736078	0.19470892	0.287	- 0.5897651	0.1750435
	公司职员	0.06790088	0.17482097	0.698	- 0.2754439	0.4112456
	自营企业家	- 0.20461353	0.24870808	0.411	- 0.6930710	0.2838440
	学生	- 0.65417284 *	0.18782361	0.001	- 1.0230545	- 0.2852912
	其他	- 0.23255876	0.18262194	0.203	- 0.5912245	0.1261069
公司职员	领导及管理人员	0.29539463	0.18640322	0.114	- 0.0706974	0.6614867
	技术及专业人士	- 0.27526166 *	0.12882140	0.033	- 0.5282642	- 0.0222591
	政府公务员	- 0.06790088	0.17482097	0.698	- 0.4112456	0.2754439
	自营企业家	- 0.27251441	0.20134323	0.176	- 0.6679483	0.1229195
	学生	- 0.72207372 *	0.11815708	0.000	- 0.9541318	- 0.4900157
	其他	- 0.30045964 *	0.10970033	0.006	- 0.5159088	- 0.0850105

续表

(I) 职业	(J) 职业	均值差 (I−J)	标准误	显著性 水平	95% 置信区间	
					下限	上限
自营 企业家	领导及管理人员	0.56790904*	0.25698151	0.027	0.0632027	1.0726154
	技术及专业人士	−0.00274725	0.21883393	0.990	−0.4325326	0.4270381
	政府公务员	0.20461353	0.24870808	0.411	−0.2838440	0.6930710
	公司职员	0.27251441	0.20134323	0.176	−0.1229195	0.6679483
	学生	−0.44955931*	0.21273090	0.035	−0.8673584	−0.0317602
	其他	−0.02794523	0.20815259	0.893	−0.4367526	0.3808621
学生	领导及管理人员	1.01746834*	0.19864918	0.000	0.6273255	1.4076112
	技术及专业人士	0.44681206*	0.14598044	0.002	0.1601095	0.7335146
	政府公务员	0.65417284*	0.18782361	0.001	0.2852912	1.0230545
	公司职员	0.72207372*	0.11815708	0.000	0.4900157	0.9541318
	自营企业家	0.44955931*	0.21273090	0.035	0.0317602	0.8673584
	其他	0.42161408*	0.12941986	0.001	0.1674362	0.6757920
其他	领导及管理人员	0.59585426*	0.19373839	0.002	0.2153561	0.9763524
	技术及专业人士	0.02519798	0.13922412	0.856	−0.2482353	0.2986313
	政府公务员	0.23255876	0.18262194	0.203	−0.1261069	0.5912245
	公司职员	0.30045964*	0.10970033	0.006	0.0850105	0.5159088
	自营企业家	0.02794523	0.20815259	0.893	−0.3808621	0.4367526
	学生	−0.42161408*	0.12941986	0.001	−0.6757920	−0.1674362

* The difference is significant at the 0.05 level.

此外，借助同样的分析方法，可以看到，不同月收入水平的受访者在服务技能的提升和公民意识的提升方面的评价具有显著的差异性。其具体表现为月收入水平较低的群体对于服务技能提升和公民意识提升的评价相对较高。

（三）澳门青年义工参与动机会对学习成效产生显著影响

根据国内外相关文献，青年参与义工的动机会对其行为及结果产生影响。为此，本书试图探讨受访者的参与动机是否会对其在义工服务过程中的学习成效产生影响。为了探讨不同动机的受访者群体在参与义工服务后，绩效评估方面是否存在差异，特结合前面的青年参与义工的动机分类之结果，对其在绩效评估方面的差异进行分析。

借助单因素方差分析，本书发现，不同参与动机类型的青年义工在服务学习绩效方面表现出了显著性的差异。如表 9 - 37 所示：

表 9 - 37　　不同参与动机之义工与学习成效之单因素方差分析

		平方和	df	均方	F	显著性
服务技能的提升	组间	66.541	3	22.180	24.832	0.000
	组内	531.459	595	0.893		
	合计	598.000	598			
自我价值提升	组间	53.171	3	17.724	19.356	0.000
	组内	544.829	595	0.916		
	合计	598.000	598			
公民意识提升	组间	40.789	3	13.596	14.519	0.000
	组内	557.211	595	0.936		
	合计	598.000	598			
社会关联提升	组间	12.936	3	4.312	4.385	0.005
	组内	585.064	595	0.983		
	合计	598.000	598			

本书对于上述有显著性差异的项目进一步进行事后两两比较，结果可以发现：

在服务技能的提升方面，回馈社会型义工要低于自我实现型义工和发展提升型义工，但是要高于无明确目的型义工。自我实现型义工和发展提升型义工在服务技能的提升绩效方面，并无显著性差异。可见，有明确的自我提升目标能够有效地提升受访者在服务技能方面的绩效水平。详见表 9 - 38。

表9-38   不同类型义工对服务技能提升评价的多重比较 LSD

因变数	(I) 义工的分类	(J) 义工的分类	均值差(I-J)	标准偏差	显著性	95%置信水平	
						下限	上限
服务技能的提升	回馈社会型义工	自我实现型义工	-0.24945312*	0.10470595	0.018	-0.4550913	-0.0438149
		发展提升型义工	-0.29601708*	0.10703753	0.006	-0.5062344	-0.0857998
		无明确目的型义工	0.58987162*	0.11166799	0.000	0.3705603	0.8091830
	自我实现型义工	回馈社会型义工	0.24945312*	0.10470595	0.018	0.0438149	0.4550913
		发展提升型义工	-0.04656396	0.10797597	0.666	-0.2586243	0.1654964
		无明确目的型义工	0.83932473*	0.11256785	0.000	0.6182461	1.0604034
	发展提升型义工	回馈社会型义工	0.29601708*	0.10703753	0.006	0.0857998	0.5062344
		自我实现型义工	0.04656396	0.10797597	0.666	-0.1654964	0.2586243
		无明确目的型义工	0.88588870*	0.11473977	0.000	0.6605445	1.1112329
	无明确目的型义工	回馈社会型义工	-0.58987162*	0.11166799	0.000	-0.8091830	-0.3705603
		自我实现型义工	-0.83932473*	0.11256785	0.000	-1.0604034	-0.6182461
		发展提升型义工	-0.88588870*	0.11473977	0.000	-1.1112329	-0.6605445

*均值差的显著性水平为0.05。

在自我价值提升方面，回馈社会型义工要低于自我实现型义工，但是要高于无明确目的之义工。自我实现型义工在自我价值提升方面要高于其他三类义工。从义工类型及其绩效内涵来看，也进一步证明了特定之参与义工活动目的对于相应学习绩效的影响。详见表9-39。

在公民意识提升方面，回馈社会型义工要高于发展提升型和无明确目的型义工。自我实现型义工又高于发展提升型和无明确目的型义工。而回馈社会型义工与自我实现型义工之间，在公民意识提升方面，并无显著差异。详见表9-40。

在社会关联提升方面，回馈社会型义工显著高于发展提升型义工，自我实现型义工则显著高于发展提升型义工和无明确目的型义工。自我实现型义工和回馈社会型义工在社会关联的提升绩效方面并无显著性的差异。相应的事后两两比较之数据结果详见表9-41。

表 9 - 39　　不同类型义工对自我价值提升评价的多重比较 LSD

因变数	(I) 义工的分类	(J) 义工的分类	均值差 (I - J)	标准偏差	显著性	95% 置信水平	
						下限	上限
自我价值提升	回馈社会型义工	自我实现型义工	- 0. 40374291 *	0. 10601474	0. 000	- 0. 6119515	- 0. 1955343
		发展提升型义工	0. 11880715	0. 10837546	0. 273	- 0. 0940378	0. 3316521
		无明确目的型义工	0. 44681647 *	0. 11306381	0. 000	0. 2247638	0. 6688692
	自我实现型义工	回馈社会型义工	0. 40374291 *	0. 10601474	0. 000	0. 1955343	0. 6119515
		发展提升型义工	0. 52255006 *	0. 10932564	0. 000	0. 3078390	0. 7372611
		无明确目的型义工	0. 85055938 *	0. 11397491	0. 000	0. 6267173	1. 0744014
	发展提升型义工	回馈社会型义工	- 0. 11880715	0. 10837546	0. 273	- 0. 3316521	0. 0940378
		自我实现型义工	- 0. 52255006 *	0. 10932564	0. 000	- 0. 7372611	- 0. 3078390
		无明确目的型义工	0. 32800932 *	0. 11617399	0. 005	0. 0998484	0. 5561703
	无明确目的型义工	回馈社会型义工	- 0. 44681647 *	0. 11306381	0. 000	- 0. 6688692	- 0. 2247638
		自我实现型义工	- 0. 85055938 *	0. 11397491	0. 000	- 1. 0744014	- 0. 6267173
		发展提升型义工	- 0. 32800932 *	0. 11617399	0. 005	- 0. 5561703	- 0. 0998484

* 均值差的显著性水平为 0. 05。

表 9 - 40　　不同类型义工对公民意识提升评价的多重比较 LSD

因变数	(I) 义工的分类	(J) 义工的分类	均值差 (I - J)	标准偏差	显著性	95% 置信水平	
						下限	上限
公民意识提升	回馈社会型义工	自我实现型义工	0. 18128022	0. 10721263	0. 091	- 0. 0292810	0. 3918414
		发展提升型义工	0. 40350628 *	0. 10960002	0. 000	0. 1882563	0. 6187562
		无明确目的型义工	0. 71805284 *	0. 11434135	0. 000	0. 4934911	0. 9426146
	自我实现型义工	回馈社会型义工	- 0. 18128022	0. 10721263	0. 091	- 0. 3918414	0. 0292810
		发展提升型义工	0. 22222606 *	0. 11056094	0. 045	0. 0050889	0. 4393632
		无明确目的型义工	0. 53677262 *	0. 11526274	0. 000	0. 3104013	0. 7631439
	发展提升型义工	回馈社会型义工	- 0. 40350628 *	0. 10960002	0. 000	- 0. 6187562	- 0. 1882563
		自我实现型义工	- 0. 22222606 *	0. 11056094	0. 045	- 0. 4393632	- 0. 0050889
		无明确目的型义工	0. 31454656 *	0. 11748667	0. 008	0. 0838076	0. 5452856
	无明确目的型义工	回馈社会型义工	- 0. 71805284 *	0. 11434135	0. 000	- 0. 9426146	- 0. 4934911
		自我实现型义工	- 0. 53677262 *	0. 11526274	0. 000	- 0. 7631439	- 0. 3104013
		发展提升型义工	- 0. 31454656 *	0. 11748667	0. 008	- 0. 5452856	- 0. 0838076

* 均值差的显著性水平为 0. 05。

表9 - 41　　　不同类型义工对社会关联提升评价的多重比较 LSD

因变数	(I) 义工的分类	(J) 义工的分类	均值差 (I－J)	标准偏差	显著性	95% 置信水平 下限	95% 置信水平 上限
社会关联提升	回馈社会型义工	自我实现型义工	－0. 15852237	0. 10985955	0. 150	－0. 3742820	0. 0572373
		发展提升型义工	0. 23726057 *	0. 11230588	0. 035	0. 0166964	0. 4578247
		无明确目的型义工	0. 11156121	0. 11716426	0. 341	－0. 1185446	0. 3416670
	自我实现型义工	回馈社会型义工	0. 15852237	0. 10985955	0. 150	－0. 0572373	0. 3742820
		发展提升型义工	0. 39578294 *	0. 11329052	0. 001	0. 1732850	0. 6182809
		无明确目的型义工	0. 27008358 *	0. 11810841	0. 023	0. 0381235	0. 5020436
	发展提升型义工	回馈社会型义工	－0. 23726057 *	0. 11230588	0. 035	－0. 4578247	－0. 0166964
		自我实现型义工	－0. 39578294 *	0. 11329052	0. 001	－0. 6182809	－0. 1732850
		无明确目的型义工	－0. 12569936	0. 12038724	0. 297	－0. 3621350	0. 1107362
	无明确目的型义工	回馈社会型义工	－0. 11156121	0. 11716426	0. 341	－0. 3416670	0. 1185446
		自我实现型义工	－0. 27008358 *	0. 11810841	0. 023	－0. 5020436	－0. 0381235
		发展提升型义工	0. 12569936	0. 12038724	0. 297	－0. 1107362	0. 3621350

* 均值差的显著性水平为 0. 05。

本书为了验证上述研究的发现，进一步结合参与义工的动机来分析参与动机与学习绩效之间的关系。借助相关分析，对不同参与动机与绩效之间的关系进行统计，如表9 - 42所示：

表9 - 42　　　参与义工的动机与学习成效之相关性分析

		服务技能的提升	自我价值提升	公民意识提升	社会关联提升
发展提升动机	Pearson 相关性	0. 427 * *	0. 135 * *	0. 146 * *	0. 062
	显著性	0. 000	0. 001	0. 000	0. 132
	N	599	599	599	599
回馈社会动机	Pearson 相关性	0. 192 * *	0. 186 * *	0. 293 * *	0. 143 * *
	显著性	0. 000	0. 000	0. 000	0. 000
	N	599	599	599	599
自我实现动机	Pearson 相关性	0. 146 * *	0. 296 * *	0. 084 *	0. 162 * *
	显著性	0. 000	0. 000	0. 040	0. 000
	N	599	599	599	599

从上表中可以看到，动机与绩效提升之间存在显著的正相关关系。但同时也需要注意，不同绩效提升与动机之间的相关性大小略有不同。服务技能提升与发展提升动机之间的关联性相对其他动机更高；自我价值提升与自我实现动机之间相关性更高；公民意识提升与回馈社会动机间的相关性更高；社会关联提升与自我实现动机之间的关联性更高。结合相关义工活动参与动机的内涵，不难看出，上述分析证实了义工参与目标对于个人成长和学习绩效的影响力。如果有了较为明确的目标，则相应的学习绩效也会较为理想。

（四）义工组织特点对义工学习成效的影响

由于服务学习的成效与组织工作具有密切的相关性，为此，本书希望从义工活动的组织过程，来探讨义工组织过程与义工成长和学习绩效之关系。为此，本书主要借助了相关分析的方法，对义工服务组织过程中的各类操作环节与受访者参与义工活动的学习绩效之间的关系进行分析。

从表9-43中可见，义工活动的组织工作与义工的学习成效之间，存在较为显著的相关性。对此，本书仅针对在0.01的水平上显著，且相关系数最大的三个组织形式作为与受访者参与义工活动的学习绩效最具相关性的项目。

从服务技能的提升来看，相关性最高的三个组织形式，从高到低依次为：义工服务结束后都会安排总结或讨论等反思环节、义工服务是积极主动的参与，以及义工服务的工作任务能够在受访者的能力范围内。究其原因，可能是由于义工活动结束后的反省及讨论环节能够帮助受访者更好地对自己的服务技能和知识体系进行评估和完善，从而有助于其在随后的义工服务中更好地工作。

从自我价值的提升层面来看，与该学习成效相关性最高的三个组织形式，从高到低分别是：义工服务的工作任务能够在我的能力范围内、义工服务我都是积极主动的参与，以及义工组织能结合我的情况调整任务种类或难度。从此部分的内容来看，与自我价值提升显著相关的几个项目，基本上均与义工服务中的任务及目标设置有关。由此，本书可以推断，如果义工组织过程中，能够充分考虑到参与者的专业背景以及实际能力，并为其设置合理的工作目标，参与者的信息以及自我认可度会

表9-43　义工活动组织形式与学习绩效间的关系

		义工服务都有完善的组织和计划	义工服务都与我的学业背景或专业相结合	义工服务我都是积极主动地参与	义工服务都有针对性关注社会需要	我都会参与制订义工服务工作计划	义工服务的工作任务能够在我的能力范围内	义工组织能结合我的情况调整任务种类或难度	义工服务结束后都会安排总结或讨论等反思环节
服务技能的提升	相关性	0.240**	0.215**	0.324**	0.254**	0.271**	0.311**	0.303**	0.354**
	显著性	0.000	0.000	0.000	0.000	0.000	0.000	0.000	0.000
	N	599	599	599	599	599	599	599	599
自我价值提升	相关性	0.085*	0.106**	0.219**	0.191**	0.150**	0.263**	0.215**	0.180**
	显著性	0.038	0.010	0.000	0.000	0.000	0.000	0.000	0.000
	N	599	599	599	599	599	599	599	599
公民意识提升	相关性	0.252**	0.108**	0.251**	0.298**	0.011	0.305**	0.234**	0.185**
	显著性	0.000	0.008	0.000	0.000	0.787	0.000	0.000	0.000
	N	599	599	599	599	599	599	599	599
社会关联提升	相关性	0.061	0.184**	0.199**	0.193**	0.252**	0.129**	0.133**	0.165**
	显著性	0.139	0.000	0.000	0.000	0.000	0.002	0.001	0.000
	N	599	599	599	599	599	599	599	599

得到提升，从而能够更好地在义工服务中提升自我价值。

从公民意识的提升层面来看，与该部分学习成效紧密相关的三种组织形式，从高到低，依次为：义工服务的工作任务能够在我的能力范围内、义工服务都有针对性地关注社会需要，以及义工服务都有完善的组织和计划。从分析结果来看，公民意识的提升与活动的社会关联度有较为密切的关系，只有组织的义工活动较为贴近社会现实和实际需要，并经过完备的组织和策划，参与者的公民意识能够获得一定程度的提升。

从社会关联的提升方面来看，与该部分学习成效紧密相关的组织形式，按照相关性从高到低依次为：受访者都会参与制订义工服务工作计划、义工服务受访者都是积极主动地参与，以及义工服务都有针对性地关注社会需要。从研究的结果来看，参与者能够融入义工活动的工作计划环节，并策划之义工活动能够关注到较为现实和急迫的社会问题，将有助于提升参与者与社会之间的关联度。本书认为，这一发现应该与组织和策划过程中需要多方面接触社会各界人士有一定的关联。

（五）受访者的义工学习成效对其满意度的影响

青年义工参与义工服务，除了要能够说明其他人外，通常还有自己的一些考虑与期望。为此，义工服务学习的成效对义工满意度的影响机制，同样也是本书关注的重点内容之一。

1. 从受访者总体来看，自我成长满意度会显著影响持续参与意愿，服务技能的提升和自我价值的提升又在很大程度上影响自我成长的满意度

为了了解义工的各项满意度对其一如既往地参与义工服务的影响，本书借助回归分析的方法，对数据进行了分析。其中满意度方面，主要包括对义工工作中的自我成长感到满意、对义工服务中组织提供的支持感到满意、对义工工作的评估和激励机制感到满意、对义工服务的组织工作感到满意等内容。分析结果如表 9 - 44 和表 9 - 45 所示。

表 9 – 44   回归分析的模型

模型	R	R 方	调整 R 方	标准估计 的误差	更改量				
					R 方 更改	F 更改	df1	df2	显著性水平 F 改变
1	0.510a	0.260	0.255	0.769	0.260	52.109	4	594	0.000

a. 自变量: (常量), 我对义工工作中的自我成长感到满意, 我对义工服务中组织提供的支持感到满意, 我对义工工作的评估和激励机制感到满意, 我对义工服务的组织工作感到满意。

表 9 – 45   回归方程的回归系数 a

模型	非标准化系数		标准系数	t	显著性 水平
	B	标准误差	用版		
（常量）	1.210	0.173		7.005	0.000
我对义工服务的组织工作感到满意	0.092	0.050	0.088	1.844	0.066
我对义工服务中组织提供的支持感到满意	0.115	0.050	0.108	2.305	0.021
我对对义工工作的评估和激励机制感到满意	0.075	0.047	0.071	1.599	0.110
我对义工工作中的自我成长感到满意	0.375	0.044	0.355	8.489	0.000

a. 因变数: 我会一如既往的参与义工服务。

    通过上述分析可见, 义工一如既往地参与义工服务在很大程度上取决于其对义工服务中组织提供的支持感到满意之程度, 以及其对义工工作中的自我成长感到满意的程度。其中, 对于自我成长的满意度是影响最大的因素。由此可见, 对义工自我成长满意度的关注和研究十分重要, 在研究学习成效的提升时, 也应该以义工自我成长满意度作为中介桥梁进行分析。

    为此, 本书进一步采取回归分析的方法, 对义工自我成长的满意度及其在服务技能的提升、自我价值提升、公民意识提升, 以及社会关联提升方面的成效进行分析。详见表 9 – 46 及表 9 – 47。

表 9 - 46　　　　　　　自我成长满意度与学习绩效间的回归模型

模型	R	R 方	调整 R 方	标准估计 的误差	更改量				
					R 方 更改	F 更改	df1	df2	显著性水平 F 改变
1	0.557a	0.311	0.306	0.702	0.311	66.881	4	594	0.000

a. 自变量：（常量），社会关联提升，公民意识提升，自我价值提升，服务技能的提升。

表 9 - 47　　　　　　自我成长满意度与学习绩效间的回归模型系数 a

模型		非标准化系数		标准系数	t	显著性 水平
		B	标准误差	用版		
1	（常量）	3.698	0.029		128.960	0.000
	服务技能的提升	0.281	0.029	0.333	9.787	0.000
	自我价值提升	0.263	0.029	0.313	9.174	0.000
	公民意识提升	0.222	0.029	0.264	7.752	0.000
	社会关联提升	0.150	0.029	0.179	5.243	0.000

a. 因变数：我对义工工作中的自我成长感到满意。

从表上可以看到，该回归方程能够对原始变量中差异的 30.6% 加以解释，且各学习成效的回归系数均具有显著性。

通过回归系数可以得到义工自我成长满意度与学习成效四个层面间的回归方程：

义工对于自我成长的满意度水平 = 3.698 + 0.333 × 服务技能的提升 + 0.313 × 自我价值提升 + 0.264 × 公民意识提升 + 0.179 × 社会关联提升

可见，对义工自身成长满意度影响较大的学习成效因素为服务技能的提升和自我价值的提升。

2. 学习成效对自我成长满意度的影响存在群体间差异，应针对不同群体制订不同的义工活动计划和方案

从不同性别受访者的自我成长满意度之回归分析情况来看，男性与女性均无明显之差异，都与此前的研究结果相一致，即对义工自身成长满意度影响较大的因素为服务技能的提升和自我价值的提升。

从不同年龄段的受访者自我成长满意度之回归分析来看，16—20

岁的受访者表现出了不同的特征。详见表 9 – 48 及表 9 – 49。

表 9 – 48　　　　　　年龄段在 16—20 岁之群体的自我成长

满意度与学习绩效的回归模型

模型	R 年龄段 = 16—20 岁	R 方	调整 R 方	标准估计 的误差	更改量				
					R 方更改	F 更改	df1	df2	显著性水平 F 更改
1	0.535a	0.286	0.272	0.682	0.286	20.525	4	205	0.000

a. 自变量：（常量），社会关联提升，服务技能的提升，公民意识提升，自我价值提升。

表 9 – 49　　　　　　年龄段在 16—20 岁之群体的自我成长

满意度与学习绩效的回归系数 a，b

模型		非标准化系数		标准系数	t	显著性 水平
		B	标准误差	Beta 值		
1	（常量）	3.699	0.048		76.736	0.000
	服务技能的提升	0.292	0.049	0.354	5.961	0.000
	自我价值提升	0.172	0.047	0.221	3.699	0.000
	公民意识提升	0.178	0.047	0.221	3.743	0.000
	社会关联提升	0.226	0.044	0.305	5.146	0.000

a. 因变数：我对义工工作中的自我成长感到满意。

b. 选择标准年龄段 ＝ 16—20 岁的案例。

通过回归分析方程的结果可见，对于 16—20 岁的青年义工而言，其自我成长的满意度最主要的受服务技能的提升以及社会关联提升的影响，其中社会关联提升比一般青年相对重要一些。

表 9 - 50　　　年龄段在 21—25 岁之群体的自我成长满意度
与学习绩效的回归系数 a，b

Model		非标准化系数		标准化系数	t	显著性水平
		B	标准误	Beta		
1	（常数）	3.697	0.041		90.009	0.000
	服务技能的提升	0.253	0.041	0.298	6.121	0.000
	自我价值提升	0.298	0.043	0.341	6.980	0.000
	公民意识提升	0.244	0.041	0.289	5.952	0.000
	社会关联提升	0.100	0.043	0.112	2.306	0.022

a. 因变数：我对义工工作中的自我成长感到满意。

b. 选择标准年龄段 = 21—25 岁。

21—25 岁以及 26—29 岁的受访者，其自我成长满意度也同样受服务技能的提升和自我价值的提升影响较为明显，但是，其中自我价值的提升对满意度影响更大。详见表 9 - 51 及表 9 - 52。

表 9 - 51　　　年龄段在 26—29 岁之群体的自我成长
满意度与学习绩效的回归系数 a，b

Model		非标准化系数		标准化系数	t	显著性水平
		B	标准误	Beta		
1	（常数）	3.743	0.078		48.122	0.000
	服务技能的提升	0.326	0.073	0.358	4.460	0.000
	自我价值提升	0.395	0.070	0.453	5.643	0.000
	公民意识提升	0.263	0.076	0.279	3.468	0.001
	社会关联提升	0.054	0.075	0.057	0.714	0.477

a. 因变数：我对义工工作中的自我成长感到满意。

b. 选择标准年龄段 = 26—29 岁。

从不同职业的群体来看，学生与在职人士，其参与义工活动的自我成长满意度都受服务技能的提升和自我价值的提升影响较为明显。但是服务技能的提升对学生影响相对更大，自我价值的提升对在职人士的满意度影响相对更大。相关资料分析详见表 9 - 52 及表 9 - 53。

表 9 - 52　　　在职人士群体的自我成长满意度与学习绩效的回归系数 a，b

Model		非标准化系数		标准化系数	t	显著性水平
		B	标准误	Beta		
1	（常数）	3.677	0.039		93.338	0.000
	服务技能的提升	0.256	0.039	0.295	6.601	0.000
	自我价值提升	0.276	0.038	0.321	7.181	0.000
	公民意识提升	0.221	0.039	0.256	5.744	0.000
	社会关联提升	0.146	0.038	0.171	3.824	0.000

a. 因变数：我对义工工作中的自我成长感到满意。

b. 选择标准职业"≈"学生。

表 9 - 53　　　学生群体的自我成长满意度与学习绩效的回归系数 a，b

Model		非标准化系数		标准化系数	t	显著性水平
		B	标准误	Beta		
1	（常数）	3.730	0.044		85.274	0.000
	服务技能的提升	0.316	0.042	0.402	7.509	0.000
	自我价值提升	0.234	0.042	0.296	5.530	0.000
	公民意识提升	0.211	0.045	0.252	4.716	0.000
	社会关联提升	0.162	0.043	0.203	3.791	0.000

a. 因变数：我对义工工作中的自我成长感到满意。

b. 选择标准职业 = 学生。

五　研究的主要结论

通过实证研究，本书对于澳门青年参与义工中的服务学习和学习成效等方面的情况有了一定程度的了解。本次研究主要的发现和结论有以下九个方面：

1. 澳门青年参与义工活动的途径多样，参与组织的数量与在义工服务上的投入呈正相关

从调查中，可以看到，通过义工社团组织参与义工活动是最为主要的形式，此外，从不同群体的参与形式来看，学生群体更加侧重于通过学校的组织来参与义工服务，在职人士则相对其他群体更偏向于通过单位的组织参与义工服务。领导及管理人员、公司职员，以及自营企业家

比其他群体更加偏向于通过自行组织的形式来参与义工服务。

在参与义工社团的数量方面，澳门的青年义工参与义工组织的比例相对较高。研究发现参与一个及二个社团的受访者比例相对较多，如近三年参加一个义工社团的受访者人数为 189 人，约占受访者比例的 31.5%；参加两个社团的人数为 191 人，约占受访者比例为 31.8%。且受访者参与义工社团的数量与参与义工工作时间长短及每周参与义工工作时间长短间呈现出较为显著的正相关关系。

2. 受访者参与义工服务的年资不长，收入水平与参与义工服务年资间存在正向关系

在受访者参与义工工作的年资方面，87.8% 的受访者表示其参与义工工作的年限在 5 年以内，其中，43.5% 的受访者表示其从事义工活动的经验为 1 年以内，44.3% 的受访者参与义工活动的经验在 2—5 年，参与年限在 6—10 年的占受访者的 11%，而参与经验达到 11 年及以上的仅为 1.2%。此外，本书还发现受访者的义工参与年资与个人的收入情况之间，呈现出较为显著的正向相关关系。结合访谈中所获的信息，本书认为，此种情况的出现可能是因为收入较高的群体在生活方面压力较小，因此，能够抽出更多的时间参与义工活动。而收入水平相对较低的群体，则需要花更多的时间去满足物质甚至生存层面的需求。

3. 青年参与义工动机呈现多元化，可分为发展提升、回馈社会，自我实现等维度

受访者对于本调研中所提出的动机因素具有较高的认同度，同时也表明受访者在参与义工服务的过程中，具有较为多元化的动机。本书对上述数据借助主成分分析的方法进行提取，并借助正交旋转法进行旋转和解释，参与义工服务的动机因素可以被归纳为三种动机类型：发展提升、回馈社会以及自我实现等。本书对动机因子进行分析的基础上，进一步将受访者分为四类：第一类群体可以被界定为回馈社会型的义工；第二类群体被界定为自我实现型的义工；第三类群体被界定为发展提升型的义工；第四类群体被界定为目的不明确型的义工。在此次的受访者中，四种类型的义工在数量上大体相当，其中回馈社会型义工数量最多，其次是自我实现型义工。在受访者中有近五分之一的人在参与义工工作时并无任何想法或目标。

4. 青年义工所属的义工类型与性别、职业等特征具有显著相关性

从性别特征来看，女性受访者更偏向于隶属于回馈社会型义工和自我实现型义工；男性受访者则更多地偏向于发展提升型义工以及无明确目的型义工。

在不同职业群体与其所属的义工类型之间，领导及管理人员更偏向于属于无明确目的型义工；技术及专业人士属于回馈社会型义工的可能性相对较高；政府公务员属于自我实现型义工以及无明确目的型义工的可能性较高；公司职员属于发展提升型义工和无明确目的型义工的可能性相对较高；自营企业家更偏向于属于自我实现型义工；学生则更偏向于属于回馈社会型义工；对于其他职业的人群，更多地偏向属于自我实现型义工，以及发展提升型义工。

5. 义工组织工作中体现出了服务学习的特点，但在准备计划环节以及个性化安排方面还有待提升

从受访者较为认可的服务学习组织流程来看，认同度超过 3.5 分的有三项，从高到低分别为：义工服务的工作任务能够在能力范围之内；义工服务能有针对性地关注社会需要；义工服务结束后都会安排总结或讨论等反思环节。其中，义工服务结束后的总结或讨论等反思环节的设置是为相关学者广泛认同的服务学习过程中的重要一环。而工作任务能够在受访者的能力范围之内，以及义工服务能够有针对性地关注社会需要，实际上体现出了在相关义工组织过程中，能够做到合理设置目标。相对而言，认同度较低的三个项目为义工服务都与义工的学业或专业背景相结合，义工会参与制订义工服务工作计划，以及义工服务都有完善的组织和计划。这三个项目均与服务学习四个环节中的辅导和准备有密切的关系。

6. 参与义工的学习绩效分为四个方面，不同群体对学习绩效认同度有差异

对于此次调查之 19 项学习成长之内容，受访者普遍较为认同，平均得分高于 3.44 分，最高的认可度达到 3.9 分。可见，受访者对于因参与义工服务而实现的自我提升是偏向于认同，但由于没有一项的均值达到 4 分，因此，还存在一定的提升空间。本书通过对所获数据进行因子分析和降维处理，最终了解到青年义工参与义工服务后，其个人成长

和学习绩效可以大体分为四个方面，即服务技能的提升、自我价值的提升、公民意识的提升，以及社会关联的提升等。

分析结果表明，不同性别的受访者对服务技能的提升、自我价值的提升、公民意识的提升方面的绩效评价具有显著的差异性。

不同年龄段的受访者在服务技能的提升和公民意识的提升方面的评价具有显著的差异性。具体来看，在服务技能提升方面，年龄越大的群体，其评价越低。从公民意识的提升方面来看，群体间的差异主要表现为16—20岁的群体在公民意识提升方面要显著高于26—29岁的群体。

不同职业的受访者在服务技能的提升和公民意识的提升方面的评价具有显著的差异性。在服务技能的提升方面，认可度相对较高的是学生、技术及专业人士等。领导及管理人员以及政府公务员对于通过参与义工工作提升服务技能方面的认同度相对较低。在公民意识提升的绩效评价方面，同样表现出学生群体显著性地高于其他职业的群体，而领导及管理人员则相对比技术及专业人士、自营企业家等群体对于公民意识提升的认同度低。

不同月收入水平的受访者在服务技能的提升和公民意识的提升方面的评价具有显著的差异性。其具体表现为月收入水平较低的群体对于服务技能提升和公民意识提升的评价相对较高。

7. 受访者的义工参与动机会对学习成效产生显著影响

在服务技能的提升方面，回馈社会型义工要低于自我实现型义工和发展提升型义工，但是要高于无明确目的型义工。自我实现型义工和发展提升型义工在服务技能的提升绩效方面，并无显著性差异。可见，有明确的自我提升目标能够有效地提升受访者在服务技能方面的绩效水平。

在自我价值提升方面，回馈社会型义工要低于自我实现型义工，但是要高于无明确目的型义工。自我实现型义工在自我价值提升方面要高于其他三类义工。从义工类型及其绩效内涵来看，也进一步证明了特定之参与义工活动目的对于相应学习绩效的影响。

在公民意识提升方面，回馈社会型义工要高于发展提升型和无明确目的型义工。自我实现型义工又高于发展提升型和无明确目的型义工。而回馈社会型义工与自我实现型义工之间，在公民意识提升方面，并无显著差异。

在社会关联提升方面，回馈社会型义工显著高于发展提升型义工，自我实现型义工则显著高于发展提升型义工和无明确目的型义工。自我实现型义工和回馈社会型义工在社会关联的提升绩效方面并无显著性的差异。

本书最终也通过相关分析验证了动机与绩效提升之间存在显著的正相关关系。

8. 义工活动的组织工作与义工的学习成效之间，存在较为显著的相关性

从服务技能的提升来看，相关性最高的三个组织形式，从高到低依次为：义工服务结束后都会安排总结或讨论等反思环节、义工服务是积极主动的参与，以及义工服务的工作任务能够在受访者的能力范围内。

从自我价值的提升层面来看，与该学习成效相关性最高的三个组织形式，从高到低分别是：义工服务的工作任务能够在我的能力范围内、义工服务我都是积极主动的参与，以及义工组织能结合我的情况调整任务种类或难度。

从公民意识的提升层面来看，与该部分学习成效紧密相关的三种组织形式，从高到低，依次为：义工服务的工作任务能够在我的能力范围内、义工服务都有针对性地关注社会需要，以及义工服务都有完善的组织和计划。

从社会关联的提升方面来看，与该部分学习成效紧密相关的组织形式，按照相关性从高到低依次为：受访者都会参与制订义工服务工作计划、义工服务受访者都是积极主动地参与，以及义工服务都有针对性地关注社会需要。

9. 自我成长满意度对于持续参与十分重要，服务技能提升和自我价值提升在对自我成长满意度有影响，但也存在群体间的差异

本书通过将持续参与义工活动的意愿与对义工服务过程中的各项满意度进行回归分析，了解到，义工一如既往地参与义工服务在很大程度上取决于其对义工服务中组织提供的支持感到满意之程度，以及其对义工工作中的自我成长感到满意的程度。其中，对于自我成长的满意度是影响最大的因素。

与此同时，本书还发现，在不同人口特征的群体间，学习绩效对于自我成长满意度的影响存在一定的差异。如在不同年龄段的受访者方面。16—20周岁的青年义工的满意度最主要受服务技能的提升以及社会关联提升的影响，其中社会关联提升比一般青年相对重要一些。21—25周岁以及26—29周岁的受访者，其自我成长满意度也同样受服务技能的提升和自我价值的提升影响较为明显，但是，其中自我价值的提升对满意度影响更大。

从不同职业的群体来看，学生与在职人士，其参与义工活动的自我成长满意度都受服务技能的提升和自我价值的提升影响较为明显。但是服务技能的提升对学生影响相对更大，自我价值的提升对在职人士的满意度影响相对更大。

可见，此次研究结果对于本书的主要启示在于：

首先，服务学习理念在澳门义工服务的组织过程中还有待强化和标准化。

其次，参与义工服务的动机对于个人成长的绩效水平非常关键。如果如访谈中所提及的是依靠外界环境迫使其参与义工服务，则青年的个人成长绩效并不会理想。而义工社团和组织者也应针对不同的参与动机，在组织工作上做出相应的调整和设计。

再次，帮助社会、实现自我发展和持续参与义工服务是最为理想的三赢局面，这有赖于不断提升义工参与者的自我成长满意度，为此，应注重采取措施协助参与义工活动的青年在服务技能以及自我价值方面的提升。同时，也应关注到不同群体间对于自我成长要求的差异。

六　提升青年参与义工活动学习效率的对策与建议

1. 进一步强化终身学习的理念，将服务学习全面引入义工服务

服务学习的概念虽然最初的提出是在中小学教育中，近年来也逐步拓展到大学以及其他领域。从国内外相关研究成果来看，目前已经有学者开始意识到服务学习在义工活动中的重要性，并对高校青年在参与义工时，如何引入服务学习的理念等问题进行了探讨。实际上，本书认为，不仅仅是学生需要通过各种途径进行学习，社会中的各种群体都需要不断地学习和调整自己，从而使得每个人能够更加适应社会发展的需

要。这种社会中的个人借助各种可能的资源和管道开展持续不断的学习，正是终身学习和学习型社会的重要特征。为此，在一般的义工活动组织过程中，组织者也应该持有服务学习之理念，只有这样才能让参与者更为有效的成长。从此次研究所获信息来看，澳门的义工社团代表对于服务学习的概念有一定程度的了解。数据分析的结果也显示，目前澳门的义工活动之组织已经有意或无意地较好执行了服务学习的各阶段之工作和要求。如在义工活动的目标设定以及鼓励参与者不断反思等方面能够得到受访青年义工的认同。但是，在鼓励青年义工参与制订义工活动计划，以及针对青年义工的背景和专业特点安排工作和活动内容方面还有待进一步加强。

首先，特区政府相关部门应该进一步针对澳门社会中的社团、澳门青年，以及全社会进行宣传，强化终身学习的思想和理念。并让社会认识到参与义工活动是社会上的每一个人不断学习和发展的重要途径和资源，从而形成一种全社会广泛关注义工活动的氛围。

其次，需要向专门组织义工活动的社团和学校提供服务学习方面理论和实践的专业培训，不断加深上述机构对义工活动中服务学习内涵的理解。甚至可以聘请专业机构协助制定义工活动中服务学习各阶段的具体实施指引，供相关义工活动的组织者参考。

2. 引导青年在参与前树立明确的目标，从而更具针对性地参与义工服务

目标是指引人们行为的方向标，人的行为如果没有具体的目标指引，就如同没有方向的航船。在青年参与义工不断提升自我的过程中，目标同样不可缺少。一方面，青年如果能够明确表示参与义工活动的动机，就能够更好地融入义工活动中，并对自己的成长作出客观有效的评价。另一方面，对于青年义工活动的组织者而言，掌握和了解青年参与义工活动目标，也有利于相关组织者更具有针对性地设计义工工作内容和对人手进行更为合理的安排。从此次的研究成果来看，在通过义工活动参与，提升自身能力方面，没有明确目标的群体表现出了较为显著的不足。该群体的学习成效评价显著性地低于有明确目标的受访者。为了更好地帮助义工活动参与者不断提升自己的能力，本书认为，可以从以下方面着手：

首先，义工活动组织者应该持续不断地调查和了解相关人士的参与动机。通过本次研究，本书发现参与目标不明确的受访青年人数并不少，约占受访者总人数的21%。且不同参与目标的受访者人数分配大体相当。可见，作为义工活动组织者，只有真正了解其社团中的成员要求，才能有针对性地进行后期的活动安排和管理。为此，本书认为，组织义工活动的社团或其他机构，可以采取访谈、调查等形式，对其成员参与义工的目标展开调查，从而对社团成员的基本情况有大体的掌握。

其次，义工活动组织者应教育和提示相关参与者，帮助其树立特定的义工活动参与动机。在此次的研究中，本书发现，在没有明确目标的群体中，相对比较多的职业是领导及管理人员、政府公务员以及少量的公司员工。在未来，义工活动组织者应该深入了解上述群体没有明确目标的原因，并深入了解没有明确目标参与者在个人发展方面的要求和期望。在此基础上，协助相关群体找到参与义工活动的方向和动力，帮助其更有效地提升自我。

再次，义工活动组织者应探讨义工活动中不同工作对于实现特定参与目标的贡献率。由于青年在参与义工活动的目标和动机方面存在较为明显的差异，本书认为，义工活动的组织者可以逐步总结和归纳出适合不同目的义工参与者的工作类型，以便在义工活动的组织中，有针对性地安排工作。

3. 强化义工活动组织环节中的义工参与

学习重要的是过程。为此，在青年参与义工服务过程中，应该为其提供更多的深层次参与其中的机会，而不是仅仅停留在服务环节。如可以考虑给予青年人充分的信任与授权，让青年人成为义工活动的组织者和策划者。尽可能地鼓励青年人参与义工活动的策划。而对于那些拥有丰富义工组织工作经验的青年义工，则可以聘请为向青年人提供指引和后援的义工服务指导员。在参与了更多的义工组织和管理工作后，青年人不仅对义工组织的承诺感和依恋感更强，也能够更为有效地帮助青年人提升各方面的能力。

此外，作为义工组织工作中重要的环节，设计义工服务的活动项目及目标时，相关的组织者应该创新思维。应该认识到作为义工服务并非简单地为有需要的群体提供服务，而是需要注意到其深层次的含义，即如何帮助相关弱势群体建立自己的生存能力和竞争能力。找到相关的利益要求和关联点，可以成为青年义工调研、深入了解社会的好契机。例如，新加坡人民协会创办了一个国家社区领袖学院，为满足义工适应不同环境的需要而提供各种服务培训技能。各义工服务组织也会对义工一年之内需要接受的课程训练提出具体的要求和标准。这些特色培训技能既能使义工提高服务技能和综合素质，也有利于各个志愿组织吸收更多优秀的人员。

4. 针对不同背景的义工设计相应的活动环节和内容

个人的资历和背景会对义工服务中的学习成效产生较为显著的影响，这一观点最初在澳门义工社团代表的访谈中被提及，最终在青年义工的问卷调查中较为明显地得到了验证。由此可见，个人的人口特征及行为特征是义工活动组织者在安排义工服务工作时，需要考虑的因素之一。

从本研究中所获得的不同群体对义工服务学习绩效的评价分析来看，年龄越大的群体、管理者，以及政府公务员群体对服务技能提升方面的满意度相对较低。学生群体对提升公民意识的绩效评价相对较高，而领导及管理人员对于此方面学习绩效的评价则相对较低。为此，可以针对担任管理者、政府公务员职务等青年群体，在培训、服务学习回顾、讨论与总结等环节，侧重于服务技能方面的评论与探讨。同时，在义工活动组织过程中建立较为畅通的沟通管道，让青年义工能够较好地表达其要求和愿望。从而，通过良性有效的互动，让每个青年义工能够逐步找到最适合自己的工作岗位，实现自己对参与义工服务的期望和需求。例如，德国在关注青年义工的服务学习和个人要求方面就做得比较突出，通常青年义工在上岗之前会经过为期 25 天左右的培训，由教育专家传授各种知识、技能，引导青年提出合理化建议，帮助他们实现自己的想法。培训中，青年的一切建议都会得到重视，一切想法都会被倾听。并且每一名义工在服务期间都会得到一至两名导师的全程指导，帮助他们解决在服务过程中遇到的问题。

5. 以学习绩效为导向，优化义工活动的组织流程

虽然青年参与义工工作并不是因为金钱的驱使，但是，在帮助他人的同时实现自我的成长仍然是义工工作中的重要内涵之一。为此，义工

活动的组织者，除了要关注义工服务的对象外，还应将部分的注意力集中在参与义工活动的青年之成长方面。本研究中的相关数据表明，义工服务参与者的学习绩效与义工活动的组织方式和进程具有较为显著的相关性。

可见，本研究的相关结论对于义工活动组织者具有启示意义。

如对于期望通过义工活动来提升自己的服务技能之群体，义工组织应该侧重于义工服务结束后的反思或总结环节。

对于期望参与义工工作来提升自我价值获得社会认可的群体，组织者则需要认真研究相关人员的专业背景和资历。在此基础上，为其设计具有可行性和合理的工作内容及目标。

对于期望参与义工工作来提升自我的社会公民意识和社会关联度的群体，义工活动组织者则应该尽量从义工活动的策划环节开始，就鼓励相关群体参与。相关青年通过义工服务对象的选择、义工工作内容的设计、义工服务活动主题及流程的策划等环节，能够在社会公民意识的提升方面获得较为显著的进步。

此外，不同特征的群体，对于参与义工服务的学习成效之关注侧重也各不相同。如学生与在职青年相比，前者更加注重服务技能的提升，而在职青年则更加关注自我价值的提升。相关义工社团可以参考本研究之发现来相应调整相关类型青年参与义工服务的组织流程。

例如，美国的闪光点基金会是美国义工组织网络中心，也是美国最大的民间义工组织。该组织除了开展全国性的志愿服务项目外，还担负着培训美国义工管理人员的重任。该组织编制的培训教材中这样介绍志愿服务项目管理程序：制订志愿服务项目的计划，招募义工和分配合理的岗位；培训义工并使其确定目标；监督和认可义工；评估志愿服务项目。

6. 完善监督与评估机制，促进义工社团的健康发展

如在前述访谈过程中，澳门一些义工社团的受访者就表示，在目前澳门义工的发展过程中，社会因素对其影响较为显著。如功利思想抬头，部分青年人会因为娱乐或好玩，以及为了收入放弃义工工作。本书认为，社会上应该形成一种氛围，采取各种措施奖励表现较为卓越的青年义工代表，并通过已经取得一定社会和经济地位的义工代表现身说

法，强化青年对参与义工工作重要性的认识。而对于义工社团而言，作为义工服务的组织者和服务学习的策划主体，义工社团的专业化也值得社会各界的关注。为此，本书认为，政府相关部门也可以参照香港、美国等地区和国家的做法，将义工组织的业务管理纳入政府管理的范畴，并对义工组织的工作及其绩效进行相应的考核。如建立义工社团的评估机制，通过评估标准的制定，引导义工组织向政府期待的方向和标准发展等。在这个方面比较典型的是台湾地区，台湾地区对于接受政府资助的服务机构，每年都会组织由专家学者等组成的评鉴团对其进行评鉴，对包括社会工作人员的配置、使用等指标进行全面考核，评鉴的结果作为下一年度是否继续予以资助的重要依据。

第 十 章

义工旅游的未来展望

第一节　义工旅游发展的五大趋势

　　义工旅游作为特殊又极为重要的非大众型旅游形式，不仅对于参与其中的义工旅游者产生积极的影响，同时，也对旅游目的地的社区以及企业等具有较为正面的意义，也有益于缓解大众型旅游发展所带来的相关环境、经济以及社会问题，增强旅游业发展的可持续性。放眼未来，义工旅游的发展必将前景广阔，同时，也将展示出以下的发展趋势与特征。

一　义工旅游参与者的全球化趋势

　　现在的义工旅游，其义工的主要来源地仍然是以经济发达国家为主，而义工旅游目的地则主要在发展中国家。这种状态与旅游者的义工服务意识以及经济发展水平和闲暇时间之长度都有较为显著的关系。正如前面章节所述，义工活动的开展与社会发展水平有较高的关联性。参与义工服务，在马斯洛的相关需求理论中，属于较为高层次的追求与心理需求。为此，当社会发展以及经济水平达到一定程度时，社会群体对于参与义工服务的动机就会逐步增强，从而产生义工旅游的主体。可见，现时的义工旅游，从旅游主体的流动方向性来看，是经济发达国家—发展中国家/欠发达国家。从未来发展趋势来看，义工旅游的主体和流向都会呈现出国际化和全球化的趋势。

　　首先，从经济发展趋势来看，随着近年来全球经济危机的出现，经济发达国家在全球经济中的比例正逐步下降，同时，发展中国家在全球经济体中的比重已经超过 50%，根据国际货币基金组织（MIF）公布的数据，按购买力平价（PPP）衡量，2015年发展中国家经济体占全球总产出的比例已经达到58%。由此可见，未来发展中国家在全球经济发展中的重要性会不断增强，同时，发展中国家现时的发展速率也相对经济发达国家要高。为此，随着发展中国家经济发展水平的提升，这些国家居民参与义工旅游的经济条件也会逐步具备。不仅在经济上，现时经济发展中国家的民众闲暇时间也正不断延长。以中国为例，以往国人在外出旅行时，较为常见的时段是黄金周假期，以及学生的寒暑假期，随着带薪休假制度的不断深入推行，以及部分省市从2016年4月开始执行的2.5天弹性周休制度，中国内地居民的闲暇时间得到了较为显著的延长，这也为他们参与各类休闲活动，包括参与义工服务提供了较为良好的闲暇时间。

同时，从旅游统计的角度来看，国际旅游者的来源以及目的地的构成，也正面临着较为明显的改变。世界旅游组织的相关统计数据和图表显示，新兴市场国家开始在全球旅游行业中扮演愈发重要的角色。联合国世界旅游组织UNWTO预测，到2020年新兴市场国家将比发达国家承载更多的国际旅游者。而事实上，以到达人数计算，发展中国家已经占据了全球出境游旅客的40%，而以开销计算，全球游客大约一半的开销都花在了发展中国家。

通过图10—1可见，美国、西班牙、土耳其和墨西哥这些国家在入境游客数量的增长上表现更好。

从旅游者在出境旅游目的地的开销水平来看，发展中国家的旅游者其消费能力也正不断攀升，其中中国旅游者的贡献功不可没，具体可参见图10—2。

从义工旅游自身来看，传统的义工服务是以针对弱势群体的服务和帮助为主要内涵，随着义工旅游的不断发展，义工服务的主题也会涉及义务参与某些社会服务，甚至为某些营利性的企业提供义务服务，换取特定的资源和旅行支持等。因此，不仅发展中国家和欠发达国家会成为义工旅游者的目的地，经济发达国家，以及经济发达国家中的知名旅游景点也有可能成为重要的义工旅游目的地。

二　义工旅游发展的产业化趋势

所谓产业化是从产业的概念引申而来，强调的是一个转变的过程。

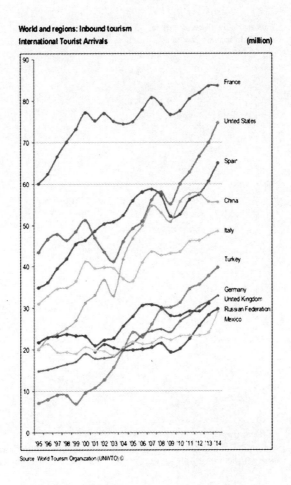

World and regions: Inbound tourism
International Tourist Arrivals (million)

Source: World Tourism Organization (UNWTO) ©

图 10—1 主要国家入境游客人数（1995—2014）

所谓的义工旅游发展的产业化，即在义工旅游的组织与发展方面，会逐步出现以社会和市场需要为导向，以获取和实现特定效益为目标，依靠专业服务和质量管理，形成系列化和品牌化的经营方式与组织形式。随着参与国际义工活动成为越来越多有识之士的生活方式，借助国际义工活动，深入体验和了解不同国家和地区的风土人情也日渐受到人们的欢迎，义工旅游的市场不断扩大，市场需求也不断增长。尽管义工旅游具有义务的性质，但是，从参与者的需求来看，实现一定范围的专业化分工与经营管理也成为必需。如在前面章节中提及的部分组织与机构就扮

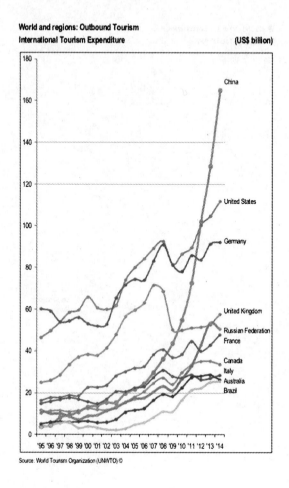

World and regions: Outbound Tourism
International Tourism Expenditure   (US$ billion)

图10—2　主要国家出境游客人数（1995—2014）

演着专业义工旅游组织者的角色。为此，可以预见，未来会有更多的主体进入义工旅游的市场，为不同的群体提供义工旅游的活动策划、组织与服务等工作。

　　目前的义工旅游活动，如前面章节所述，大部分都是通过国际义工组织来开展，未来出于更好地服务义工旅游者的不同需求，可能会有更多非义工组织介入其中，甚至也会出现专业的义工旅游的公司或企业来介入义工旅游的发展。与此同时，伴随着越来越大量的人群加入国际义工旅游的行列，义工活动中的各项组织和服务也将面临不断细分和专业化。例如义工旅游目的地选择、义工旅游活动策划、义工旅游的线路设计、义工旅游的交通组织等，都有机会实现专业化的分工与发展。为此，义工旅游也有可能会沿着专项旅游产品的发展轨迹，实现产业化的运营与发展，只不过，这种产业化的背后还有更为深层次的社会责任与服务之内涵。

三 义工旅游活动主题的多样化趋势

而义工旅游的深入发展，必定会引起义工旅游的主题化发展，这一趋势可以从参与义工旅游活动人士的诉求上看出端倪。义工旅游和单纯义工的主要区别就在于，义工旅游不仅要从事义务的服务，同时，更为重要的是，要获得与旅游相关的体验。义工服务的种类以及旅游体验的类型都具有多样性的特点，两者相互叠加，或者进行排列组合，就能够产生许多种不同义工服务内容和旅游体验的组合方式。这些不同的组合方式就为义工旅游的不同主题，提供了素材和可能。而义工旅游活动的主体化趋势，可以直观地表现在义工旅游活动的名称上。例如，文化遗产保护修复与学习之旅、旅游扶贫与民俗体验之旅等都是较为典型的主题义工旅游活动。

四 义工旅游活动类型定制化趋势

标准化与个性化或者叫作客制化是现代社会经济发展中的两个特征取向。一方面，人们出于对质量控制和管理的需要，要求服务的内容、服务的流程，以及服务的最终结果都具有统一的设计和模式，即人们认为标准化的产品与服务能够减少风险。但同时，也会发现个性化的发展取向也在逐步受到人们的重视。当消费者的基本需求得到满足后，会对产品或服务产生更高层次的需要，希望自己所消费的产品或服务是针对自己的需求量身定做的，从而获得受到尊重的感受与满足，此时，个性化或者定制化服务就出现了。

从义工旅游服务的个性化发展所需前提条件来看，其应该首先满足以下三个方面的要求：

（1）义工旅游者的需求个性要有一定的特征或规律性。从理论上讲，服务定制化完全可以做到针对每个消费者的具体需求设计出服务方案，但在实践中，受限于成本和技术手段的因素，这往往不太可能实现。因此，义工旅游者的需求必须具有某种程度的共性，可以把它们划分为一些类别。这样，义工旅游专业策划和组织者才可能对这些类别的个性需求进行义工旅游的服务定制。实际上，随着义工活动的深入开展，以及越来越多的机构和企业认识到义工旅游对于自己的员工和机构形象之重要影响，组织员工参与义工旅游已经成为塑造机构文化的重要途径。

一般认为，企业在追求社会责任绩效的过程中，为了赢得短期效应，会开始追逐一些短平快的社会责任项目，企业志愿服务就是其中一项，很多企业把企业志愿服务当成一种营销手段，在急功近利的心态下，企业志愿服务在国内出现了同质化、单一化、功利化的色彩。但另一方面，人们也会经常遇到这样的场面，真正想做志愿服务的企业找不到"渠道"，这一方面表现在企业不知道自己能做些什么，另一方面企业找不到合适的项目或者机会。企业并不希望一说起志愿服务，就去打工子弟学校、敬老院之类的，太雷同了，企业想做点独特的、有意义的义工服务和活动。

此时，专业的义工旅游组织服务商就可以通过了解不同机构或企业的诉求，为其量身定制不同的义工旅游方案，达到期望之绩效。

（2）必须要有合适的技术手段为定制化义工旅游提供技术支持。

从义工旅游的组织策划来看，所需的技术手段主要包括：活动策划技能、项目管理技能、旅游服务技能等。随着近年来针对企业员工的奖励旅游市场发展较为迅猛，针对企业员工的奖励旅游之运作和管理都已经具备了良好的基础。由此可见，企业在开展个性化义工旅游活动中，所需要的相关技能和技术条件等都已经具备。

（3）对义工旅游服务者而言，采用义工旅游服务定制化应当经济上可行。

这里主要包括两个方面的含义：其一是为企业提供定制化的义工旅游服务在成本上具备经济性。其二则是义工旅游服务的提供者能够从为企业提供服务过程中，获得一定的盈利空间。这与前面所提及的产业化发展趋势是一致的，即义工旅游组织者以及服务者，需要通过提供优质的策划、组织、管理等服务，来换取其所期待的经济利益。尽管企业将义工服务当作一种承担社会责任之行为，并作为提升社会形象的重要手段，被不少学者和政府官员批评，但是，不容否认的是，组织员工参与义工活动的企业和为上述企业提供义工活动策划、组织的企业之间必须是互利双赢的关系，否则，企业义工活动的开展就存在困难。

五 义工旅游产业发展的战略化趋势

战略化的发展趋势表现之一，就是社会未来将形成自上而下的推动义工旅游的长期发展的机制。这里的"上"主要指的是政府层面。领导人的支持虽然不是政策和法规，但是在中国，领导人对于某项群众性活动的倡导——号召、题词等，具有非常大的感召力和号召力。历史上，学习雷锋运动，就是得力于毛泽东主席所题写的"向雷锋同志学习"的题词。除了领导人的推动外，政府从长远发展考虑，为义工服务以及义工旅游的发展制定相关政策和法律法规等内容，也同样属于自上而下推动义工旅游的模式之一。如2014年2月19日，中国中央精神文明建设指导委员会出台《关于推进志愿服务制度化的意见》，要求建立健全义工服务制度，进一步壮大义工队伍，完善社会义工服务体系，推动义工服务活动经常化制度化，促进社会文明进步。该意见中指出，需要在建立健全义工服务制度，加强义工培训管理，健全义工服务激励机制的同时，还要完善政策和法律保障。把义工服务的要求融入各项经济、社会政策之中，体现到市民公约、村规民约、学生守则、行业规范之中，提倡和鼓励义工服务的行为，维护义工的正当权益，形成崇尚义工服务的社会氛围。把义工服务纳入学校教育，研究制定学生义工服务管理办法，鼓励在校学生人人参加义工服务，可将大学生义工服务活动折算成社会实践学分。根据义工服务活动的需要，为义工购买必要保险、提供基本保障。认真总结推广义工服务地方性立法的经验，加快全国义工服务立法进程。

义工旅游战略化发展的另一个特征，即上到政府、下至企业或义工组织，都需要综合权衡本地区和企业的发展需要，采取措施引导义工旅游以及义工服务的发展。作为一种新的社会风尚，越来越多的青年及社会各界人士加入到了义工的行列中。但不容忽视的是，我国义工服务的组织与发展还处在初始阶段，义工活动的频率、义工活动的管理体制机制不够完善、义工活动的专业服务水平不够高等问题不同程度地存在。

作为社会发展和进步的重要通路，国家和政府应该将义工活动甚至义工旅游的发展纳入战略管理和社会发展规划的范畴内，通过制定相关的发展目标、实现途径等来为社会义工服务的发展提供保障。

为此，可以预见，未来政府在制定区域发展规划和战略的时候，义工旅游，特别是国际义工旅游将成为不可或缺的内容之一。

第二节　未来义工旅游项目管理关注的焦点

随着义工旅游市场的不断发展与日趋完善，义工旅游的管理和运作也会日渐成熟，参照相关领域内的发展趋势，笔者认为，未来义工旅游项目管理应该注重以下焦点领域。

一　市场为导向的义工旅游项目策划

义工旅游活动策划主要是为了解决如何通过活动组织来实现义工旅游特定的发展目标，并协调处理义工旅游活动中的资源分配等问题。一般情况下，义工旅游活动策划的主要内容包括以下方面：

1. 活动主题定位

（1）主题的概念

主题即 Theme，是义工旅游活动策划的理念核心。从文字来看，主题是指在音乐中被不断重复和不断扩张的那个旋律。义工旅游主题则是在义工旅游活动的策划和实施过程中被不断地展示和强调的一种理念或价值观念。因此，主题将关系到义工旅游活动的策划方向和特色。

不少国内外学者都强调，主题对于突出事件活动特色的重要性。他们通常认为，合理的主题选择及定位可以充分发挥事件活动的优势，吸引更多的参与人士；而不适宜的主题定位，有时甚至会对义工旅游组织者的形象造成负面影响。

（2）主题的类型

从主题的内涵来进行划分，可以将义工旅游活动的主题分为三类，即抽象概念型主题、理念趋势型主题、功能目标型主题等。

所谓抽象概念型主题，是指以一些人类共同的情感、词汇为活动的主题，该类主题具有很广泛的内涵和较强的拓展性。为此，这类活动主题具有较好的普适性，并可以连续使用。如以"关怀留守儿童"等为主题的义工旅游活动就是属于此种类型。

理念趋势型主题，主要是指以行业或特定领域中未来发展的趋势以及发展的创新理念作为活动的主题，从而对参与者起到启示、激发、引领等作用。

功能目标型主题属于较为具体和实际型的主题类型，其主要的特点就是通过主题的设计让参与者或关注此活动的人士，快速了解到该活动能够带给参与者的利益。如"关注和保护文化遗产"的主题就具有十分明确的目标和功能标识。

从义工旅游主题设计的过程来看，无论采取何种类型的主题，都要求策划者能够深入了解活动主办方的活动目的、相关活动主要针对的目标市场，以及相关活动的大致内容等。只有在明确了上述活动背景信息后，策划者才能获得较为适合的主题。通常情况下，人们理解好的主题策划应该具有以下特征：体现个性化和特色、代表人类社会共性、以人为本、兼顾资讯发布的便利性等（郑建瑜，2007）。

（3）主题的展现元素

随着义工旅游市场竞争激励程度的不断加大，为了更好地吸引人们参与相关义工旅游活动，组织者不仅要有好的活动内容之策划，还应该从不同的角度，提升活动的主题特色。从义工旅游活动主题元素的外在表现途径来看，其可以通过以下方面对外展示：主题口号、主题曲、主题物品、主题吉祥物、主题典故与趣闻、主题仪式、主题氛围等。

主题口号是活动主题的外在表现和宣传的主要内容，通常指用来传递该活动的描述性或说服性信息的短语。如某社区义工服务工作，就以"发展社会工作、创新社会治理"为主题。可见，与活动主题相比，主题口号应该更朗朗上口，更具传播性。

主题曲是为特定活动所创作的音乐，其用音乐的形式描述企业活动，通过受众的听觉神经引发其对义工旅游活动主题及内容的联想。让某个音乐成为某项义工旅游活动的主题曲，能够加深受众对此次活动的印象。

主题物品是指与义工旅游活动主题有关的具体实物，主题吉祥物则是能够表达义工旅游活动主题内涵的物品或图案。主题典故与趣闻能够增强参与者和潜在受众对于该次义工旅游活动的兴趣。这些都是有助于强化宣传活动主题的重要手段。

仪式是指经过精心策划的一系列行为的秩序形式，最常见的仪式包括授旗、开幕、开营、闭幕、表彰等。从主题展现的角度来看，仪式过程中的人物选择、设施和环境的布置，以及仪式中的行为方式等均需要与活动之主题相一致。

主题氛围则是指基于某种文化理念而营造出来的场面特色。从营造活动氛围的角度来看，主要涉及场地选择、配套服务类型、视听设备、灯光效果、装饰物的设计与安排、各类表演和现场活动等。

2. 义工旅游活动内容设计

义工旅游活动内容的策划主要指活动的形式以及活动的具体安排，活动内容策划可以分为两个阶段，即概念设计阶段以及详细设计阶段。从活动策划的内容构造来看，有学者将其划分为五个层次，分别为：核心关联层、基础资源层、内在逻辑层、外在执行层、最终效果层等（雷万里，2004）。

（1）核心关联层的内容策划

关联是活动策划中的重要理念之一，为此，核心关联层的内容策划意在解决以下问题：保证活动形式与活动目的之间的关联性；保证活动主题与活动目标之间的关联性；保证活动个性与服务对象之间的关联性。这些内容均需要在义工旅游活动策划的最初阶段，即概念性设计阶段完成，以更好地指导后续的详细设计。

（2）基础资源层的内容策划

资源是义工旅游活动成功举办的重要依托，然而，义工旅游策划过程中必定会遇到资源方面的瓶颈。这就要求策划者充分考虑资源的获取和分配，并通过精心的内容策划，借助杠杆作用，将资源的利用效率达到最大化。在义工旅游活动策划中较为常见的资源瓶颈包括：资金、场地、人员、设备、时间等。

因此，在义工旅游活动内容策划中，策划者需要对各项资源的需求规模、获取渠道、分配原则等加以限定，从而保证活动实施过程中有足够的资源储备。

（3）内在逻辑层的内容策划

义工旅游活动内容策划中的内在逻辑，主要指构成活动的内部各环节的组成应该具备逻辑性。在策划过程中，义工旅游活动通常是由若干流程和环节组成。策划者应对活动环节的设计、各环节的排序（流程）、各环节安排的协调性、各环节安排的合理性等进行关注和控制。

（4）外在执行层的内容策划

精彩的活动内容还需要依靠有力的执行机制，为此，活动策划者还要对活动实施过程中的执行机制加以说明。在活动的外在执行层方面，涉及的内容主要包括：活动的人员分配与组织架构、活动的时间进度控制、活动的资源分配控制、活动的风险控制等。

（5）最终效果层的内容策划

最终效果层主要是指义工旅游活动效果的评估方式策划。举办义工旅游活动的成效，是义工组织和义工都非常关注的问题。为此，义工旅游活动策划者还应将活动的期望成果等内容，通过具体的指标加以表现，常见的指标如，参与者的数量与构成、技能的提升、知识的拓展、满足感获取等。值得注意的是，义工旅游活动的策划过程是一个循环的过程，策划者的工作不仅包括活动举办前和举办期间的工作，还包括活动结束后的评估和总结。如分析和找出今后类似活动可以提升之处、为未来类似义工旅游活动策划的优化和效率提升提供建议等。

二　体验价值为核心的活动设计

从义工旅游的本质上来看，其仍然属于一种特殊的旅游产品，为此，组织者和策划者也需要从体验的角度来进行相关的活动设计。因此，需要对体验的内涵以及体验的维度有较为深入的了解和掌握。

1. 旅游体验的概念

旅游体验的概念最早出现在 20 世纪 60 年代，Boostin（1964）将旅游体验定义为一种流行的消费行为，是大众旅游非自发的预制的体验，他认为这种做作、刻板的体验并不真实。MacCannel（1973）则持相反观点，他坚持旅游体验是人们对现代生活困窘的一种积极回应，旅游者为了克服这些困窘而追求一种对"本真"（authentic）的体验。虽然两种观点差异明显，但 Boorstin（1964），和 MacCannel（1973）在定义旅游体验的时候都体现了这样的思想：旅游体验对社会个体和整个社会都具有重要的意义。此外还有不少学者基于不同角度定义旅游体验概念，笔者经文献回顾将国内外学者对旅游体验概念的研究文献以四个视角分类：

（1）寻真朝圣视角

MacCannel（1973）对旅游者力求寻找真实的观点得到学者 Culler（1981）的认可，他认为旅游体验是旅游者在旅游过程中对旅游标记与景观联系的主观感受，旅游者在寻找这种联系的过程中也在寻找着真实。在 Culler 看来，追求真实体验的旅游者，正是宗教朝圣者的现代化身，旅游是回应其心灵最深处渴望的一种神圣诉求。Graburn（1983）根据旅游的不同时段，将旅游分为"世俗—神圣"两种状态，他认为旅游是一种"世俗仪式"，旅游体验游客对旅游景点进行的朝拜过程中，克服现代性带来的失落感，将感觉的碎片修复完好，从而体验到完善、无缺憾的自我的过程。

（2）中心多元视角

多数学者质疑旅游的"朝圣"本质，正如多数旅游者不认为自己有类似朝圣的旅游体验一样（赵红梅，2007）。Cohen（1979）认为不同的人需要不同的体验，不同的体验对不同的旅游者和不同的社会具有不同的意义。因此，Cohen 将旅游体验定义为个人与各种"中心"的关系，认为体验的意义来自个人的世界观，取决于某人是否依附于某个中心。所谓"中心"指的是个体的精神家园，它象征着某种终极意义（谢彦君，2005），每个人对"中心"的诉求程度不同，从而存在不同的体验模式。Cohen 根据旅游者对"中心"的认可程度划分出五种不同的旅游者体验类型：休闲娱乐型模式（the Recreational Mode）；转移型模式（the Diversionary Mode）；经验型模式（the Experiential Mode）；实验型模式（the Experimental Mode）；存在型模式（the Eixstential Mode）。Cohen 的中心多元观点得到不少学者的赞同，Pearce（1982），Smith（1987），Nash（1996），和 Ryan（1997）都在他们的研究中提到了 Cohen 的旅游体验范式，认为对个体而言，旅游体验是一种多元化多功能的休闲活动，既包含着娱乐成分，也有求知的成分。

（3）涉入视角

涉入论的代表是美国心理学家 Csikszentmihalyi（1988），他提出了"畅爽"这一概念，他描述体验是一种深度浸入的状态。当在旅游过程中进入这种状态，人们忘记了时间的流逝、忘记了自我的存在、高度集中，达到了物我两忘的境界。

（4）行为导向视角

持行为导向观点的学者认为旅游体验是一种目标导向的行为。Neulinger（1981）提出包括目标指向的旅游体验观点，他认为旅游体验是游客为了体验动机，前往参与游憩环境的活动，从而获得旅游满意度进而产生社会效益的过程，内在动机（intrinsic motivation）与自由感（perceived freedom）两个要素构成了正面的旅游体验，旅游体验是人们透过内在动机驱使，在高自由感的活动中获得的良好感知状态。

四种旅游体验研究视角中，寻真朝圣视角与涉入视角并不能适用于不同类型的旅游者，原因在于两种视角仅仅从单一方面论述旅游体验，具有片面性。旅游并不等同于"朝圣"的世俗仪式，而游客也并非能时刻进入深度沉浸的旅游状态。中心多元视角根据游客对中心（世界观）需求的不同，给予旅游体验不同的分类，能相对全面地概括游客的体验种类与形式。行为导向视角则认为旅游体验由动机的满足程度决定，将体验视作一个动态、完整的形成过程，有利于探讨不同动机类型游客的体验情况，值得义工旅游组织者参考和借鉴。

2. 旅游体验设计的维度

旅游体验的设计维度也可以被称为旅游体验的内在构面，指义工旅游者从哪些方面对旅游体验进行感知。了解旅游体验维度的构成，可以让义工旅游的组织者更有效地测量、控制及提高义工旅游者参与活动的体验质量。但由于旅游体验属于义工旅游者的主观感知，参与者往往难以用具体的语言准确描述自己对自身体验的看法。所以，尽管几十年来，国内外学者发表了不少专门研究旅游体验构成维度的文章，但迄今为止，旅游体验构成维度及其测量方法仍然是旅游体验研究领域中分歧最大的问题之一。笔者参考国内外较具代表性的研究文献，将学者对旅游体验维度的研究成果以三个角度分类。

（1）参与角度

Pine 和 Gilmore（1998）根据游客参与的程度将旅游体验分为：娱乐、教育、逃避与审美四个维度。娱乐维度指游客被动地通过感觉吸收体验，比如观看演出、听音乐和阅读娱乐文章等；教育维度指顾客在积极参与旅游活动的同时，目睹了眼前的事件，并吸收了其中的信息，获得情感与思想上的体验；逃避维度指游客积极参与到一种浸入式的环境中，完全沉溺在里面，以达到逃避现实的效果；审美维度表现在对自然风光的流连中，对艺术杰作的鉴赏中，也表现在对流行时尚的品味中。邹统钎与吴丽云（2003）认为在上述基础上还有第五种体验维度——移情。旅游中的移情就是旅游者把自己置身于他者的位置，将自己幻变为意想中的对象，从而实现情感的转移和短暂的自我逃离。

（2）层次角度

Pearce（1982）依据马斯洛需求层次理论提出了旅游体验阶梯模型，他将旅游者的需求从低到高分为五个层次，动机的层次越高，旅游者得到满足后产生的满意度也将越高，旅游体验模型由享受自然、摆脱紧张、学习、价值共享和创造五个维度构成。Williams，和 Buswell（2004）指出旅游体验分直接体验、体验性学习与个人发展三个层级的维度，直接体验维度包含乐趣、放松、兴奋、娱乐等概念，其中大多数都和商品化了旅游和休闲相关联；体验性学习维度对个人的技能、知识、身体和心理上的健康等个人状况产生影响；个人发展维度与个人或自我发展、对生活的满足、自我实现和身份的确认有关。黄鹂（2004）根据旅游体验的现状与旅游者参与程度的差异，将旅游体验分为表层体验、中度体验、深度体验三个层次。谢彦君（2006）基于旅游体验愉悦的程度建立了快乐—痛苦两极层次的体验维度模型。赵刘、程琦与周武忠（2013）将完整的旅游体验从低到高分为三个维度：知觉体验、意义体验与情感体验。

（3）策略模块角度

Schmitt（1999）认为体验是个体对一些刺激（如推广义工旅游时所作出的一些营销努力）作出的反应。他吸收了神经生物学和心理学等有关体验的一些重要成果（特别是人脑模块理论），提出了消费者体验的策略体验模块理论，即把消费者体验看作具有总体特性的战略体验模块。策略体验模块/顾客体验包括感官上的体验（感官）、情感上的体验（情感）、创造性认知体验（思考）、身体体验和整个生活方式（行动），以及和某个群体或文化相关联的社会身份体验（关联）等五个维度。这种维度构建方式得到不少学者的赞同，Dube，和 Bel（2003）基于这种方式提出旅游体验维度由感官愉悦、社交愉悦、情感愉悦与知识性愉悦四个维度组成。Gentile，Spiller，和 Noci（2007）也沿袭该类观点，认为旅游体验维度包括：感官体验、认知体验、实践体验、氛围体验、社交体验。Chan（2009）分旅游体验为有意识体验与无意识体验两个维度，有意识体验包含学习维度与教育维度，无意识维度包含参与社交与娱乐活动维度。Akyildiz，和 Argan（2010）对土耳其节事旅游体验进行研究，发现旅游维度由（1）社交参与，（2）环境氛围，（3）情感释放，（4）感官知觉四个维度组成。Alberto，和 Vong（2010）对澳门游客进行研究，构建出文化遗产旅游体验模型：历史文化维度（视角审美）、服务设施维度（感官）、解说维度（教育认知）与旅游吸引维度。Loureiro（2012）指出乡村旅游体验包括感官、情感、认知、行动、社交与氛围六个维度。

通过上述对旅游体验的概念、内涵以及构成维度的分析，可见，对于义工旅游者而言，其参与义工旅游活动时，可能会面临多重体验维度的诉求。为此，义工旅游的组织和管理者，应该充分考虑和借鉴上述旅游体验之模块构成，为义工旅游者提供较为理想和多元化的义工旅游体验。

三 以评估和总结分享为导向的成长评估

义工旅游活动在结束后，需要进行一定的评估和分享，只有进行了评估和分享，义工旅游之行才更具价值。为此，采取较为合适的评估工具和开展经验分享等将是义工旅游组织者在运营方面值得重点关注的内容。

1. 义工旅游绩效评估的概念

对于绩效评估的研究可以追溯到 1910 年，综合国内外学者的相关观点，笔者将活动绩效评估的内涵总结为：绩效评估是评价达到预定目标的过程，依据绩效指标，对义工旅游活动策划和管理过程中的投入

（人力、物力和时间的成本）、产出（产品/服务输出的效率和效用）、中期成果（提供给参与者的效果）和最终成果（参与者满意程度，与所期望目的相比项目活动的后果）所反映出的绩效进行评定和划分等级的工作（苏保忠、张正河，2004；Chelinsky，1989；吴文峰，2009）。

我们可以从内部和外部两个方面来理解义工旅游活动的绩效评估。从内部评估来看，主要是义工旅游活动组织内部的工作绩效，尤其是针对个人的绩效评估，以此来评估和衡量工作人员的表现。而外部评估则主要指开展义工旅游活动所取得的业绩、效果和效率，外部评估主要衡量活动的实际效果。

2. 义工旅游活动绩效评估的原则

（1）公开化原则

义工旅游活动的绩效评估标准、评估程序和评估责任都应当有明确的规定并向全体参与者公开，并且在评估中应当严格遵守这些规定。这样才能使义工旅游活动参与者和组织者对绩效考评产生信任感，并支持整个考评过程。

（2）客观原则

绩效评估应当根据明确规定的评估标准，针对客观考评资料进行评价，尽量避免掺入主观性和感情色彩。

（3）及时反馈原则

评估的结果一定要及时反馈给被考评者个人或团队，否则起不到评估的教育作用。在反馈评估结果的同时，应当向被考评者就评估结果进行说明解释，在肯定成绩的同时，说明不足之处，为未来工作指明优化方向。

（4）差别原则

考核的等级之间应当有显著的差异，获得不同考评结果会对相关人员和团队产生较为明显的影响。因为，有差别才能有竞争，有竞争才能有进步。

（5）全面原则

绩效由多个因素共同作用形成，绩效本身也表现为多种形式，如在对活动策划中员工表现进行评估时，可以从德、能、勤、绩等不同方面建立评估指标；对活动的绩效进行评估时，又可以考虑从义工旅游活动组织的财务状况、社会影响力、对参与者个人成长的促进等多个角度进行评估和衡量，所以考核体系应当充分考虑各方面内容。

3. 活动绩效评估与分享的形式

义工旅游活动在进行绩效评估与分享时，一方面需要注重科学制定绩效评估标准，并在活动之前就向参与者进行公布，让其了解并在活动中有一定的目标和方向，从而，强化义工旅游活动中的义工活动之属性，提升活动的社会影响力。另一方面，则是在活动结束后，开展评估时，需要对表现突出的义工旅游者给予充分的肯定与奖励，并通过各种形式来实现推广，树立典型，激发正向的良性竞争。

较为常见的义工旅游评价和奖励之形式，包括评选优秀义工、给予义工一定的物质或精神奖励，或者在官方网站上，让优秀义工将自己参与义工的经历或感想做成专门的网页，与人们进行分享等。

四　以情感升华为内涵的义工旅游目的地跟踪重游

出于多方共赢的考虑，义工旅游除了关注义工范畴内的义工评估和自我发展之外，未来的义工旅游之管理，还可以考虑如何提升义工旅游目的地的重游率，提升当地的旅游经济收入水平，从而在实质上为义工旅游目的地提供支持。

义工旅游是一种难得的经历，特别是当一群义工在某一个义工活动的组织下，到义工旅游目的地参与义工服务，这种经历在经过一段时间的沉积之后，具有较好的情感价值。为此，义工旅游活动的组织不应该是一次性的，相关组织和管理者可以注重以情感升华为内涵的义工旅游目的地的重游之旅。通过义工共同回忆曾经的经历，再次到访曾经提供过义工服务的区域，感受区域的发展和变化，从而帮助义工旅游者对当地形成更为强烈的感情和服务意愿。

五　创新的义工旅游参与激励机制

随着社会各界对义工服务的重视程度不断提升，为了更好地鼓励人们参与义工服务，未来应该会出现更多新颖的义工旅游管理和发展模式。

1. 构建全民义工积分银行

在美国的教育制度中，义工服务也被称为服务学习，学生社会服务实践（Student service learning，SSL）。这种服务学习是一种硬性规定。在美国，如果想要高中毕业，就得至少从事45小时的义工服务。学生完成一项义工活动后，相关人员会发一张表，上面有着具体的义工时间和相关人员的签字，随后，学生需要填写自己的基本信息，并写下自己的感受。相关的数据则会跟随个人的记录，成为未来升学中的重要参考。为此，未来也可以建立一个全民的义工积分银行，就类似于目前不少高等教育机构推动的学分银行。如2010年，中国在《教育发展纲要》中提出"建立学习成果认证体系，建立学分银行制度……建立继续教育学分积累与转换制度，实现不同类型学习成果的互认和衔接"，这是我国第一次正式在国家文件中提出"学分银行"建设。作为个人的重要资讯之一，参与义工服务，服务社会的资讯也可逐步建立一个资讯收集系统。这样每从事一项义工服务，相关的服务时长，以及服务绩效等信息就可以转化为一定的义工积分进入个人数据库中。此数据库，可以与其他有关的个人数据档案，如信用档案一起，成为个人重要的社会资源档案。义工服务积分越多的人士，则可以享受更多的优待，此举也能够鼓励形成"人人为我，我为人人"的社会发展风气。

2. 推动全球义工组织中的人员交换

除了上述推动义工积分银行的建设外，在鼓励义工服务参与方面，还可以借鉴国际酒店集团中较为成熟的员工在不同地区轮岗交换的运作模式，为义工提供具有个性化的非物质性激励。如在国际义工组织内部，为优秀义工提供机会，申请前往自己感兴趣的国家开展一段时间的义工服务轮转体验。这种交换和轮转能够极大地丰富优秀义工的生活和文化体验，能够对义工活动参与者形成较为积极的激励。同时，也可以形成义工组织中特色化的组织文化，有助于提升组织的凝聚力和吸引力。